国家社科基金项目成果
（批准号16CFX070）

政府补贴的国际规则

——《反补贴协定》与非商业援助制度比较研究

蒋奋　著

法律出版社 LAW PRESS · CHINA

北京

图书在版编目(CIP)数据

政府补贴的国际规则 :《反补贴协定》与非商业援助制度比较研究 / 蒋奋著. -- 北京 : 法律出版社, 2022

ISBN 978-7-5197-7112-6

Ⅰ. ①政… Ⅱ. ①蒋… Ⅲ. ①世界贸易组织－贸易法－补贴－研究②自由贸易－国际贸易－经济援助－研究－世界 Ⅳ. ①D996.1②F741.2

中国版本图书馆 CIP 数据核字(2022)第 172719 号

政府补贴的国际规则
——《反补贴协定》与非商业援助制度比较研究
ZHENGFU BUTIE DE GUOJI GUIZE
—《FANBUTIE XIEDING》YU FEISHANGYE YUANZHU ZHIDU BIJIAO YANJIU

蒋 奋 著

责任编辑 翁潇潇
装帧设计 汪奇峰

出版发行 法律出版社
编辑统筹 法规出版分社
责任校对 张红蕊
责任印制 耿润瑜
经　　销 新华书店

开本 710 毫米×1000 毫米 1/16
印张 15.5 **字数** 250 千
版本 2022 年 11 月第 1 版
印次 2022 年 11 月第 1 次印刷
印刷 北京虎彩文化传播有限公司

地址:北京市丰台区莲花池西里 7 号(100073)
网址:www.lawpress.com.cn
投稿邮箱:info@lawpress.com.cn
举报盗版邮箱:jbwq@lawpress.com.cn
销售电话:010-83938349
客服电话:010-83938350
咨询电话:010-63939796

书号:ISBN 978-7-5197-7112-6
定价:58.00 元

序

蒋奋博士是宁波大学法学院的年轻教授。他师从 WTO 争端解决机构法官朱榄叶教授，2016 年、2021 年先后主持国家社科基金青年项目、国际社科基金重点项目，已取得丰富的学术成果。本书就是他首个国家社科基金项目的研究成果。

政府补贴是法律、政治、经济交织的复杂问题。补贴政策在一定程度上可以纠正“市场失灵”，但过度使用则会导致“政府失灵”。补贴问题反映了政府与市场的关系。在国际贸易领域，补贴在可能扭曲自由贸易，而反补贴措施也容易异化为贸易保护主义工具。因此，补贴问题成为贸易自由化进程中最具争议、最为棘手的问题之一。蒋奋教授对政府补贴的法律问题有非常深入的研究，关于反补贴利益判定基准的研究成果，在国内处于比较领先的位置。他曾受邀在商务部举行《利益判定基准、国有企业非商业援助与反补贴协定的改革》专题讲座，还受地方政府委托开展公平竞争审查第三方评估工作（补贴政策属于审查评估范围）。他从国内法治与国际法治互动视角，对补贴问题所作之研究，已经获得国内学界与业界的广泛认可。

本书属于宁波大学法学文库系列丛书。宁波大学法学院成立于 2000 年，其前身是 1986 年北京大学法律系援建下创办的宁波大学法律系，2011 年获法学一级学科硕士点。2019 年，法学专业入选首批国家一流本科专业建设点。宁波大学法学院师资雄厚,专业建设与人才培养成效显著。文库汇聚宁波大学法学专业教师高品质学术成果,敬请学界同仁批评指正。

宁波大学法学院院长、教授、博导　梁开银

2022 年 5 月

前　言

Jackson 教授曾说过,国际贸易法的研究对象“犹如坐在一列正在奔驰的火车上向窗外眺望时试图描述一片风景——未及细述,它就已倏忽流逝变幻”①。2016 年年初,美国主导的《跨太平洋伙伴关系协定》(Trans-Pacific Partnership Agreement,TPP)如火如荼。2016 年 9 月,笔者主持的研究项目“TPP 对国有企业的补贴规制与对策研究”,有幸获得国家社科基金立项。但随后,TPP 的缔约情况发生重大变化。2016 年 11 月,特朗普当选美国总统,明确表示上任后美国将退出 TPP,奥巴马政府也表示不再继续推动国会批准 TPP。2017 年 1 月,时任总统特朗普正式签署美国退出 TPP 的行政命令。2017 年 11 月,在越南岘港的亚太经济合作组织(Asia - Pacific Economic Cooperation,APEC)会议上,除美国之外的十一国联合发布声明,宣布将协定改名为《全面与进步跨太平洋伙伴关系协定》(Comprehensive and Progressive Agreement for Trans - Pacific Partnership,CPTPP)。没有美国的参与,CPTPP 不再给中国造成多边规则重构的压力。

鉴于反补贴措施一直是他国打压中国企业竞争力的主要抓手,反补贴多边规则的发展趋势与中国出口利益密切相关。在全国哲学社会科

---

① John. H. Jackson, *Legal Problems of International Economic Relations*, West Publishing Co. 1986, p. xv.

学规划办公室批复同意的前提下，笔者将研究内容调整为 WTO《补贴与反补贴措施协定》（*Agreement on Subsidies and Countervailing Measures*，以下简称 SCM 协定或《反补贴协定》）与 CPTPP 非商业援助制度的比较研究，主要涉及条约宗旨、适用对象、约束范围、判定基准、规制领域五个方面。这构成本书的主体部分，具体包括：第一章讨论 CPTPP 第 17 章以“竞争中立”代替 WTO 对待补贴的“所有制中立”，以强化补贴规制替代 SCM 协定“在约束补贴与反补贴两方面之间设置精致平衡”的宗旨。第二章分析作为《反补贴协定》适用对象的财政资助的立法初衷和具体含义，以及非商业援助的定义，及两者区别。第三章对《反补贴协定》与 CPTPP 第 17 章所约束的补贴提供者的范围进行比较研究，结合 WTO 争端解决机构在反补贴案件中作出的条约解释，讨论政府、政府委托的私人机构、公共机构、国有企业与国有单位这些主体的内涵和外延，以及这些机构被纳入补贴提供者约束范围时的考量。第四章就补贴与非商业援助的判定基准展开研究，讨论判定政府投资的私人投资基准、判定政府融资的商业利率基准、判定政府购销的市场价格基准，以及补贴传递时的动态判定基准。由于 CPTPP 缔约国都是 WTO 成员方，故《反补贴协定》的相关规定，以及 WTO 争端解决机构的条约解释，有助于廓清 CPTPP 判定基准的相关术语内涵。第五章分析 CPTPP 较《反补贴协定》新增的规制领域。在展开五部分的比较研究之前，笔者梳理补贴政策的学理争论即传统贸易理论、新贸易理论、战略贸易理论及其对补贴的评价，探讨补贴利益的本质，并考察补贴规制的制度属性和反补贴多边纪律的历史沿革，将上述内容置于导论部分，作为比较研究的基础。

2020 年 11 月 20 日，习近平主席在 APEC 领导人非正式会议上表示，中国将积极考虑加入 CPTPP。之后的中央经济工作会议将之列为 2021 年重点任务之一。2021 年 9 月 16 日，中国正式提交加入 CPTPP 的书面申请。CPTPP 第 17 章“国有企业和指定垄断”所创制的非商业援助规则，从国有企业的商业属性、投资设立等诸多方面，对国有企业参与全球竞争与海外投资施加了诸多限制，同时会影响与国有企业从事商业交易的、包括冠军企业在内的民营企业。CPTPP 对国有企业的补贴规制，是中国加入 CPTPP 的主要障碍之一。因此，在原课题成果基础上，笔者基于前述比较研究，对中国加入 CPTPP 谈判策略提出一孔之见，作为后跋置于书尾。

在本书写作过程中，笔者得到了诸多学界前辈和同仁的指导与帮助，在此谨表诚挚谢意。囿于作者水平，书中所存不足尚祈读者斧正。

蒋　奋

2022 年 4 月

目 录

导论　补贴问题的理论分析与制度考察

一、补贴政策的学理争论

补贴体现了政府与市场的关系。某些情形下，补贴可以纠正“市场失灵”，但同时，它也可能产生限制竞争、扭曲市场的“政府失灵”后果。传统自由贸易理论基于自由经济理论和比较优势原则反对补贴，而古典贸易保护理论和战略贸易理论都支持补贴，后者还提出比较优势并非先天具有，补贴有助于幼稚产业成长为具有竞争优势的成熟产业。无论补贴政策的目标是获取贸易顺差等具体目标，还是支持产业进行结构调整、跨越式发展的战略目标，本质都是政府利用公共财政力量，对市场的行政干预。“没有哪个贸易问题，像补贴那样充斥着政治因素”，①补贴问题成为贸易自由化进程中极具争议的议题。而中美经贸关系的基本格局，决定了国有企业的补贴问题必然成为双方的博弈焦点，而“随着全球市场竞争程度与外贸依存度的持续上升，政府补贴及其给予企业的不公平竞争优势，就越来越受到关注”②。

（一）补贴政策概述

补贴是一国政府为了发展经济、文化教育、纠正社会收入不平衡、增加国民福利或者出于其他政策目标，将课征的税收通过财政预算支出等方

---

① Pierre Didier, *WTO Trade Instruments in EU Law*, London: Cameron May, 1999, p. 209.

② Gary Clyde Hufbauer and Joanna Shelton Erb, *Subsidies in International Trade*, MIT Press, 1984, p. 5.

式,分配到社会末端(包括相对贫困人群、特殊地区、特定产业或企业)的国民收入再分配方式。无论是宏观经济领域,还是社会民生领域,补贴都是政府实现社会和经济政策目标的常用工具。

在宏观经济领域,补贴政策是政府使用公共财政资源、承担企业私人成本的市场干预行为。"政府干预手段一般包含以下四种:一是对私有企业的合规性监管;二是对私有企业的税费征收……三是对私有企业的扶持,例如补贴;四是通过国有企业的垄断方式或与私有企业相竞争的方式,参与经济活动。"①其中,"由于强制性规范的自愿遵守程度较低、监管难度较大,故补贴通常会成为政府首选的干预手段"。② 补贴有助于有关产业和企业缩短结构性调整周期,并在相对较短的时间内大幅度提高竞争力。国际贸易史上不乏借助补贴政策实现本国产业腾飞的例子。例如,日本、新加坡等国曾在20世纪50年代采取大量的补贴政策来扶持国内产业,从而促进了其本国经济的飞速发展。③

鉴于上述两方面原因,对有关产业和企业进行补贴扶持,"实际上长期以来是普遍采取的做法,没有一个国家可以脱离干系"。④ 无论是在贸易保护主义盛行的"二战"之前,还是在"二战"后开创的自由贸易时代,甚至是就补贴问题专门达成了《关于解释和适用关贸总协定第6条、第16条和第23条的协议》(以下简称《东京回合反补贴守则》或《守则》)与乌拉圭回合的SCM协定之后,补贴仍旧是几乎所有国家常用的政策工具。即便是"二战"后引领自由贸易复兴、主导《关税及贸易总协定》(General Agree-

---

① Michel Fromont, *State Aids: Their Field of Operation and Legal Regime*, in Terence Daintith (ed.), Law as An Instrument of Economic Policy: Comparative and Critical Approaches, Berlin and New York: Walter de Gruyter, 1987, p. 153.

② Dietrich von Stebut, *Subsidies as an Instrument of Economic Policy*, in Terence Daintith (ed.), Law as An Instrument of Economic Policy: Comparative and Critical Approaches, Berlin and New York: Walter de Gruyter, 1987, p. 145.

③ 日本在"二战"后通过一系列振兴民族工业的法律,对具体行业给予大量的财政补贴和优惠贷款,使之发展成为具有比较优势和较强竞争力的行业。新加坡则实施出口导向战略,对出口行业的大规模减税,并实施一系列刺激出口的配套措施,最终获得巨大成功。

④ 黄东黎、何力:《反补贴法与国际贸易:以WTO主要成员方为例》,社会科学文献出版社2013年版,第27页。

ment on Tariffs and Trade, GATT）反补贴多边纪律发展和 SCM 协定制定、领头书写 CPTPP 非商业援助新规则的美国，仍实施着各式各样的补贴政策，甚至将部分补贴政策制度化，如以《美国法典》第 19 编“关税”第 12 章《1974 年贸易法》第 2 分章第 3 部分“对厂商的调整援助”为核心、旨在补偿企业因贸易自由化而遭受利益损失的、以政府补贴为主要手段的贸易调整援助制度。[①] 其他国家和地区自不待言。[②] “补贴作为最隐蔽的贸易保护工具之一，成为在关税及贸易总协定后各国最为喜欢的贸易工具之一。”[③]可以预见，在将来很长一段时间内，补贴政策也不可能被彻底弃用。

质言之，补贴政策体现了政府与市场的关系。在某些情形下，补贴可以纠正“市场失灵”，同时，它也可能产生限制竞争、扭曲资源配置的“政府失灵”后果。因此，不同的经济学理论流派，基于对政府与市场关系的不同见解，会对补贴政策作出截然不同的评价。而从国际贸易的角度来看，一国政府在宏观经济领域实施的、影响国际贸易的补贴政策，属于典型的贸易保护主义做法，自然会得到贸易保护主义理论学派的支持，同时遭到自由贸易理论学派的批判。

（二）支持补贴政策的古典贸易保护理论

1. 重商主义理论

15 世纪至 18 世纪中期，随着资本主义的早期资本原始积累，荷兰、西班牙、英国等国家逐渐开展国际贸易，随之出现为商业资本代言的、关于国际贸易的学说与观点，被统称为重商主义理论。该理论经历了两个阶段：第一阶段被称为“货币差额论”，从 15 世纪大致持续到 16 世纪中期；第二

---

① 再如，美国在 2000 年颁布《持续倾销与补贴抵销法案》（当年新增入《美国法典》第 19 编第 7 章，即 19 USC § 1675c“持续倾销与补贴抵销”），将所征收的反倾销反补贴税款，以补贴形式发放给受到影响的美国公司。这项制度化的补贴政策，最终在 WT/DS217 号案件中被 WTO 争端解决机构裁定违反 SCM 协定。

② 关于美国、欧盟、日本、加拿大四国实施的补贴政策，请参见黄东黎、何力：《反补贴法与国际贸易：以 WTO 主要成员方为例》，社会科学文献出版社 2013 年版，第 112 ~ 145、192 ~ 203、226 ~ 252、302 ~ 324 页。

③ 单一：《WTO 框架下补贴与反补贴法律制度与实务》，法律出版社 2009 年版，第 30 页。

阶段被称为“贸易差额论”，从16世纪中晚期持续到18世纪。英国经济学家托马斯·孟（Thomas Mun）于1664年出版的《英格兰得自对外贸易的财富》，是后期重商主义思想集大成之作。

重商主义理论的核心观点，是用贵金属的储量来衡量国家财富；认为财富源于商品交换的流通领域，国内贸易并不能增加国家财富，只有在国际贸易中保持贸易顺差，才是国家致富的唯一手段。因此，该理论主张采取高额关税、政府补贴等手段限制进口、鼓励出口，最终实现贸易顺差。基于重商主义理论，英国政府采取了一系列贸易保护政策。大量的政府补贴，加上高关税的保护，为英国国内行业早期的发展，提供了较为宽松和适宜的环境，也为日后其成为世界头号强国打下了良好的基础。受重商主义理论的影响，当时欧洲各国普遍采取严格管理与管制国际贸易的贸易保护政策，以维护与提升贸易顺差。

从18世纪60年代开始，工业革命使英国工业产能大大提升，规模优势与成本优势日益显露，英国出口产品无须补贴也能够具备较强竞争力。巨大的生产能力，需要海外的廉价原料和广阔的国际市场。以重商主义作为理论基础的国际贸易政策和措施，成为新兴工业资本的扩张障碍。于是，倡导自由贸易的古典自由贸易理论，便在英国应运而生，并逐渐得到英国政府的认可与推崇，取代重商主义成为英国贸易政策的理论基石。而在英国从重商主义理论发展到古典自由贸易理论时，美国和德国因国力不如英国，仍采取贸易保护主义政策。

2. 汉密尔顿的贸易保护说

美国首届财政部长亚历山大·汉密尔顿（Alexander Hamilton）在1791年《关于制造业的报告》中，系统阐述了其关于贸易保护的理论观点。当时，美国刚刚完成独立革命，若继续实行自由贸易政策，只能向英、法等国继续出口农产品，那么美国的产业结构将会被限制在农业领域，而且其制造业由于基础薄弱、技术落后，根本无法与英国开展竞争。因此，作为美国工业资本家代表，汉密尔顿在上述报告中极力主张实行贸易保护政策。他提出，亚当·斯密（Adam Smith）等人的自由贸易理论，不适合美国当时的情况；为了获得经济独立，美国政府必须采取行政干预手段来发展制造业，包括高关税、出口退税、补贴等贸易保护政策，尤其应当对本国具备生产能力、但竞争力较弱的进口商品实施严格的进口限制政策。

汉密尔顿的贸易保护说对美国政府后续的经济政策产生了深远影响。此后，从19世纪初开始，美国不断提高关税水平，保护其国内工业的发展壮大。20世纪初，美国代替英国成为头号工业强国。1929年纽约股市暴跌，引发全球性经济大萧条。美国政府的"罗斯福新政"，实际上将汉密尔顿的贸易保护主义，发挥到了极致。直到第二次世界大战结束，美国才从它悠久的贸易保护主义传统中走出来，转向自由主义的贸易理论与政策。

3. 李斯特的幼稚工业保护论

德国弗里德里希·李斯特（Friedrich List）在其1841年出版的《政治经济学的国民体系》中提出了幼稚工业保护论。李斯特指出，对于工商业已经具有国际竞争力的英国来说，提倡自由贸易是合适的，其真实目的是通过自由贸易政策来扼杀其未来的竞争对手；而对于当时的德国而言，工商业状况相当于英国经济发展的早期阶段，故应该对有前途、但国外又有较强竞争对手的幼稚工业实施保护政策和措施。①

显然，无论是重商主义，还是汉密尔顿与李斯特的理论，其核心思想都是政府基于特定政策目标而干预国际贸易，都为政府补贴尤其是出口补贴，提供了直接的理论依据。

（三）传统自由贸易理论及其对补贴的批判

1. 古典自由贸易理论

（1）绝对优势理论（Absolute Advantage Theory）

西方国家的自由贸易理论，最早出现在英国。18世纪60年代起，随着英国新兴工业资本家的不断崛起，要求打破重商主义限制的呼声越来越强烈。亚当·斯密正是代表当时新兴工业资产阶级的利益。他的《国富论》在对重商主义的论战和批判过程中，提出了绝对优势理论。

① 单一：《WTO框架下补贴与反补贴法律制度与实务》，法律出版社2009年版，第26页。

在劳动价值论基础之上，斯密认为，“在某些特定商品的生产上，某国占有那么大的自然优势，以致全世界都认为，跟这种优势斗争是枉然的……至于一国比另一国的优势的地位，是固有的，或是后天获得的，在这方面，无足轻重”。①

斯密主张，自由贸易可以使两个在不同产品生产上具有绝对优势的国家的国民财富增加，并提高国内生产力和管理水平。斯密首次提出了贸易的互利性，突破了重商主义所主张的贸易只对单方有益的论断。在《国富论》中，斯密还批判了英国政府依据重商主义理论施行的出口补贴政策。斯密的绝对优势理论，开辟了国际贸易理论与经济学研究的新路径。随后的国际贸易理论，几乎都是在此基础上进行反思、批判、补充、创新而演变发展过来的。

（2）比较优势理论（Comparative Advantage Theory）

如果某国没有任何商品制造的绝对优势，国际贸易还对它有利吗？大卫·李嘉图（David Ricardo）的比较优势理论对这个问题作了回答。

李嘉图在《政治经济学及赋税原理》一书中提出：第一，商品的价值只取决于投入商品的劳动量；第二，劳动性质是相同的，劳动生产率是各国不同产业之间唯一的差别。因此，只要一国生产并出口绝对劣势较小的商品，进口绝对劣势较大的商品，该国仍然能从国际贸易中获利。李嘉图认为，国际分工是国际交换的基础，交换比例影响贸易双方对贸易利益的分享比例；只要两国在参与国际分工时遵循“两优取其更优，两劣取其次劣”的原则，双方便均可从国际贸易中获利。李嘉图的比较优势理论能够解释大部分的国际贸易，故将斯密的绝对优势理论发展到了一般贸易理论的水平。②

但是，比较优势理论只是简单地假设两个国家间一对一的贸易，而现实生活中并非如此。他的后继者约翰·斯图亚特·穆勒（John Stuart Mill）

---

① ［英］亚当·斯密：《国民财富的性质和原因的研究》（下卷），郭大力、王亚南译，商务印书馆 1972 年版，第 28 页。

② ［英］彼罗·斯拉法：《李嘉图著作和通信集》（第一卷），郭大力、王亚南译，商务印书馆 2017 年版，第 5、106 页。

在《政治经济学原理——及其在社会哲学上的若干应用》一书中提出相互需求理论，弥补了比较优势理论的不足。穆勒提出，商品交换的实际比率，取决于每个国家的实力及其对他国产品的需求弹性。这里的需求是指在易货贸易条件下，出口货物和进口货物的交换比例。当每个国家的需求与他国需求在国际市场上建立联系后，便产生了相互需求，进而就进出口商品的实际交换比例，达成一种稳定的均衡局面。据此，穆勒主张自由贸易不仅对一国，而且对世界经济的发展也有正面的影响。各国应当实行自由贸易的政策；重商主义的贸易保护主义政策，会降低资金和劳动力的使用效率，这无论对国家、还是对消费者而言，都是纯粹的浪费。①

(3)机会成本理论(Opportunity Cost Theory)

比较优势理论虽然比绝对优势理论有了很大进步，但它的假定存在现实障碍。例如，劳动并非决定商品价值的唯一要素，劳动者的素质差别以及不同商品制造对劳动的要求差异，决定了劳动性质存在区别。

戈特弗里德·冯·哈伯勒(Gottfried Von Haberler)在其1937年出版的《国际贸易理论》一书中，提出了机会成本理论，弥补了比较优势理论的上述缺陷。哈伯勒提出，商品成本是由于生产某种具体商品，而导致企业不能同时生产其他商品的损失。②

综上，斯密的绝对优势理论，李嘉图的比较优势理论和哈伯勒的机会成本理论，构成了古典自由贸易理论的基本架构。古典自由贸易理论为当时英国工业资本向外扩张、占领市场、建立世界霸权提供了理论工具，因此得到英国政府的认可与推崇，成为英国贸易政策的理论基石。

2. 新古典国际贸易理论

(1)要素禀赋理论(Factor－endowments Theory)

尽管古典经济学家找到了各国劳动生产率之间的差异，但无法解释产生这种差异的原因，也不能解释生产要素的影响。这两个问题便成为要素

---

① [英]约翰·穆勒：《政治经济学原理——及其在社会哲学上的若干应用》(下卷)，赵荣潜等译，商务印书馆1997年版，第125～141、366～372页。蒋自强等：《经济思想通史》，浙江大学出版社2003年版，第282～292页。

② [美]哈伯勒：《国际贸易理论》，鲁传鼎译，中华文化出版社1964年版，第143页。

禀赋理论的研究内容。要素禀赋理论的主要代表是埃利·赫克歇尔（Eli Heckscher）和伯特尔·俄林（Bertil Ohlin）。俄林在《区域贸易与国际贸易》一书中，对其导师赫克歇尔在《国际贸易对收入分配的影响》一书中所提出的理论作了进一步研究和验证。

在前述理论基础上，两位学者进一步探求了两国间商品相对价格差与比较优势产业的形成原因，进而提出决定国际价格差、产生互利贸易的因素，在于国家间要素禀赋的差异，以及要素在各个工业部门中组合的比例差异。因此，当各国的劳动、土地、资本等生产要素禀赋差异既定的情况下，国家应大力制造并向其他国家出售那些较多使用本国储备相对丰富的原料的产品。两位学者的上述观点，又被称为 H－O 定理（Heckscher－Ohlin Theorem）。

之后，保罗·萨缪尔森（Paul Samulson）在 H－O 定理的基础上，继续考察国际贸易对于收入分配的影响，提出 H－O 定理的推论，即要素价格均等化定理。萨缪尔森提出，如果在孤立状态下，两个国家劳动和资本禀赋差异较大，那么，实现贸易开放后，国际贸易会导致本国丰富要素的需求加大、价格上涨；对本国稀缺要素需求减少，最终贸易伙伴国的价格趋向于均衡。上述理论被称为 H－O－S 定理（Heckscher－Ohlin－Samulson Theorem），是对比较优势理论的进一步发展。

（2）里昂惕夫悖论（Leontief Paradox）及其验证

1953 年，华西里·里昂惕夫（Wassily Leontief）使用美国 1947 年数据进行投入产出分析时发现，作为一个资本充足的国家，美国劳动密集型商品的输出却占比更高。这与他根据 H－O 定理所预想的结果正好相反，学界称之为“里昂惕夫悖论”（Leontief Paradox）。于是，里昂惕夫对上述悖论作了进一步研究，发现不应当将自然资源密集型产品列入上述两类产品范畴。在作上述修正之后，里昂惕夫的最终研究结果，与 H－O 定理的结论完全一致。里昂惕夫悖论的发现与验证，引起了学者对 H－O 定理所忽略的、人力资本和知识资本对比较优势影响的关注与研究。[①]

① 周文贵等：《国际贸易理论概览》，人民出版社 2015 年版，第 140、203 页。

要素禀赋理论承继比较优势理论的基本思路，深化和发展了比较优势形成原因的研究。里昂惕夫悖论的发现与验证，弥补了要素禀赋理论对人力资本和知识资本的研究空白，两者构成了新古典国际贸易理论的基本框架。

3. 对补贴政策的批判

上述理论不能为补贴政策提供理论支持，相反，它们认为，补贴政策会扭曲贸易产品的相对价格，导致没有获得补贴的企业被迫减产，甚至被挤出市场，从而阻碍市场对资源的有效配置，降低企业效率、社会产出和全球福利；同时，补贴政策以本国公共财政支出为代价，降低出口商品的价格，提高出口商品竞争力，会导致本国福利受损、进口方消费者福利增加的结果。

但传统自由贸易理论对补贴的上述评价，是以若干条件假设为前提，这些假设并不能与现实完全吻合。传统贸易理论往往将要素禀赋等假设为一个静态的常量，据此来计算贸易优势与贸易收益。但现实中，要素禀赋是会经常发生变化的，尤其技术更是一个活跃的变量。而完全竞争只是理论假设，现实中的任何市场，都不可能达到资源配置的“帕累托最优”。因此，传统贸易理论所讨论的贸易形态，只是停留在理论层面。之后的新贸易理论和战略贸易理论，则在一定程度上弥补了上述局限，同时也对补贴政策作了完全不同的评价。

（四）新贸易理论、战略贸易理论及其对补贴的评价

1. 新贸易理论

20 世纪七八十年代，全球贸易出现产业内贸易扩大、跨国公司内部贸易增多等新情况。传统贸易理论无法作出合理解释。以保罗·克鲁格曼（Paul Krugman）、琼·罗宾逊（Joan Robinson）、爱德华·张伯伦（Edward Chamberlin）等学者为代表的新贸易理论学派，以规模经济和不完全竞争市场等理论为支柱，提出一系列关于国际贸易原因、国际分工决定因素、贸易政策的思想和观点，弥补了传统贸易理论的不足。

(1)规模经济(Economies of Scale)

"新贸易理论认为,相当一部分国际贸易,特别是经济特征相似国家之间的贸易,其产生原因主要是报酬递增形成的国际分工,而不是国与国之间在资源禀赋上存在差异。"①具有规模经济的企业,在一个相当大的产量范围内,随着产量的增加,单位产品成本递减,进而产生贸易优势。因此,与禀赋差异相同,规模经济也应该作为国与国之间从事专业化生产、进而开展国际贸易的原因与基础。

规模经济又可分为内部规模经济和外部规模经济。前者是指产品成本由单个厂家的生产规模决定。在内部规模经济行业中,大厂家比小厂家具有明显的成本优势,最终导致不完全竞争。当市场被少数几个厂家控制时,形成寡头垄断;若被一个厂家完全控制,则构成垄断。实现中,大型客机制造业,是较有代表性的内部规模经济行业。它基本上由波音和空中客车两家控制。外部规模经济指厂家聚集而形成的产业集群效应。此时,市场接近于完全竞争状态,产品成本由行业规模、而非单个厂家规模来决定,如硅谷的半导体业、好莱坞的电影业等。

(2)不完全竞争(Imperfect Competition)

理论上而言,根据竞争程度,市场可以区分为完全竞争市场、垄断竞争市场、寡头垄断市场和完全垄断市场四种类型。完全竞争市场和完全垄断市场主要存在于理论假设之中。现实中的市场,主要呈现垄断竞争(一个市场中有许多厂商生产和销售有差别的同种产品)和寡头垄断(一个行业由少数几个生产厂家控制,且每个厂家的规模都大到足以影响产品价格,但没有一家在市场中拥有绝对垄断地位)这两种情形。不完全竞争理论颠覆了传统贸易理论关于完全竞争市场的前提假设。

根据规模经济与不完全竞争理论,国际贸易所形成的全球市场,要比任何国家的国内市场大得多。各国经济的发展,从国内市场规模的限制中解放出来,可以做到"深而精",而不必"浅而全"。在规模经济的专业化生

① [美]保罗·克鲁格曼:《克鲁格曼国际贸易新理论》,黄胜强译,中国社会科学出版社2001年版,第2页。

产模式中，即使各国没有资源、技术方面的相对优势，贸易仍能为贸易参与国带来经济效益。①

2. 战略贸易理论

战略贸易理论建立在规模经济和不完全竞争基础之上，是新贸易理论的逻辑延伸，其代表人物是詹姆斯·布朗德（James A. Brander）和巴巴拉·斯潘塞（Barbara J. Spencer）。两位学者于 1985 年在《国际经济学》期刊上发表了论文《出口补贴和争夺国际市场》，标志着该理论学派的建立。

战略贸易理论认为，传统自由贸易理论只停留在理论推导层面，并未考虑不完全竞争和规模经济等实际情况。扩大生产规模，是现实生活中增强企业国际竞争力的首要手段。而这仅仅通过企业的努力是不够的，还需要政府的保护和扶持，包括使用各种补贴政策，使企业在较短时间内提高竞争能力、扩大国际市场份额，从而将国外垄断厂商的超额利润转入本国企业，实现本国企业经济利润最大化。

战略贸易理论指出，政府扶持是国内产业实现资源最优配置的途径。该理论为政府干预市场提供了必要性和有效性依据。但是，该理论也遭到诸多批评。②

3. 对补贴政策的评价

上述两项理论重新审视了被传统国际贸易理论批判的补贴政策的作用，并提出了完全相反的观点。上述理论对市场结构和产业组织内部进行动态分析，指出竞争优势可以在政府帮助下通过发展而逐步获得。战略贸易理论还假定，某产品的规模经济如此之大，以至于整个世界市场只能容纳极少数甚至只有一个盈利厂商，而无论哪一个厂商先站稳脚跟，都会迫使其他厂商退出，进而获得超额利润。据此，若政府率先通过补贴来支持本国厂商，就能帮助后者降低边际成本，并赢得市场份额和超额利润。简言之，政府通过补贴政策，可用来扶持本国战略性产业的成长，增加其在国际市场的竞争力，并获得规模经济的高额利润，故不仅不会损害本国经济

---

① 周文贵等：《国际贸易理论概览》，人民出版社 2015 年版，第 342 页。

② 周文贵等：《国际贸易理论概览》，人民出版社 2015 年版，第 349 页。

福利，相反，还会改善贸易结构，提升国家福利水平。①

综上，补贴问题的复杂性，是关于“市场失灵”与“政府失灵”的学理争论在国际贸易领域的具体体现。政府在一定程度、一定范围内实施的补贴政策，有助于消除“市场失灵”，但超出了必要限度，就可能导致扭曲国际贸易的消极后果。Jackson 教授曾一针见血地指出，支持补贴的理论所存在的偏颇之处是考虑角度仅仅从进口国出发，而没有从全球福利出发。②

二、补贴利益的本质探析

从宏观角度来看，补贴是政府干预市场的手段，体现了政府与市场的关系；而从微观而言，补贴会增加企业的边际收入或者降低企业的边际成本，本质上是政府使用公共财政资源而给予企业的利益。在 WTO 框架下，SCM 协定已经明确，没有给企业带来利益的财政资助，不构成补贴，不能成为各国反补贴措施的实施对象。CPTPP 第 17 章“国有企业与指定垄断”之“非商业援助”术语中的定语“非商业”，实质就是甄别补贴利益存在与否。

何为补贴利益？“与起草者对‘财政资助’的详细规定不同，利益这个概念并未得到 SCM 协定的任何扩展与解释。各成员方也没有达成任何的嗣后协定予以解释。”③笔者认为，补贴利益本质上是受益人获得的、扭曲竞争秩序的竞争优势。受益人可以是由若干具备独立法律人格的企业组成的、彼此利益关联的经济实体。是否存在补贴利益的分析，应该从受益人角度来展开。

---

① 单一：《WTO 框架下补贴与反补贴法律制度与实务》，法律出版社 2009 年版，第 31 ~ 32 页。

② John H. Jackson, Williams J. Davey, Alan O. Sykes, *Legal Problems of International Economic Relations: Cases, Materials and Text on the National and International Regulation of Transnational Economic Relations*, St. Paul, Minn.: West Group, 1992, p. 772.

③ Luca Rubini, *The International Context of EC State Aid Law and Policy: The Regulation of Subsidies in the WTO* in Andrea Biondi, Piet Eeckhout and James Flynn (ed.), The Law of State Aid in the European Union, New York: Oxford University Press, 2004, p. 164.

(一)利益的内涵

1. 竞争优势

在加拿大飞机案中,专家组和上诉机构曾指出,“利益的通常含义是指某种好处”,[①]“或从更抽象的角度而言,是有利的或有帮助的因素”,[②]并进而澄清了补贴利益的判定方法:

> “利益”一词,意味着某种比较。应当这样理解[利益],当获得财政资助时,受益人的状况会变好……在我们看来,在确定[财政资助]是否授予利益时,市场是一个适宜的比较基础。[③]

囿于争端解决之需要,专家组和上诉机构对补贴利益所作的条约解释,“没有将词义完全解释清楚”,[④]也没有准确揭示其本质内涵。反补贴制度所定义的补贴利益,都可以通过金钱来定量;反之,“诸如制度上的倾斜,都不属于补贴利益的范畴”。[⑤] 因此,“所有关于补贴利益的分析,都在同个问题框架下展开,即财政资助在哪些方面降低了企业对被调查产品的生产成本”。[⑥] 而“某家企业的生产成本发生任何方面的变动,各家企业的竞争地位,以及由此形成的市场格局,就会随之变化”。[⑦] 因此,“在政府提供财政资助的前后,企业竞争地位得到多大程度的改善,这是在唯一符合

---

① Panel Report on Canada – Aircraft, WT/DS70/R, para. 9. 112.

② Appellate Body Report on Canada – Aircraft, WT/DS70/AB/R, para. 153.

③ Appellate Body Report on Canada – Aircraft, WT/DS70/AB/R, para. 157. 本文对 WTO 争端解决机构报告的译文中,中括号以及其中的中文,系笔者为翻译明晰而添加。

④ Appellate Body Report on Canada – Aircraft, WT/DS70/AB/R, para. 153.

⑤ Petros C. Mavroidis, Patrick A. Messerlin and Jasper M. Wauters, *The Law and Economics of Contingent Protection in the WTO*, Cheltenham, Northampton: Edward Elgar, 2008, p. 324, footnote 65.

⑥ Gregory W. Bowman, Nick Covelli, David A. Gantz, Ihn Ho Uhm, *Trade remedies in North America*, Alphen aan den Rijn: Kluwer Law International, 2010, p. 121.

⑦ Conor Quigley, Anthony M. Collins, *EC State Aid Law and Policy*, Portland: Hart Publishing, 2003, p. 19.

协定目的与宗旨下,对 SCM 协定第 1 条第 1 款'利益'一词的解释"。[①] 简言之,补贴利益本质上体现为成本优势的竞争优势。[②]

2. 扭曲竞争秩序

政府补贴所造成的市场竞争格局变动,并非源于公平的市场竞争。"补贴增强了企业相对于同行的竞争优势,因此具有扭曲竞争秩序的效果",[③]即"减损市场功能和比较优势的扭曲效果"。[④] "而在开放的经济体中,出口补贴还会造成国际与国内市场的价格差,进而扭曲国际竞争秩序",[⑤]同时减损进口国的利益,即"一种可合理或合法预期的、竞争方面的

---

① Grossman, Gene M and Petros C. Mavroidis, *Recurring Misunderstanding of Non - recurring Subsidies*, in Henrik Horn and Petros C. Mavroidis (eds.), The WTO Case - Law of 2002: The American Law Institute Reporters' Studies, Cambridge, UK: Cambridge University Press, 2005, p. 86.

② 虽然反补贴措施属于贸易措施而非竞争政策范畴,但我们仍然可以从竞争关系角度来考察补贴利益的本质。依据有以下三点:第一,贸易措施与竞争政策紧密相连,贸易过程必然涉及竞争问题,自由贸易应在公平基础上进行。第二,自由贸易与竞争政策的基本目标是一致的,两者均有助于开放国内市场并提高其竞争程度、改善资源配置、提升经济效益和消费者福利;两者还都将透明度原则与非歧视原则作为基本原则。第三,补贴具有双重属性,在国际贸易法视域下,它是不公平贸易行为;而从竞争法角度来看,它又是行政性限制竞争行为。相关论述,可参见 Peter Van den Bossche, *The Law and Policy of the World Trade Organization: Text, Cases and Materials*, New York: Cambridge University Press, 2005, p. 512; Roland Weinrauch, *Competition Law in the WTO: the Rationale for a Framework Agreement*, Vienna: Neuer Wissenschaftlicher Verlag GmbH, 2004, p. 55。有学者曾经认为,"对贸易产生消极影响的措施,即便非常细微,都足以扭曲竞争"。参见 Phedon Nicolaides, Mihalis Kekelekis, Maria Kleis, *State Aid Policy in the European Community: Principles and Practice*, Alphen aan den Rijn: Kluwer Law International, 2008, p. 39 - 40。

③ Phedon Nicolaides, Mihalis Kekelekis, Maria Kleis, *State Aid Policy in the European Community: Principles and Practice*, Alphen aan den Rijn: Kluwer Law International, 2008, p. 40.

④ Luca Rubini, *The International Context of EC State Aid Law and Policy: The Regulation of Subsidies in the WTO*, in Andrea Biondi, Piet Eeckhout and James Flynn (ed.), The Law of State Aid in the European Union, New York, Oxford University Press, 2004, p. 158.

⑤ Jacques H. J. Bourgeois, *Subsidies and International Trade: a European Lawyers' Perspective*, Kluwer Law and Taxation Publishers, 1991, p. 5.

有利条件”。[①] 在加拿大飞机信贷和担保案中，专家组将之归纳概括为“竞争损害”(competitive harm)。[②]

综上，补贴利益是扭曲国际贸易竞争秩序的竞争优势。在巴西飞机案、加拿大飞机案、欧共体 DRAM 芯片反补贴措施案中，专家组和上诉机构提出，“SCM 协定的宗旨是对扭曲国际贸易的补贴实施多边纪律”，[③]而“对于补贴利益的判定，实际就是判断财政资助是否会扭曲国际贸易”：[④]“若企业没有从财政资助中获得超过正常商业利益的好处，那就没有扭曲国际贸易，自然也就无须进行约束。”[⑤]这也支持了对补贴利益的上述分析。

(二)利益的主体

1. 受益人的案例法渊源

关于从政府补贴中获得竞争优势的商业组织，SCM 协定针对补贴利益的第 1 条规定中并未提及。整个 SCM 协定也没有使用一个特定术语来指代它，而是使用了若干个不同词组，包括第 2 条中“一个企业或者行业或者一组企业或者行业”(an enterprise or industry or group of enterprises or industries)、第 6 条第 1 款的“一个行业”(an industry)、第 11 条第 2 款中“出口商或者外国生产者”(exporter or foreign producer)、第 14 条的“接受者”

---

① 根据 SCM 协定第 5 条第 1 款的规定，出口补贴给作为进口国的其他成员所带来的不利影响，包括“使其他成员在 GATT 1994 项下直接或间接获得的利益丧失或减损”与“严重侵害另一成员的利益”。SCM 协定脚注 12 和脚注 13 表明，这里的“利益”，与 GATT 1994 第 23 条中的“利益”有着相同的内涵，后者在澳大利亚化肥案、欧共体油菜籽案、日本皮革进口措施案、欧共体柑橘案和日本胶卷案等案件中被解释为“一种可合理或合法预期的、竞争方面的有利条件”。参见赵维田、缪剑文、王海英：《WTO 的司法机制》，上海人民出版社 2004 年版，第 181 ~ 185 页。

② Panel Report on Canada – Aircraft Credits and Guarantees (Article 22.6 – Canada), WT/DS222/RW, paras. 3.15 – 3.23. 相关分析也可参见 Sherzod Shadikhodjaev, *Retaliation in the WTO Dispute Settlement System*, Alphen aan den Rijn: Kluwer Law International, 2009, p. 147。

③ Panel Report on Brazil – Aircraft, WT/DS46/R, para. 7.26.

④ Appellate Body Report on Canada – Aircraft, WT/DS70/AB/R, para. 157.

⑤ Panel Report on EC – Countervailing Measures on DRAM Chips, WT/DS299/R, para. 7.175.

(the recipient)、附件一的“一个企业或者行业”(a firm or an industry)、附件四中“作为接受者的公司”(recipient firm)等。上述政府补贴授予“利益”的对象,可称为“补贴利益的接受者”(the recipient of benefit),或者“补贴的受益人”(the beneficiary of subsidy),笔者以“受益人”统一简称之。①

虽然SCM协定没有要求,在认定补贴利益时必须存在具体的受益人,但上诉机构通过对补贴利益的条约解释,将“受益人”写入了WTO反补贴多边纪律之中:

> “利益”不会抽象存在,而必须由一个受益人(beneficiary)或者接受者(recipient)接受和使用。逻辑上,只要一个人,即自然人或者法人,或一群人,实际收到某种东西时,才能说产生了“利益”。因而“利益”一词意味着必须存在接受者。②

上述论述在嗣后许多案件中得到援引。③ 而从条约解释上下文的角度,上诉机构进一步论证,受益人是SCM协定针对补贴利益的第1条规定的应有之义:

> 我们从SCM协定第14条中找到了依据,第14条构成解释第1条第1款第b项“利益”的上下文。第14条标题是“以接受者所获利益计算补贴的金额”。该条序言规定“就第五部分而言,调查主管机关用来计算第1条第1款意义上的、授予接受者的利益的任何方法,应在有关成员国内立法或实施细则中作出规定,这些规定对每一具体案件的适用应透明并附充分说明”。……

---

① 有观点认为,“补贴利益的接受者”与“受益人”是两个不同概念:“相关的主体除了公共机构和补贴利益的接受者(recipient)以外,实际上还要注意上文提到的补贴的受益者(beneficiary)”。参见施进:《WTO框架下补贴利益法律问题研究》,中国政法大学2010年硕士学位论文。笔者认为,“补贴利益的接受者”就是“受益人”,它有别于“财政资助的接受者”。下文将展开分析。

② Appellate Body Report on Canada – Aircraft, WT/DS70/AB/R, para. 154.

③ Panel Report on EC – Countervailing Measures on DRAM Chips, WT/DS299/R, paras. 7.211 – 7.213. Panel Report on US – Lead and Bismuth Ⅱ, WT/DS138/R, paras. 4.87 – 4.92. Panel Report on Japan – DRAMs (Korea), WT/DS336/R, para. 7.313.

> SCM 协定第 14 条直接援引其第 1 条第 1 款，这说明第 14 条"利益"的含义，与第 1 条第 1 款相同。这样的援引，同时也说明第 14 条规定的"利益的接受者"，应当也存在于第 1 条第 1 款关于"利益"的规定之中。①

在 WTO 争端解决机构审理的美国铅铋钢（二）案中，②美国曾提出，根据《1994 年关税与贸易总协定》（以下简称 GATT 1994）第 6 条第 3 款和 SCM 协定第 10 条的规定，反补贴税抵销的是"直接或者间接授予产品的制造、生产或出口"（bestowed directly or indirectly upon the manufacture, production or export of any merchandise）的补贴，故补贴利益的授予对象，应该是产品的制造、生产和出口，不管也无须考虑是谁制造、谁生产、谁出口，因此，补贴利益是给予公司生产运作（productive operations）的利益；即便政府的财政资助事实上由某个具体的企业接受，也不表示补贴利益是给

---

① Appellate Body Report on US – Lead and Bismuth Ⅱ, WT/DS138/AB/R, para. 57.

② 美国铅铋钢（二）案案情大体如下：英国政府在 1977 年至 1986 年，向当时的国有企业英国钢铁公司（以下简称 BSC）入股注资。这是本案争议的私有化前的原补贴。1986 年，另一家私有企业 Guest, Keen and Nettlefolds 公司（以下简称 GKN）与 BSC 共同出资设立合资子公司即联合工程钢铁有限公司（以下简称 UES）。GKN 与 BSC 都向子公司 UES 转让了财产作为出资，其中 BSC 提供的是铅条生产设备。转让的铅条生产设备是按照市场价格计算的。之后，BSC 停止了铅条生产。作为将 BSC 私有化的准备工作，1988 年 9 月 BSC 变更为英国钢铁股份公司（以下简称 BSplc），BSC 的一切资产与债权债务，包括 BSC 在 UEC 中的股权，均由 BSplc 承受。1988 年 12 月，英国政府通过在证券市场发售 BSplc 股份，完成了 BSplc 的私有化。美国商务部认定此 BSplc 股份发售系商业行为。1995 年 3 月，BSplc 购买了 GKN 所持有的 UEC 股份。于是，UEC 更名为英国工程钢铁公司（以下简称 BSES），其股份全部由 BSplc 持有。后美国商务部在 1993 年作出的铅条裁定中，计算了伴随着 BSC 向 UES 交付铅条生产设备，从 BSC 转移到 UES 的补贴。BSC 向 UES 让渡了一个生产单位（productive unit），以换来持有 UES 的股权（让产易股）。美国商务部认为，当卖方转让自己某个生产单位后仍然继续经营时，潜在可分配的补贴（potentially allocable subsidies）并没有完全随着出售的生产单位一同转移至买家，其中一部分是以购买价格的形式留在了卖家。商务部计算了卖方和其出售的生产单位之间的补贴分配，基于从先前补贴中产生的、后随着售出的生产单位转移至 UES 的"利益"部分，对 UES 生产的铅条继续实施反补贴税。本案讨论的是在 BSC/BSplc 私有化、BSC 向 UES 让产易股情况下，因私有化之前的 BSC 得到的补贴，美国商务部对 UES 生产的铅条继续实施反补贴税是否符合 SCM 协定问题。Panel Report on US – Lead and Bismuth Ⅱ, para. 6. 61. Appellate Body Report on US – Lead and Bismuth Ⅱ, para. 2.

予该企业的。[①] 对于美国的上述观点,专家组与上诉机构持否定态度:

> 美国确定利益的方法是极端抽象的,也是不成立的,因为授予产品的制造、生产和出口的财政资助,是否较产品的制造、生产和出口在市场中可获得的条件更佳,这是不可能确定的。[②]
>
> 美国强调的 SCM 协定第 10 条的脚注 36 与 GATT 1994 第 6 条第 3 款,的确规定补贴直接或者间接给予或者授予"产品的制造、生产或者出口"。但在我们看来,这并不必然得出 SCM 协定第 1 条第 1 款第 b 项的"利益"是给予生产运作的利益的结论。[③]

可见,"虽然 SCM 协定第 1 条并没有明确规定财政资助必须将利益给予某个受益人。但是,WTO 案例法(case law)给补贴利益的定义,加了'受益人'几个字。这增加了理论分析的难度,以及规则适用的复杂程度"。[④] 而与 SCM 协定的做法截然不同,CPTPP 第 17 章明文规定了非商业援助的受益人。CPTPP 第 17.1 条规定,"非商业援助是指基于政府对国有企业的所有与控制,提供给国有企业的援助"。由此,CPTPP 明确了第 17 章约束的补贴受益人,仅指国有企业,即该条定义的"国家拥有 50% 以上股本,或基于所有者权益控制了 50% 以上投票权,或拥有多数董事任免权的营利性机构"。

2. 明确受益人的意义

在认定补贴利益时,必须明确具体的受益人,受益人构成利益分析的

---

① Panel Report on US – Lead and Bismuth Ⅱ, WT/DS138/R, para. 6.77. 后来,美国在"美国对欧共体某些产品的反补贴措施案"的上诉人陈述报告中,向 WTO 争端解决机构表示放弃利益授予"生产运作"的观点。United States' appellant's submission on US – Countervailing Measures on Certain EC Products, WT/DS212, para. 41.

② Panel Report on US – Lead and Bismuth Ⅱ, WT/DS138/R, para. 6.78.

③ Appellate Body Report on US – Lead and Bismuth Ⅱ, WT/DS138/AB/R, para. 56. 相类似地,在美国对欧共体某些产品的反补贴措施案中,专家组也明确,"补贴利益不是存在于生产设备(productive assets)之中"。Panel Report on US – Countervailing Measures on Certain EC Products, WT/DS212/R, para. 7.46.

④ Petros C. Mavroidis, Patrick A. Messerlin and Jasper M. Wauters, The Law and Economics of Contingent Protection in the WTO, Cheltenham, UK; Northampton, Massachusetts, USA: Edward Elgar, 2008, p. 333.

重心与立足点。明确受益人,对于补贴利益分析有着重要意义。上诉机构指出:

> "利益"一词意味着必须存在受益人。这在文本上支持了对SCM协定第1条第1款第b项的探究重心应在受益人而非给予补贴提供者的意见。第1条第1款第b项中"授予"(confer)一词的通常含义,也表明了这一点。"授予"的含义包括但不限于"给予""赠与""授予"。"授予"一词用的是被动语态中的过去分词,又与"因而"一词搭配使用,自然是要求去探究受益人获得了什么。①

换言之,"对财政资助构成与否的分析角度是提供者;但利益的判定,却着眼于受益人"。② 是否存在补贴利益,是判定政府财政资助是否构成补贴的前提,而明确具体、潜在的受益人,则是认定补贴利益的首要环节。③跳过这个环节,"抽象地认为只要政府财政资助涉及的任何一个参与者,被政府授予了利益,即可判定财政资助存在补贴利益而构成SCM协定意义上的补贴,这个观点是错误的"。④ 因此,分析补贴利益之前,首先必须明确,反补贴调查程序中的被调查者,或者反补贴措施的拟实施对象,构成受调查的财政资助的潜在受益人;然后,再从这个潜在受益人的角度,而非政府或者其他企业角度,展开补贴利益分析。

3. 受益人与财政资助接受者的区别

根据SCM协定,财政资助与利益是补贴定义中两个独立的构成要件。拟认定为补贴的政府行为,首先,必须构成财政资助;其次,该政府行为还必须存在利益。利益作为判断财政资助是否构成补贴的标准,仅"与财政

---

① Appellate Body Report on Canada – Aircraft, WT/DS70/AB/R, para. 154.

② Petros C. Mavroidis, Patrick A. Messerlin and Jasper M. Wauters, *The Law and Economics of Contingent Protection in the WTO*, Cheltenham, UK; Northampton, Massachusetts, USA: Edward Elgar, 2008, p. 324.

③ 严格意义上,只有判定存在补贴利益时,受益人才能被正式被称为受益人。在此之前,应称为"潜在的受益人"。

④ Panel Report on Brazil – Aircraft (Article 21.5 – Canada Ⅱ), WT/DS46/RW2, para. 4.4.

资助的效果有关”。[①] 财政资助的具体形式,可以是转让资金(捐资、融资、投资等)、减免税收(税收抵免、递延、减让等)、政府购销等。这些政府的财政资助行为,往往有直接的实施对象,即“财政资助的接受者”(the recipient of financial contributions)。[②]

有学者认为,“财政资助的接受者就是受益人”。[③] 也有学者认为,“只有财政资助需要对应某个接受者,而利益不需要。利益只是财政资助可能导致的结果”。[④] 对于上述观点,笔者都不赞同。财政资助与利益是补贴定义的两个独立构成要件,而财政资助接受者属于“财政资助”范畴的概念,受益人作为“利益的接受者”(the recipient of benefit),属于“利益”范畴。尽管在多数情况下财政资助接受者与受益人指向同一个企业,但这两个术语在反补贴制度里有着各自的存在价值,它们彼此独立,不能混同,也不可互相取代。“收到政府资金或者获得税收减免的接受者,并不必然是最终的受益人。”[⑤]如果甲企业接受了财政资助,但未从中受益,而乙企业从给予甲企业的财政资助中获益,那么,财政资助不构成对甲企业的补贴,但构成对乙企业的补贴,甲企业不构成受益人,而乙企业是受益人。可见,关键在于财政资助是否“惠及”了企业,而非财政资助是否“给予”了企业。补贴的接受者是受益人,而非财政资助接受者。

欧盟国家资助法也区分“财政资助接受者”与“受益人”,并将后者视

---

① Panel Report on Canada – Aircraft Credits and Guarantees, WT/DS222/R, para. 7. 396.

② 这里只讨论财政资助接受者不构成受益人的情形。若财政资助接受者同时构成受益人,并将所接受的补贴利益传递给第二个受益人,则构成补贴利益的传递,笔者将在下文“动态判定基准”一节加以讨论。

③ Luca Rubini, *The International Context of EC State Aid Law and Policy: The Regulation of Subsidies in the WTO* in Andrea Biondi, Piet Eeckhout and James Flynn(ed.), The Law of State Aid in the European Union, New York, Oxford University Press, 2004, p. 169.

④ Petros C. Mavroidis, Patrick A. Messerlin and Jasper M. Wauters, *The Law and Economics of Contingent Protection in the WTO*, Cheltenham, UK; Northampton, Massachusetts, USA: Edward Elgar, 2008, p. 333, footnote 91.

⑤ WTO. World Trade Report 2006 Exploring the Links between Subsidies, Trade and the WTO. http://www.wto.org/english/res_e/booksp_e/anrep_e/world_trade_report06_e.pdf, p. 47.

为补贴的接受者。“国家资助既可以直接给予，也可以通过第三方间接给予接受者。”[①]欧盟国家资助法的司法实践也不乏例子。在勃兰登堡（Brandenburg）电厂案中，欧委会曾经认为德国政府给予勃兰登堡煤电厂的投资资助，其受益人并非煤电厂，而是这个地区的褐煤工业。德国政府不顾煤电的低效益和高成本，还是将煤电厂作为资助对象，使褐煤工业得以获得长期供货合同。[②] 而在挪威鲑鱼（Norwegian Salmon）案中，欧盟委员会（以下简称欧委会）在裁定中指出，鲑鱼养殖户并非赠款的接受者，但却是受益人。[③] 在聚酯薄膜（PET Film）案中，欧委会裁定免征销售税的政府行为，并未向享受免税待遇的卖方授予“利益”，因为卖方只是名义上的纳税主体，真正因政府免税而获益的是买方。[④] 而在荷兰诉欧委会（Netherlands v. Commission）案中，荷兰政府给予沿荷德边界加油站的资助，被认定为荷兰政府给予汽油公司的间接补贴。[⑤] 欧盟还认为，直接授予自然人的资助，如果自然人不直接从事生产经营活动，那么此项资助就可能被视为给予有关从事生产经营活动的企业的间接资助。例如，在德国诉欧委会（Germany v. Commission）案中，欧共体法院将德国政府给予在柏林等地区投资的自然人税收优惠待遇，裁定为给予被投资公司的补贴。[⑥] 而在法国诉欧委会（France v. Commission）案中，法国政府降低法国船厂投资者的应纳税收入数额，被视为给予船厂的补贴。[⑦]

因此，财政资助的接受者，属于“财政资助”范畴的概念，它与财政资助的提供者一样，并非分析利益的适当角度。受益人属“利益”范畴的概念，才是分析利益的立足点。区分受益人与财政资助接受者，有助于澄清利益

---

① Conor Quigley, Anthony M. Collins, *EC State Aid Law and Policy*, Portland: Hart Publishing, 2003, p. 23.

② O. J. 1996 L243/2.

③ O. J. 1997 L267/1. 相关评论可参见 Pierre Didier, *WTO Trade Instruments in EU Law*, London: Cameron May, 1999, p. 224。

④ O. J. 1999 L316/1. 相关评论可参见 Van Bael & Bellis, *Anti – dumping and Other Trade Protection Laws of the EC*, Hague: Kluwer Law International, 2004, p. 538。

⑤ Case C – 382/99, Netherlands v. Commission[2002] ECR I – nyr, paras. 62 – 66.

⑥ Case C – 156/98, Germany v. Commission[2000] ECR I – 6857, para. 26.

⑦ Case C – 394/01, France v. Commission [2002] ECR I – nyr, para. 2.

分析的立足点。如将两者混为一谈,误以财政资助接受者角度来考察补贴利益,最终会导致难以自圆的逻辑错误。

4. 受益人与财政资助接受者相分离的个案分析

承认受益人与财政资助接受者是两个独立概念,并加以区分,有助于廓清利益分析视角。在巴西飞机案中,如果境外买家购买巴西制造的支线飞机,可获得由指定银行提供的出口信贷服务,而巴西政府则因此给予指定银行一笔赠款(以下简称 PROEX Ⅲ措施)。在分析巴西政府 PROEX Ⅲ措施是否构成补贴时,首先必须明确的是,PROEX Ⅲ措施的潜在受益人是谁?

第一,指定银行不构成受益人。虽然赠款本身构成"财政资助",也授予了"利益",但问题在于,给予指定银行的补贴,属于服务贸易领域,而"SCM 协定系 WTO 协定附件 1A 中的货物贸易多边协定,故 SCM 协定只约束货物贸易领域的补贴行为"。[①]

第二,境外买家不构成受益人。受 PROEX Ⅲ措施支持的出口信贷服务(以下简称 PROEX 贷款),构成 SCM 协定第 1 条第 1 款第 a 项第 iv 段的"政府向一筹资机构付款,或委托或指示一私人机构履行以上第 i 段至第 iii 段列举的一种或多种通常应属于政府的职能"的贷款类财政资助。PROEX 贷款的提供对象,即财政资助的接受者,是巴西境外买家。但是,SCM 协定将其补贴定义限制于"一成员方领土内"、给予"属授予机关管辖范围内的一个企业或者行业或者一组企业或者行业"的补贴,故给予境外企业的任何优惠,都不能构成 SCM 协定意义上的补贴。[②] 因此,境外买家不构成受益人。

第三,飞机制造商不是财政资助的接受者,却构成受益人。该案中,PROEX 贷款是否给飞机制造商带来了补贴利益,即飞机制造商是否构成受益人,是各方争议焦点。该案专家组通过分析境外买家获得的 PROEX

---

① Panel Report on Brazil – Aircraft (Article 21.5 – Canada Ⅱ), WT/DS46/RW2, para. 4.4.

② 参见 SCM 协定第 1 条和第 2 条。

贷款,较同类商业贷款更为优惠,由此认定飞机制造商也因买家获益而获得补贴利益:

> 我们认为,财政资助对支线飞机制造商授予了利益,还是相应地仅对金融服务商授予了利益,取决于赠款行为,对飞机买家购得出口信贷服务的影响。事实上,这正是双方的争议焦点。[42]
>
> ……我们对利益的判定聚焦于此:作为 PROEX III 赠款的结果,巴西支线飞机的购买商所获之出口信贷,较市场中可获得的出口信贷,条件更为优惠……
>
> ---
>
> [42] 我们注意到,受 PROEX Ⅲ赠款支持的出口信贷,是提供给巴西支线飞机购买商的,而非制造商。但我们认为,如果加拿大能够证明 PROEX Ⅲ赠款使购买商获得优于市场价格的出口信贷,那么,PROEX Ⅲ降低了购买商的采购成本,进而使之较同类产品更有竞争力,因此,这至少可以成为 PROEX Ⅲ也向制造商授予利益的初步证据……①

而在加拿大飞机信贷和担保案中,被申诉方加拿大政府通过其出口发展公司(相当于前述案中的巴西指定银行),对境外买家提供名为魁北克计划的出口融资服务,以增强 Bombardier 飞机的销量。该案专家组也持类似观点:

> 我们应当依据买家是否获益,来判定 Bombardier 公司是否被授予了利益……(在融资情况下)作出“利益”判定,应当考虑买家在商业市场上可获得融资服务的价格。②
>
> 在我们看来,以及考虑到第 14 条第 c 款提供的上下文指导,当企业[指飞机买家]获得魁北克计划项下贷款担保时,为获得贷款所支付的成本,与企业[指飞机买家]在没有魁北克计划项下贷

---

① Panel Report on Brazil – Aircraft (Article 21.5 – Canada II), WT/DS46/RW2, paras. 5.28 – 5.29.

② Panel Report on Canada – Aircraft Credits and Guarantees, WT/DS222/R, para. 7.229.

> 款担保时，为获得可比商业贷款所需要支付的成本，两者存在差异时，我们认为魁北克计划项下贷款担保授予了“利益”。在这种情况下，利益数额应为调整各项[获得担保所需要支付的]费用差异后的上述两个成本的差额。①

但巴西飞机案专家组认为，境外买家获得的PROEX贷款，较同类商业贷款更为优惠，这只是认定飞机制造商获得补贴利益的初步证据。为什么说是初步证据呢？笔者认为，对补贴利益的分析，必须从潜在的受益人角度来展开。境外买家不构成受益人，因此，从境外买家角度，不能完成整个补贴利益分析过程。

向境外买家提供的PROEX贷款，较同类商业贷款更为优惠，这说明银行在发放PROEX贷款时，将承担部分利润损失。根据经济人假设，银行不可能发放这样的优惠贷款，除非能从第三方获得相应补偿。本案中，当境外买家购买巴西制造的支线飞机，并获得由指定银行出口信用贷款时，巴西政府将会给予指定银行一笔赠款。这个补偿本该由飞机制造商出于促销目的而作出。因此，从潜在的受益人，即反补贴措施的潜在实施对象、本案中飞机制造商的角度而言，它节省了支付给指定银行的这笔支出，因而获得了补贴利益。②

此外，在某些情况下，政府担保也会产生财政资助接受者与受益人相分离的情况。根据SCM协定第14条第c款“政府提供贷款担保不得视为授予利益，除非获得担保的公司支付政府担保贷款的金额，不同于公司支付无政府担保的可比商业贷款的金额”之规定，原则上，担保类财政资助的接受者与受益人都是债务人。“在政府提供贷款担保的情况下，债权人也可能成为补贴受益人，如担保是在贷款合同或其他主债权已经生效之后才

---

① Panel Report on Canada – Aircraft Credits and Guarantees, WT/DS222/R, paras. 7.397 – 7.398.

② 笔者认为，飞机制造商是否从PROEX贷款中获得补贴利益，不能通过利益传递分析来判定。补贴利益传递发生在两个受益人之间，但本案中境外买家不构成受益人。

设置的,或者有担保的贷款是为了向同一债权人偿还先前存在的无担保的贷款。"①若政府的贷款担保,没有对债务人带来补贴利益,却对债权人带来了补贴利益,那么,债务人是财政资助的接受者,而债权人则构成受益人。而此时,补贴利益就应该从债权人的角度进行分析和衡量,即以债权人在没有政府担保时的处境为比较基准。例如,如果没有政府担保,贷款人几乎不能实现债权,那么,就应该以垃圾债券或兀鹫基金②作为比较基准,但利益额度可以接近但必须低于赠款。③

5. 受益人的界定标准

根据 WTO 反补贴争端解决实践,一项财政资助可以对应多个受益人。④ 在美国对欧共体某些产品的反补贴措施案中,上诉机构曾指出:

> 在加拿大飞机案中提到"一个受益人"时,我们并没有排除"一个受益人"可以包括一个企业及其所有者的可能性,而"一群人"既可以是一群自然人,还可以是一组法人,或者里头既有自然人又有法人的一群人……该案报告从未有过 SCM 协定第 1 条第 1 款第 b 项的"利益"只能被同一人"接受或使用"的意思,换言之,"利益"不能为两个或者更多个彼此独立的主体所接受或使用

---

① Conor Quigley, Anthony M. Collins, *EC State Aid Law and Policy*, Portland: Hart Publishing, 2003, p. 40.

② 兀鹫基金,是指投资于有经济困难的基金,如违约或接近违约的高收益债券、破产或接近破产的股票。

③ 笔者参考了欧共体 DRAM 芯片反补贴措施案专家组的观点。该案中,鉴于韩国现代半导体公司(Hynix)的财务状况,没有投资者愿意向 Hynix 提供贷款、贷款担保、出资入股等形式的商业融资,因为投资者收回投资的可能性很小。SCM 协定第 14 条第 a 款要求作为比较基准的"私营投资者的通常投资做法",在本案中无法落实。专家组认为,欧共体必须选定基准并据此来计算利益数额,这个基准可以是韩国国内的,也可以是其他国家的,如垃圾债券或兀鹫基金。但无论欧共体使用什么方法,都必须体现 Hynix 得到的利益是低于赠款的。Panel Report on EC – Countervailing Measures on DRAM Chips, WT/DS299/R, paras. 7.211 – 7.213.

④ 在美国对欧共体某些产品的反补贴措施案中,美国曾主张"某一项补贴在同一时间,只有一个受益人"。United States' appellant's submission on US – Countervailing Measures on Certain EC Products, WT/DS212, paras. 56, 65 – 67. 笔者认为,美国错误之处在于混淆了受益人与财政资助接受者的区别。某一项补贴在同一时间,只有一个财政资助接受者,而非只有一个受益人。

的观点子虚乌有。①

上诉机构还曾指出,受益人是个“经济实体”(economic entity)。② 因此,以法律人格还是以其他标准来界定受益人的外部边界,成为一个比较复杂却又必须澄清的问题。例如,在国有企业征收的反补贴税的征收期限届满之前,国有企业进行了私有化,那么,后私有化企业与原国有企业,是私有化前补贴的同一个受益人,还是两个不同的受益人?

美国商务部曾经以法律人格作为界定受益人外部边界的标准。它基于公司法律人格独立于股东的基本原则,根据对企业在私有化前后的运转连续性、生产设备继受性、资产债务继受性、雇员延续比例四个方面的评估,来判定后私有化企业是否在法律人格上延续了私有化前的国有企业,私有化是否突破原受益人的边界,即有没有产生新的受益人。若后私有化企业仍然是私有化前补贴的原受益人,并继续就原国有企业在私有化之前接受的补贴,对后私有化企业可以征收反补贴税。③ 美国商务部将上述方法称为“同人法”(Same Person Methodology),核心是将法律人格作为界定受益人的边界。“同人法”不乏学者支持,④曾代替“伽玛法”一度成为美国商务部赖以决定是否对后私有化企业征收反补贴税的主要方法。但 WTO

---

① Appellate Body Report on US – Countervailing Measures on Certain EC Products, WT/DS212/AB/R, paras. 108, 110.

② Appellate Body Report on US – Countervailing Measures on Certain EC Products, WT/DS212/AB/R, para. 112.

③ Panel Report on US – Countervailing Measures on Certain EC Products, WT/DS212/R, para. 7.55. Appellate Body Report on US – Countervailing Measures on Certain EC Products, WT/DS212/AB/R, para. 14, footnote 236 – 237.

④ Petros C. Mavroidis, Patrick A. Messerlin and Jasper M. Wauters, *The Law and Economics of Contingent Protection in the WTO*, Cheltenham, UK; Northampton, Massachusetts, USA: Edward Elgar, 2008, p. 336. 笔者认为,可以法律人格作为外部边界的是财政资助接受者,而非受益人。美国主张私有化中股东的变更并不必然导致公司法律人格的变更,这是正确的,但由此只能得出财政资助接受者未变的结论,而不能得出补贴受益人未变的结论:私有化产生了新的潜在的受益人,即新股东与后私有化企业(原国有企业)的共同体。财政资助接受者主要是个形式上的概念,而受益人却需要从更实质的利益层面进行考量。

最终没有采纳法律人格标准。① 美国铅铋钢(二)案中,专家组指出:

> 在以非关联交易、公平市场价格且符合商业原则条件下完成的私有化情形,为了判定"利益"而区分公司与股东的做法,都是多余的。②

在美国对欧共体某些产品的反补贴措施案中,这个问题得到了更为深入的探讨。专家组认为,在"利益"判定问题上,不应当区分公司与股东,即给予公司的补贴,"受益人"是公司和股东两者组成的共同体:

> 我们认为,美国区分公司与股东的做法,在 SCM 协定的语境里是不合适的。我们同意,基于美国和其他 WTO 成员方国内公司法的目的,可以对股东和公司进行区分。但是,SCM 协定在讨论界定"利益"之必要时,既没有提及股东与公司,也没有对两者作区分。SCM 协定第 1 条、第 10 条和第 14 条只用了"接受者"(或"利益的接受者")和"生产者"这两个概念。利益这个概念,与依据国内公司法建立起来的合法商业结构,并没有关系。这是因为,补贴会在贸易方面对同类产品的国内生产者产生不利影响,而 SCM 协定关系到上述影响的确定。产品的生产和出口,是由生产者完成的,其目的是为所有者创造经济利益。如果补贴的存在使生产者生产和出口的能力得以提高,则必然会影响利润率以及给予股东的回报率……事实上,市场经济中公司的价值在于它给股东带来收益的能力。如果补贴增强了公司创造利润的能力,那么获得补贴公司的总体市场价值应能体现出财政资助授予利益的价值。如果有人以公平市场价格购买了公司,购买的价格

---

① 上诉机构判定:"同人法"违反了 SCM 协定第 21 条第 2 款关于调查机关在行政审查中应考虑"证实审议必要性的肯定信息"之规定、第 19 条第 1 款关于原始调查中应调查"利益"之规定、第 21 条第 3 款关于落日审查中应调查"利益是否继续存在"之规定。Appellate Body Report on US – Countervailing Measures on Certain EC Products, WT/DS212/AB/R, paras. 146 – 147,150.

② Panel Report on US – Lead and Bismuth Ⅱ, WT/DS138/R, para. 6.82.

里就涵盖了授予公司的补贴利益价值。为以市场为标准判定利益之目的，财政资助授予的利益，是给了公司，还是给了股东即公司的所有者，是没有区别的……我们得出以下结论，为了作出SCM协定项下的利益判定，公司与股东之间不应当有所区分，因为它们共同组成一个生产者……任何对所有者（股东）和公司的人为区分，都忽视了公司和所有者之间的联系，也正是这种联系会因为私有化而发生了变化。SCM协定中的利益接受者，指的是公司和股东两者组成的共同体，两者共同成为反补贴调查（命令）所针对的出口产品的生产者。①

上诉机构也同意，在"利益"判定问题上，不应当区分公司与股东，否则会为成员方规避SCM协定大开方便之门：

……美国将第1条第1款第a项第1段列举的财政资助作为依据，并不具有说服力，因为，从整个SCM协定来看，上述列举并不能理解为其暗示"（利益的）接受者"必然是"法人"……另外，我们注意到，政府可以将转移的资金直接提供给公司法人，即被补贴产品的生产者，也可以间接的方式提供，即减免公司的股东所得税（以他们向法人生产进行投资为前提）。在上述两种情况下，都会减少为法人即生产者筹集资金的成本。所以，与美国的观点不同，通过向公司股东（不管是自然人还是法人）提供财政资助，进而对公司授予"利益"，这样的可能性是存在的。而且，我们还注意到GATT 1994第6条第3款和SCM协定第10条的脚注36关于补贴可以"间接"地授予产品的制造、生产和出口的规定，也肯定了上述可能性的存在……美国的观点，为提供补贴的政府规避SCM协定的规定大开方便之门，因而存在削弱SCM协定的可能性：政府只要不把利益直接授予给公司，而是给公司的股东，

---

① Panel Report on US – Countervailing Measures on Certain EC Products, WT/DS212/R, paras. 7.50 – 7.51, 7.54.

即可做到这一点。总之,国内法语境中公司与股东在法律上的区分,与 SCM 协定项下“利益”存在与否的判定,并不必然有关联。①

事实上,确定受益人外部边界的依据,并非形式层面的法律人格,而是实质层面的利益关联性。在美国对欧共体某些产品的反补贴措施案中,专家组认为,给予公司的补贴,“受益人是公司和股东两者组成的共同体”。对此,上诉机构虽没有支持,却也没有彻底否定:

然而,虽然我们不同意美国就加拿大飞机案和美国铅铋钢(二)案中我们所作裁定的理解,即美国明确区分了公司和其所有者,我们认为在专家组报告第 7.54 段中“为了作出 SCM 协定项下的利益判定,公司与股东之间不应当有所区分……SCM 协定中的利益接受者,指的是公司和股东两者组成的共同体”的观点,走得太远了。专家组在上述裁定中对 SCM 协定的解释过于笼统。②

上诉机构从专家组职权范围(Terms of Reference)的角度,认为“专家组超越了本案审查的事实背景”。③ 但超越职权范围的程序瑕疵,并不表示专家组关于“受益人是公司和股东两者组成的共同体”的观点是错误的。上诉机构仅仅指出“专家组本应当将其裁定限于特定情形的”,即“在非关联交易中以公平市场价格实现私有化后,政府转让了所有或者几乎所有的财产且不再保留任何‘对后私有化生产者的控制利益’的情形下,源于原先给予国有企业一次性财政资助的利益问题;”④除上述特定情形外,还有其

---

① Appellate Body Report on US – Countervailing Measures on Certain EC Products, WT/DS212/AB/R, paras. 112 – 113, 115.

② Appellate Body Report on US – Countervailing Measures on Certain EC Products, WT/DS212/AB/R, para. 116.

③ Appellate Body Report on US – Countervailing Measures on Certain EC Products, WT/DS212/AB/R, para. 119.

④ Appellate Body Report on US – Countervailing Measures on Certain EC Products, WT/DS212/AB/R, para. 117.

他的情形，对这些情形专家组囿于职权范围因而无权讨论与裁决。专家组职权范围之内的分析，并不能穷尽所有可能的情形，据此上诉机构才认定：

> 专家组基于一系列特定的、有限的事实和背景的分析，并未充分支持专家组在所有情形下"为了作出 SCM 协定项下的利益判定，公司与股东之间不应当有所区分……SCM 协定中的受益人是公司和股东两者组成的共同体"的观点。①

专家组关于"受益人是公司和股东两者组成的共同体"的观点，在"在非关联交易中以公平市场价格实现私有化后，政府转让了所有或者几乎所有的财产且不再保留任何'对后私有化生产者的控制利益'的情形"以外的其他情形中，能否成立呢？对于这个问题，上诉机构实际持默认的态度。假设政府向某公司提供贷款，贷款利率低于商业利率，于是，政府贷款向公司授予了利益。此时，股东是否也从贷款中获益？笔者认为，答案应该是肯定的；此项补贴减少了公司的利息支出，其效果等同于公司资产的增加，而这又意味着股权实际价值的增加。因此，无论公司是否通过分红等形式将"利益"实际传递给股东，股东都受益于此项补贴。不难发现，公司受益（损）时，股东必然随之受益（损）；但反之未必，股东受益（损）则并不表示公司受益（损）。② 这种单向的共同利益关系是不证自明的，股权是其中的媒介，无须进行利益传递分析。公司法中所有制度设计，包括公司的独立法律人格，其目的无论是控制股东的经营风险、还是防止股东滥用公司人格损害债权人权益，都不影响公司与股东之间这种单向的共同利益关系。也正是因为这种利益关联性，通过对公司征收反补贴税，也可以同时抵销股东所获得的补贴利益。可见，由于公司和股东间的利益关联性，因此专家组认为"受益人是公司和股东两者组成的共同体"，而这个"共同体"，显

---

① Appellate Body Report on US – Countervailing Measures on Certain EC Products, WT/DS212/AB/R, para. 118.

② 上诉机构在美国对欧共体某些产品的反补贴措施案中提出："专家组的裁定，不能理解为允许调查机关忽视这样一种可能性，即向所有者提供的财政资助可能并不流向公司。" Appellate Body Report on US – Countervailing Measures on Certain EC Products, WT/DS212/AB/R, para. 118.

然是指“利益共同体”；也正是由于公司和股东间的共同利益关系是单向的，所以上诉机构将专家组的观点局限于公司而非股东是财政资助接受者的情形。

美国曾主张，不能把私有化中新股东的支出，视为企业抵销补贴的支出。[①] 在阐明了“受益人是公司和股东两者组成的共同体”这个观点之后，美国上述观点的错误，也就一目了然了。美国铅铋钢（二）案专家组也指出：

> [私有化时]公平市场价格，由 UES 公司和 BSplc/BSES 公司的新所有者支付，而非由这两家公司支付，与讨论的问题无关。要求由公司直接支付公平市场价格，而不能由其所有者支付，[这样的主张错误地]将形式置于较实质更为重要的位置……关于私有化时新股东所支付的价款，最终不是由后私有化企业所承受的主张，是极其具有误导效果的。[②]

关于政府给予上游企业的补贴，上、下游企业构成同一个受益人，还是两个不同受益人问题上，法律人格也不是界定标准。在墨西哥橄榄油案中，专家组提出，无论是否为不同法人，只有当受补贴的“原料生产商与受反补贴调查的进口成品生产商，并无关联”[③]时，下游企业才与上游企业构成两个彼此独立的受益人，反之原料生产商与产品生产商就是一个利益共同体，构成同一个受益人。[④] 这里的“并无关联”（unrelated），包括两者不是纵向联合企业（vertically integrated enterprises）、也不属于一个所有者

---

① Panel Report on US – Countervailing Measures on Certain EC Products, WT/DS212/R, para. 7.49.

② Panel Report on US – Lead and Bismuth Ⅱ, WT/DS138/R, para. 6.82.

③ Panel Report on Mexico – Olive Oil, WT/DS341/R, para. 7.142.

④ 此时，方有必要通过补贴利益传递分析，来判定其是否从给予原料生产商的补贴中获益。Panel Report on Mexico – Olive Oil, WT/DS341/R, para. 7.142. 在美国针叶木材（四）案中，上诉机构也曾强调，并非所有的对原料生产进行补贴的情形，都要求进行利益传递分析。Appellate Body Report on US – Softwood Lumber Ⅳ, WT/DS257/AB/R, paras. 140 – 147, paras. 156 – 159.

(common ownership),[①]本质是指不存在利益关联性。在美国针叶木材系列案中,专家组和上诉机构也持相同观点。该案中,砍伐者、锯木厂和加工厂分别处于生产阶段上、中、下游。砍伐者收获树木并加工成原木,这是受到补贴的原料。而锯木厂将原木生产成"初级针叶木材"(半成品),加工厂将初级木材加工成为"经过再制造的针叶木材"(成品)。"初级针叶木材"和"再制造针叶木材"都是被调查的半成品与成品。由于受到补贴的原料是原木,因此作为半成品的"初级针叶木材",在法律上等同于作为成品的"经过再制造的针叶木材"。由于某些砍伐者(原料生产商)拥有锯木厂(半成品生产商),因此他们被认定成同一受益人。但他们与没有利益关联的其他锯木厂,则构成不同的受益人。[②]

可见,受益人可以是若干具备独立法律人格的企业所组成、彼此利益关联的"经济实体"。[③] 在欧盟国家资助法的实践中,受益人包括但不限于诸如律师、会计师的自我雇佣专业人士,或者是合伙企业、独资企业、若干公司组成的集团、国家全资或者控股的公共企业等。受益人的外延很广,可以是任何自然人或者法人,也可以是若干法人组成的公司集团。[④] 上诉机构在美国铅铋钢(二)案中曾提出,"受益人必须是一个自然人或者法人",但在美国对欧共体某些产品的反补贴措施案中就进行了纠正,"受益人既可以是一群自然人,还可以是一组法人,或者既有自然人又有法人的

---

① 这两种关联情形是上诉机构在美国针叶木材(四)案中列举的。Appellate Body Report on US – Softwood Lumber Ⅳ, WT/DS257/AB/R, para. 124.

② Appellate Body Report on US – Softwood Lumber Ⅳ, WT/DS257/AB/R, paras. 156 – 159.

③ 上诉机构在美国对欧共体某些产品的反补贴措施案中将受益人称作为"经济实体"(economic entity)。Appellate Body Report on US – Countervailing Measures on Certain EC Products, WT/DS212/AB/R, para. 112.

④ Phedon Nicolaides, Mihalis Kekelekis, Maria Kleis, *State Aid Policy in the European Community: Principles and Practice*, Alphen aan den Rijn : Kluwer Law International, 2008, p. 16 – 17. Case 323/82, Intermills v. Commission [1984] ECR 3809, para. 11; Case 40/85, Belgium v. Commission [1986] ECR 2321, para. 15; Case T – 234/95, Dradenauer Stahlgesellschaft mbH v. Commission [2000] ECR Ⅱ – 2603, para. 124. See also, Case C – 323 – 00P, Dradenauer Stahlgesellschaft mbH v. Commission [2002] ECR Ⅱ – nyr, para. 33.

一群人”。[①] 是否具备作出独立商业决策的资格，是“利益关联性”的判定标准，也构成受益人的外部边界。“没有独立商业战略的企业，只有与它的关联企业所组成的集团，才可被视为一个独立的实体。”[②]

基于上述 WTO 反补贴争端解决实践，将国有企业作为补贴受益人，实际上存在一个逻辑障碍。由于补贴受益人应当是公司和股东两者组成的共同体，那么，给予国有企业的政府补贴，受益人则变成了国有企业及其股东即政府的共同体。此时，政府既是补贴提供者，又是补贴受益人。这陷入了逻辑循环困境之中，理论上会导致补贴利益数值无法计算。当前针对国有企业的反补贴调查案件都回避了这个问题。CPTPP 专门针对国有企业建立有别于私人企业的反补贴制度，那么，上述逻辑难题将会无可避免地凸显出来。

综上，每项补贴利益都存在对应的具体受益人，并不必然是财政资助的接受者。区分受益人与财政资助接受者，有助于补贴利益的正确判定。受益人是补贴利益分析的重心，不以法律人格为边界。受益人的界定，需要基于“利益关联性”，作个案判定。

三、规制补贴的制度考察

补贴既是竞争法视角下的行政性限制竞争行为，又是国际贸易法意义上的不公平贸易行为，构成上述两个部门法的交汇点。目前，竞争政策尚未纳入 WTO 的多边规则体系，竞争法主要属于国内法范畴。作为区域贸易协定，CPTPP 虽然将竞争政策纳入规则体系，但其关于补贴规制的内容，本质上仍具备贸易救济的制度属性。

---

① Appellate Body Report on US – Lead and Bismuth Ⅱ, WT/DS138/AB/R, para. 59. Appellate Body Report on US – Countervailing Measures on Certain EC Products, WT/DS212/AB/R, para. 108.

② Phedon Nicolaides, Mihalis Kekelekis, Maria Kleis, *State Aid Policy in the European Community: Principles and Practice*, Alphen aan den Rijn: Kluwer Law International, 2008, p. 18.

（一）补贴规制的制度属性

1. 对行政性限制竞争行为的竞争法规制

作为扶持特定对象的产业政策，补贴是“政府纠正市场失灵的重要手段”。① 一方面，补贴能提高特定产业与企业的竞争力并实现规模经济，在特定情况下，还有助于市场形成有效竞争格局；另一方面，没有获得补贴的企业，可能会因此丧失市场份额而被迫减产，甚至被挤出市场，补贴因此也可能导致限制竞争、降低企业效率、扭曲资源配置、减少社会产出的“政府失灵”后果。

从国内法视角来看，补贴本质上是种行政性限制竞争行为，受竞争法规制。《中华人民共和国反垄断法》（以下简称《反垄断法》）第 37 条规定“行政机关不得滥用行政权力，制定含有排除、限制竞争内容的规定”，是规制补贴的竞争法依据，也是中共中央十八届三中全会《关于全面深化改革若干重大问题的决定》提出的“清理和废除妨碍全国统一市场和公平竞争的各种规定和做法，严禁和惩处各类违法实行优惠政策”要求的法律支持。

补贴作为一项产业政策，与竞争政策存在一定程度的矛盾和抵触。通常，在国内领域，政府能够基于维护有效竞争、提高产业整体国际竞争力的目标，在政策层面做好协调，不需要上升到立法层面，但欧盟是个例外。欧盟竞争法中有个部门法称为欧盟国家资助法（State Aid Law）。它以《欧共体条约》第 87 条和第 88 条为核心，旨在规制影响欧盟内部贸易的各成员国补贴政策。②

① Alan O. Sykes, *The Economics of Injury in Antidumping and Countervailing Duty Cases*, in Jagdeep S. Bhandari and Alan O. Sykes (ed.), Economic Dimensions in International Law: Comparative and Empirical Perspectives, New York: Cambridge University Press, 1997, p. 106.

② 王晓晔：《市场失灵时的国家干预——欧盟竞争法中的国家援助》，载《国际贸易》2000 年第 3 期。欧盟国家资助法有别于欧盟反补贴法，后者以《2009 年 6 月 11 日关于抵制来自非欧共体成员方补贴产品进口的第 597/2009 号理事会条例》与《欧盟委员会 1998 年 12 月 17 日关于反补贴调查中计算补贴数额的指导规范》为核心，适用于针对非欧盟国家进口到欧盟产品的反补贴调查。See Konstantinos Adamantopoulos, María J Pereyra - Friedrichsen, *EU Anti - subsidy Law & Practice*, Bembridge: Palladian Law Publishing Ltd., 2001, p. 106.

2. 对不公平贸易行为的贸易救济

“所有类型的补贴,本质上都是公共财政的减损与受补贴企业的获益;而在开放的经济体中,出口补贴还会造成国际与国内市场的价格差,进而扭曲国际竞争秩序”,[①]并对进口国国内产业造成损害。因此,在GATT时代,缔约方就有权“在满足下列条件,即出口产品获得了补贴、征税不得超过补贴幅度、补贴对国内产业造成或者威胁造成实质损害时,对补贴产品征收反补贴税”。[②] 政府补贴所造成的市场竞争格局变动,并非源于公平的市场竞争,而反补贴措施通过抵消企业因补贴所获的不公平竞争优势,来实现对受损国内产业的救济。

从国际法视角,“反补贴措施是针对补贴这种不公平贸易行为的贸易措施”,[③]与反倾销措施、保障措施统称为国际贸易法中的贸易救济措施(Trade Remedy Measure)。[④] 虽然都是规制补贴,但国际贸易法与竞争法之间的区别也是非常明显的。国际贸易法主要关注他国管理国际贸易的政府行为,而竞争法虽然也规制行政性限制竞争行为,但主要还是针对私人行为;此外,国际贸易法着眼于提高某个特定竞争者(如国内反补贴程序中的申请人)的利益,着眼于公平贸易权利的救济,而竞争法则更多关注整个市场的竞争秩序与竞争程度。[⑤]

---

① Jacques H. J. Bourgeois, *Subsidies and International Trade: A European Lawyers' Perspective*, Kluwer Law and Taxation Publishers, 1991, p. 5.

② GATT Secretariat, *Anti – dumping and Countervailing Duties*, Geneva 1958, p. 10.

③ Peter Van den Bossche, *The Law and Policy of the World Trade Organization: Text, Cases and Materials*, New York: Cambridge University Press, 2005, p. 512 – 513.

④ 贸易救济措施是“经常用来指针对其他方贸易措施的影响而实施的反倾销措施、反补贴措施和保障措施。在美国使用该术语,是用来描述在外国实施了被认为是不公平的贸易行为或由于进口迅速增长带来的损害的情况下,依照贸易法所实施的行动。所采取的救济措施根据贸易法不同章节的规定,针对不同的情况分别加以确定。这些措施主要包括增加关税、进口配额、反补贴措施、报复等”。See Walter Goode, *Dictionary of Trade Policy Terms*, New York: Cambridge University Press, 2003, p. 358. 本质上而言,贸易救济措施“是以国际法规范与国内法为依据的恢复性行政救济”。参见翁国民:《贸易救济体系研究》,法律出版社2007年版,第41页。

⑤ Daniel Tarullo, *Norms and Institutions in Global Competition*, in Philip Marsden (ed.), A Competition Policy for the WTO, Cameron May, 2003, p. 126.

反补贴贸易救济措施,以自由贸易政策为支撑。竞争法所体现的竞争政策,与自由贸易政策之间,是紧密相连、相互配合、相得益彰的。两者的基本原理从某种程度上来说甚至是相通的。"自由贸易政策与竞争政策的基本目标是一致的。两者都能开放国内市场并提高其竞争程度,也都能改善资源配置、提升经济效益和消费者福利。而两者也都以透明度原则、非歧视原则等为基础性原则。"①由于国际贸易过程必然涉及竞争问题,而自由贸易也必须以公平竞争为前提,因此,补贴构成贸易政策与竞争政策的交汇点之一。

(二)规制补贴的国际规则

1. 国际规则的起源

目前,竞争法主要属于国内法范畴,WTO 多边规则体系并不包含竞争政策。作为区域贸易协定的 CPTPP,虽然将竞争政策纳入规则体系并设立单独一章,但其中并无适用于包括补贴在内的行政性限制竞争行为的具体条款。因此,规制补贴的国际规则,目前仅指属于贸易救济范畴的反补贴多边纪律与区域协定。②

反补贴多边纪律最早源于美国国内法。19 世纪 90 年代,受德国、阿根廷、丹麦、荷兰、法国、比利时等国政府补贴的食糖大量出口至美国,严重损害了美国的糖业利益。当时的德国与美国,分别受李斯特和汉密尔顿贸易保护理论的深刻影响,都在实施鼓励出口、限制进口的贸易保护政策。经当时的国会议员、后来当选为第 25 任美国总统的威廉·麦金莱(William McKinley)提议,国会最终决定,对这些获得政府补贴的廉价食糖,征收高额的特别关税。这是史上首次开征的反补贴税,史称"麦金莱关税"

---

① Roland Weinrauch, *Competition Law in The WTO:The Rationale for a Framework Agreement*, Vienna: NWV Neuer Wissenschaftlicher Verlag, 2004, p. 55.

② 鉴于竞争法的国内法属性与竞争主管机关管辖权的主权边界,美国经常将维护国际市场公平竞争的职责,科以贸易主管机关,并采用单边的贸易措施,来解决本国企业遭遇的海外限制竞争行为。显然,这种单边行为会破坏 WTO 多边贸易体制,与贸易保护主义之间的边界十分模糊。同时,美国国内的商业行为适用竞争法,而美国国外的商业行为适用贸易法,也会导致标准不统一等消极后果。

(McKinley Tariff)。这项税种在1897年被正式纳入《美国关税法》，反补贴税由此正式制度化，课征对象也从受补贴的食糖，一般化为获得出口补贴的所有进口商品。1922年，美国又将课征对象，从获得出口补贴的进口商品，扩大为获得出口国国内补贴的进口商品。自此，反补贴制度初见雏形。

可见，反补贴制度并非贸易自由主义的产物，恰恰相反，它诞生于进口国和出口国各自采取的贸易保护主义政策发生冲突时诞生的。而美国作为反补贴制度的发源地，之后一直引领着反补贴国际规则的制定与发展。无论是GATT时代的反补贴规则，还是WTO时代的SCM协定，或者是CPTPP的非商业援助规则，都带有强烈的美国印记。

2. GATT 1947相关条文与《东京回合反补贴守则》

在1947年《建立国际贸易组织的哈瓦那宪章》谈判过程中，美国说服其他国家，将其国内法上的反补贴制度，写入《1947年关税与贸易总协定》(以下简称GATT 1947)第6条和第16条，由此，反补贴制度正式成为国际法规范。

GATT 1947第6条题为“反倾销税和反补贴税”，将反补贴税定义成“为抵销因制造、生产或出口任何产品而直接或间接给予的任何津贴或补贴而征收的一种特别税”，并规定了实施反补贴税的若干条件。GATT 1947第16条题为“补贴”，该条分A、B两节。A节是针对补贴政策的约束条款，该节要求缔约方应及时通报所实行的补贴政策的相关事宜。B节是1955年缔约方大会后来增加的附加规定，它针对非初级产品的补贴，规定了更为严格的约束纪律。最终，许多国家认为B节带有明显的歧视性，仅有少数国家予以签署。

协定生效之初，只有少数几个发达国家和拉美国家建立了国内反补贴制度，而对进口产品采取反补贴措施的例子，更是少之又少。这是因为当时各国实施的高关税足以起到保护本国产业的作用。在GATT成功举行几轮多边谈判之后，关税壁垒大大削减，于是各国开始寻求非关税壁垒来保护本国产业。当时，西欧各国与日本经济飞速发展，实行各种各样的出口补贴政策。无序的出口补贴导致不公平竞争,而为了反制而频频课征的反补贴税也会产生贸易保护效果,两者都冲击正常的国际贸易秩序,抑制经济的自由增长,有损 GATT 建立的自由贸易体制。

但是,由于 GATT 1947 第 6 条和第 16 条过于简单,对各国的补贴与反补贴措施并不能起到约束作用,因此,各国意识到,必须就补贴的纪律与反补贴措施的适用范围重新进行谈判。于是,继第六轮肯尼迪回合就反倾销问题达成协定之后,GATT 全体缔约方在 1974 年至 1979 年开展的第七轮东京回合谈判中,将补贴与反补贴列为一项独立议题,并最终形成了第一部关于补贴与反补贴措施的国际规则"单行法":《东京回合反补贴守则》。

《东京回合反补贴守则》全文共 19 条,包括序言、七个部分和附件。第一部分是关于反补贴税的征收,第二部分是关于补贴的区别对待,其他五个部分是有关成立补贴和反补贴委员会、设立秘书处以及缔约方之间在国际法层面处理反补贴争端的程序性规范。附件是不正当补贴的示例清单。《东京回合反补贴守则》是对 GATT 1947 第 6 条和第 16 条的实质性改进,主要体现在:第一,对反补贴调查的发起、通知、公告、磋商、期限、征税等程序,以及透明度、价格承诺、临时措施、国内产业界定等内容作了更为详细的规定;第二,列举了 12 种出口补贴的具体类型,允许对初级产品使用出口补贴,同时禁止对非初级产品出口补贴;第三,按照贸易效果来区分国内补贴合法性,规定只有在他国的国内补贴对本国产业产生实质损害时,才可实施反补贴措施或者报复措施。

相对于 GATT 1947 而言,《东京回合反补贴守则》已是巨大的进步,但它存在两个重大问题。第一,《东京回合反补贴守则》属于任选性协议,而签署的 GATT 缔约方又相对较少,故限制了《东京回合反补贴守则》的适用范围和影响力。第二,《东京回合反补贴守则》没有对补贴作出统一的定义。由于任何市场中都或多或少存在政府干预,缺乏统一补贴定义,导致各国反补贴措施的适用范围存在较大主观弹性,故不能从根本上遏制反补贴措施的滥用。这两个问题在乌拉圭回合达成的 SCM 协定里得到了解决。

3. WTO 反补贴制度

《东京回合反补贴守则》存在的上述问题，使之既不能有效约束补贴政策，也不能遏制反补贴措施蜕化为贸易保护主义手段，因此无力破解 20 世纪七八十年代再现的“经济衰退—政府大量补贴—反补贴措施滥用”的恶性循环。于是，乌拉圭回合中，在美国与欧盟等成员方的推动下，补贴问题成为重要议题，但各国的主张是不同的。由于欧洲各国政府对其工业的补贴政策由来已久，①加之 20 世纪六七十年代兴起的国有化浪潮，使其出口产品的补贴问题更加突出。美国虽然也有各种补贴政策，但程度远不如欧洲，因此，美国力主强化对补贴的约束纪律，要求取消政府补贴。而欧盟则因为其出口产品饱受美国反补贴措施之苦，因此，欧盟强调要严格规范反补贴税的征收、限制反补贴措施的滥用。此外，许多国家还主张补贴是其必不可少的政策工具，要求将反补贴措施限制在一定范围之内。② 经过谈判，各方最终达成了 SCM 协定，并作为“一揽子”协定写入了 WTO 法律制度之中。

SCM 协定构成整个 WTO 反补贴制度的主体与基础，而《农业协定》则适用于农产品的补贴问题。此外，各成员方《入世议定书》的相关条款，也构成约束特定成员方的补贴纪律。③ 相对于 GATT 时代的反补贴多边纪律，SCM 协定无论在规则体系、内容，还是签署方数量、适用范围等诸多方面，都体现了巨大的进步。“SCM 协定并非仅仅对 GATT 1947 第 6 条、第 16 条和第 23 条的单纯解释与应用”，④而是“GATT 补贴和反补贴措施纪律的提升和改进”。⑤

---

① 正因如此，欧盟竞争法里才会有个专门的国家资助法（State Aid Law），来规制各成员国所实施的、影响欧盟内部贸易的补贴政策。

② Richard R. Rivers, John D. Greenwald, *The Negotiation of a Code on Subsidies and Countervailing Measures: Bridging Fundamental Policy Differences*, Law and Policy in International Business, Vol. Ⅱ, 1979, p. 1448 – 1449, 1452 – 1453.

③ 例如，《中华人民共和国入世议定书》（以下简称《中国入世议定书》）第 10 条“补贴”、第 12 条“农业”与第 15 条“确定补贴与倾销时的价格可比性”涉及对补贴的规制。

④ Appellate Body Report on Brazil – Desiccated Coconut, WT/DS22/AB/R, para. 181.

⑤ Appellate Body Report on US – Carbon Steel, WT/DS213/AB/R, footnote 65 to para. 73.

SCM 协定的改进具体体现在以下几个方面：第一，SCM 协定开篇就定义了补贴。在乌拉圭回合谈判过程中，欧共体主张，“解决当前反补贴制度诸多问题，关键在于统一补贴定义”。① 加拿大也提出，“缺乏统一补贴定义的情况下，各成员方各自对补贴的不同定义，导致反补贴规则适用的不确定性和贸易冲突”。② SCM 协定的补贴定义，是 WTO 框架内对补贴的唯一定义，也适用于规范农产品补贴的《农业协定》。③ 自此，补贴从一个模糊的经济学概念，转变成为边界清晰的法律概念。不符合该定义的政府行为，即便具有补贴的性质与效果，也不属于反补贴措施的适用对象。这有助于约束成员方以维护自由贸易、公平贸易为名，行贸易保护主义之实的反补贴措施滥用行为。第二，SCM 协定分为“总则”“禁止性补贴”“可诉补贴”“不可诉补贴”“反补贴措施”“机构”“通知与监督”“发展中国家成员”“过渡性安排”“争端解决”“最后条款”共 11 部分和 7 个附件，内容比较完整充实，体现了规制补贴政策和约束反补贴措施之间的平衡。第三，SCM 协定在对 WTO 所有成员方都有拘束力的同时，又对发展中国家、经济转型国家而作了特殊规定，既维护了规则的统一性，又体现了较好的制度弹性。

附带一提的是，WTO 体系至今尚未吸纳竞争政策。在美欧的倡导下，1996 年 12 月 WTO 第一届部长级会议提出了包括竞争政策在内的新加坡议题，④但最终未就竞争政策达成多边协议。

4. CPTPP 非商业援助规则

当前，我国已经成为世界第一贸易大国，国有企业的国际竞争力大大提升。为了遏制中国崛起，美国奥巴马政府通过在 WTO 框架外主导新一轮多边贸易规则谈判，意图剥夺中国规则制定话语权、消解中国利用 WTO 所获得的影响力，并通过给中国模式贴上“国家资本主义”标签，蓄意夸大国有企业背后的政府支持，创设针对国有企业的歧视性补贴规则，给国有

---

① MTN. GNG/NG/W/7(1988), www. wto. org, visited on 20th February 2018.

② MTN. GNG/NG/W/22(1988), www. wto. org, visited on 20th February 2018.

③ Panel Report on US – FSC, WT/DS108/R, para. 7. 150.

④ 新加坡议题具体包括投资政策、竞争政策、政府采购的透明度和贸易便利化。

企业“走出去”设置许多障碍。中美经贸关系的基本格局，决定了国有企业的补贴问题必然成为双方的博弈焦点。

2016年2月，在美国奥巴马政府主导下，日本、文莱、加拿大、智利、马来西亚、墨西哥、新西兰、秘鲁、新加坡、越南、澳大利亚12国在新西兰奥克兰市正式签署TPP。美国主导下的TPP第17章“国有企业和指定垄断”，构建了以补贴规制为核心、对国有企业进行全面限制的实验性先例，带有明显的“制度非中立”特征和国际政治手段色彩。“TPP国有企业规则的根本性变革是创造了非商业援助制度，创造这一制度，有效排除了认定国有企业提供补贴、采取救济措施的困难。”①

但随后，TPP的缔约情况发生重大变化。2016年11月，特朗普当选美国总统，明确表示上任后美国将退出TPP，奥巴马政府也表示不再继续推动国会批准TPP。2017年1月，时任总统特朗普正式签署美国退出TPP的行政命令。2017年11月，在越南岘港的APEC会议上，除美国之外的十一国联合发布声明，宣布将协定改名为CPTPP。2018年12月30日，随着日本等六国政府的批准，CPTPP正式生效。

CPTPP首次将竞争法纳入多边体系，第16章“竞争政策”就各缔约国建立或者维持国内竞争法律、保障竞争法实施公平程序、允许私人诉权、国际合作与透明度等方面作了规定。但第16章“竞争政策”并未涉及政府补贴问题。CPTPP关于补贴的规则，包括第6章“贸易救济”与第17章“国有企业和指定垄断”。但第6章第6.8条第2款规定：在GATT 1994第6条、《反倾销协定》和《反补贴协定》项下的程序与所采取之措施方面，本协定不向缔约方授予任何权利，或施加任何义务。换言之，第6章并未对WTO反补贴制度作任何改进。最终，美国对反补贴制度的改进意图，体现在CPTPP第17章“国有企业和指定垄断”之中。

CPTPP第17章“国有企业和指定垄断”，是为国有企业“度身定做”的一套规则。它从以下三个方面来约束国有企业：一是要求缔约方政府及其代为履行政府职责的企业，在司法管辖、行政监管及政府补贴方面保持中

① 韩立余：《TPP国有企业规则及其影响》，载《国家行政学院学报》2016年第1期。

立，不得给予国有企业特殊待遇（第 17.3 条、第 17.5 条至第 17.8 条）；二是要求国有企业在从事商业活动时，遵循商业规则以保持中立，国有企业之间不得互相给予补贴以增强竞争优势（第 17.4 条、第 17.6 条第 2 款与第 17.13 条）；三是要求缔约方在国有企业名单、政府补贴项目等方面遵循透明度要求（第 17.10 条）。[①] 其中，有关非商业援助即国有企业补贴的规则，既是 CPTPP 第 17 章的主要内容，也是 CPTPP 约束国有企业的主要抓手。[②]

CPTPP 第 17 章的非商业援助制度，核心是针对国有企业参与全球竞争与海外投资的"三个禁止"：一是禁止国有企业凭借补贴，影响成员方之间的国际贸易、成员方向非成员方的出口贸易；二是禁止国有企业凭借补贴，取代或阻碍外资企业在国内销售货物；三是禁止国有企业在海外投资时，凭借资本输出国的补贴，损害资本输入国的国内产业。

表面上，CPTPP 第 17 章"国有企业与指定垄断"带有强烈的竞争政策色彩：第一，标题中的"指定垄断"是竞争政策中的专用术语，但其出现频率远远低于"国有企业"；[③]第二，体系上，该章被置于第 16 章"竞争政策"之后，以显示两者之间存在竞争政策一般法与特别法之关系；第三，措辞上，该章弃用经 WTO 详细定义的"补贴"，而以新术语"非商业援助"代之，旨在淡化该章与反补贴规则之关联。此外，作为该章宗旨的"竞争中立"，亦属竞争政策范畴。不难发现，上述几点体现了约文起草时缔约方的精心安排。

但从内容上考察，CPTPP 第 17 章仍未脱离反补贴之范畴。第一，CPTPP 第 17.6 条将"（对其他缔约方的利益造成）不利影响"与"（对其他缔约

---

① CPTPP 第 17 章共有 15 条，除上述括号中列明的条款之外，其他均为技术性与程序性条款，包括第 1 条"定义"，第 2 条、第 9 条、第 15 条有关适用范围的规定，第 11 条"合作"，第 12 条"机构建立"，第 14 条"未来谈判安排"。

② CPTPP 第 17.1 条"定义"、第 17.6 条"非商业援助"、第 17.7 条"不利影响"和第 17.8 条"损害"构成 CPTPP 有关非商业援助的规则。其中，第 17.6 条是核心条款，其前三款分别约束政府提供的补贴、国有单位提供的补贴与政府的跨境补贴，第 4 款是服务贸易领域的部分豁免。第 17.7 条与第 17.8 条分别是对第 17.6 条中的"不利影响"和"损害"的解释性条款。

③ 全章仅第 17.4 条第 2 款专门适用于"指定垄断"。

方的国内产业造成)损害”作为补贴规制的前提条件,属于典型的无损害则无救济之思路,这早在 GATT 时代就已确立为反补贴制度之适用前提。[①] 第二,CPTPP 第 17.7 条所定义的“不利影响”,既包括相关市场出现大幅度价格削低、大幅度价格抑制、价格压低和销售损失的情况,也包括下列贸易受到取代或者阻碍:(1)一缔约方的同类产品和服务进入其他缔约方国内市场;(2)缔约方的同类产品,进入非缔约方市场;(3)属“涵盖投资”的外资企业,在其本国市场销售同类产品和服务。除上述第 3 项外,CPTPP“不利影响”基本等同于 SCM 协定“不利影响”的第三种情形,即 SCM 协定第 6 条第 3 款的“严重侵害”;同时,上述第 3 项关注重点是某个特定竞争者的利益,而非整个市场竞争性的提高,这又体现了典型的贸易救济属性。第三,CPTPP 第 17.8 条有关“损害”的条约措辞,又与 SCM 协定第 15 条“损害的确定”(包括其脚注 45)几乎完全一致,说明 CPTPP 的“损害”仍为脱离反补贴语境。笔者认为,CPTPP 起草者将第 17 章“包装”成为竞争政策特别法的精巧设计,存在以下两个方面的考量:一方面,CPTPP 首次构建“多边”竞争政策,制度内容尚待细化,亦无现行多边经贸规则的支撑,而反补贴制度则相对成熟与完备,且常常替代竞争政策去应对外国企业凭借政府补贴所从事的限制竞争行为,故倚重后者对国有企业进行歧视性规制,更具实效;另一方面,如此安排既掩饰第 17 章与 SCM 协定之抵牾,又可影响 SCM 协定的条约解释,还为将来该章回归 WTO 预留路径。

CPTPP 第 17 章本质上仍是贸易救济规则,与前述 CPTPP 第 6.8 条第 2 款表达的意思恰恰相反,CPTPP 第 17 章创制了有悖于 WTO“所有制中立”的反补贴多边纪律,它在“竞争中立”名义下,创制专门针对国有企业的歧视性反补贴规则,以支持其私有跨国公司在新兴国家市场、其中小企业在本国市场展开对国有企业的竞争。CPTPP 对国有企业和非国有企业的区别对待,是继 GATT 时代和 WTO 时代区分出口补贴和国内补贴、区分初级产品和非初级产品之后的新双轨制。质言之,CPTPP 第 17 章的非

---

① 上述思路从 GATT 秘书处的这份报告中可窥见一斑。See GATT Secretariat, *Anti-dumping and Countervailing Duties*, Geneva, 1958, p. 10.

商业援助规则,在传统的贸易救济制度(体现于其第 6 章“贸易救济”)之外,构建了以补贴规制为核心、对国有企业进行全面限制的实验性先例,带有明显的“制度非中立”特征和国际政治手段色彩。

离开了美国,CPTPP 仍然是体量巨大的区域贸易协定。当前,中国已经成为世界第一贸易大国。中国产业结构完整,制造业比重高,巨大的贸易体量对全球市场有着高度的依赖性。这不仅需要较为稳定的 WTO 多边体制加以保障,而且需要通过双边、区域自由贸易协定,对潜在市场进行定向性开拓。相较于 WTO 协定与其他贸易协定,CPTPP 具有“全覆盖”和“高标准”的特点,被誉为 21 世纪贸易协定。它不仅为货物提供了全面的零关税准入,而且取消了服务、投资、金融市场和政府采购等方面的限制。中国不加入 CPTPP,会导致在 WTO 得到的关税减让和自由贸易红利受到稀释。实际上,美国本意是利用 TPP 来支持其跨国公司开拓新兴国家市场,中国若能加入 CPTPP 并加以推广,这项功能亦可为我国所用。[①]

2020 年 11 月 20 日,习近平主席在 APEC 领导人非正式会议上表示,表示中国将积极考虑加入 CPTPP。之后的中央经济工作会议将之列为 2021 年重点任务之一。2021 年 9 月 16 日,中国正式提交加入 CPTPP 的书面申请。如何在加入 CPTPP 谈判中有的放矢地进行博弈,如何使力消解 CPTPP 对中国国有企业的潜在消极影响,是当下亟待研究的课题。本书通过对 WTO《反补贴协定》与 CPTPP 第 17 章非商业援助制度的比较研究,为上述对策研究提供参考。

本部分从“市场失灵/政府失灵”这对经济学基本命题的视角,结合贸易理论的时代背景,对作为贸易政策组成部分的补贴,进行全面的学理分析。政府是否实施、如何实施补贴政策,本质是其基于对自身经济发展阶段和实现国家利益的现实考量,在贸易自由主义与贸易保护主义两个价值取向之间所作的平衡。宏观上,补贴政策体现了政府与市场的关系;微观上,补贴会增加企业的边际收入或者降低企业的边际成本,补贴利益的本

---

① 孔庆江:《中国“一带一路”倡议与亚太地区的自贸区建设》,载《区域与全球发展》2017 年第 1 期。

质是政府使用公共财政资源而给予企业的不公平竞争优势。判定补贴利益存在与否,首先要界定具体的补贴受益人,它有别于政府财政资助的接受者。受益人的界定,不以法律人格为边界,需要通过“利益关联性”分析来作个案判定。补贴具有双重属性,它既是竞争法视角下的行政性限制竞争行为,又是国际贸易法意义上的不公平贸易行为,故受竞争法与贸易救济法的双重规制。竞争法目前主要属于国内法范畴,规制补贴的国际规则,仅指属于贸易救济范畴的反补贴多边纪律与区域协定,包括 SCM 协定与 CPTPP 第 17 章“国有企业和指定垄断”。CPTPP 第 17 章名义上属于竞争政策范畴,本质仍然是贸易救济制度,是专门针对国有企业的歧视性反补贴规则,并带有明显的“制度非中立”特征和国际政治手段色彩。

第一章　条约宗旨的比较研究

第一节　贸易政策的价值取向与反补贴措施的立法目的

自国际贸易产生以来，无论是学术理论、或者贸易政策、还是法律制度中，都存在自由贸易主义和贸易保护主义两种价值取向。当前，没有哪个政府完全不干预市场，因而，也几乎没有哪个政府实行完全的自由贸易政策。各国总是根据对政府与市场关系的不同理解，基于对自身经济发展阶段和实现国家利益的现实考量，在上述两个价值取向之间寻找一个合适的平衡点。

一、自由贸易主义与 GATT/WTO 的制度保障

（一）自由贸易主义成为战后政策主流

1929 年纽约股市暴跌引发了席卷全球的经济危机。西方国家为了应对危机，都采取了以邻为壑的贸易政策，将贸易保护主义的政策功能发挥到了极致。国内的经济危机，因为无法通过国际市场来调节，逐渐加剧并发展成为世界范围的经济危机，国际经贸矛盾也随之逐步升级，最终导致“二战”的全面爆发。各国通过对“二战”经济根源的深刻反思，普遍认同了自由贸易主义对提升全球福祉、维护世界和平的重要价值。于是，“二战”结束后，自由贸易主义又重新回到贸易政策的主导地位。

(二)自由贸易主义需要制度保障

以史为鉴,没有制度保障的自由贸易体系是非常脆弱的,无力阻挡各国贸易政策以国家主权之名转向保护主义。19世纪曾是自由贸易的黄金时代。当时的自由贸易,并没有国际规则加以保障,而是依靠英国绝对优势的经济实力、军事力量与国际影响力得以维系。19世纪末,美国和德国的经济力量逐渐提升,这两个国家分别受汉密尔顿和李斯特的影响,采取贸易保护主义政策,对当时的自由贸易体系构成巨大挑战。20世纪初,全球性的贸易保护主义浪潮基本成型,原先英国主导下的自由贸易体系逐步瓦解,国际经贸交往开始变得障碍重重,冲突日益剧烈。

"二战"后各国意识到,必须制定一套规制各国贸易政策的条约体系与法律机制,并建立一个监督上述条约执行的多边贸易组织,方能保证自由贸易体系长久运行。GATT/WTO正是这样的条约体系、法律机制与国际组织,以维护自由贸易为己任,通过一轮又一轮的多边贸易谈判,不断制定各成员方都能接受的贸易规则,用法律手段来确保各方实行相对比较克制的贸易政策。在"二战"结束后的70多年里,GATT/WTO对于保障自由贸易、抑制各国贸易保护主义政策倾向,发挥了不可替代的巨大作用。

二、基于国家利益的贸易保护主义

(一)各国贸易政策的保护主义偏向

虽然自由贸易理论为人类描绘了美好的蓝图,但其结论主要是依据假定与模型推导得出的。而贸易保护主义理论却总能为国内利益集团提供所需要的、能够打动决策者的现实理由,并总能在短期内产生效果。"作为国家的贸易政策的体现,采取贸易自由化还是贸易保护并无善恶之分。国家利益才是采取什么贸易政策的根本目的之所在。"①因此,各国政府在选择贸易政策中,总会在不同程度上偏向贸易保护主义。从历史上看,只有

① 黄东黎、何力:《反补贴法与国际贸易:以WTO主要成员方为例》,社会科学文献出版社2013年版,第1页。

在被誉为自由贸易黄金时代的19世纪，拥有工业革命带来的巨大产能、绝对优势的经济实力和贸易霸权的英国，为了获得海外的廉价原料和广阔的国际市场，才对自由贸易主义倍加推崇。① 但这种实行自由贸易政策与实现本国利益高度一致的情形，是极其罕见的。通常，“各国实行贸易保护主义达到损人利己的冲动是永远存在的”。② 即便是“二战”后引领自由贸易复兴、主导GATT反补贴多边纪律发展和SCM协定制定、领头书写CPTPP非商业援助新规则的美国，其实施的贸易政策中也经常出现保护主义的影子。

（二）美国的保护主义传统

“二战”结束时，作为唯一没有受到战火摧残的发达国家，美国凭借其巨大的经济体量、生产能力、黄金储备和军事实力，主导战后格局。于是，带领各国建构一套多边贸易规则，实现并保障自由贸易主义的复兴的历史使命非美国莫属。而美国当时也需要开放稳定的国际市场，来释放其巨大产能，解决其国内战时经济结构转型所带来的经济问题。同时，从国际政治角度，为了应对苏联的挑战，美国也亟待建立同盟，而贸易保护主义显然不利于实现这一点。

但是，与19世纪古典自由贸易时期的领导者英国不同，美国是个具有贸易保护主义和政治孤立主义传统的国家。经济上，其贸易政策深受其独立战争后首届财政部长汉密尔顿的贸易保护学说的影响；而政治上，它又将以门罗宣言为代表的政治孤立主义奉为圭臬。即便战后当仁不让地成为自由贸易“火车头”，上述传统仍然会时不时出现在美国自己领导的贸易自由主义复兴进程之中。例如，1947年美国国会拒绝批准《建立国际贸易组织的哈瓦那宪章》，导致国际贸易组织流产；而时隔70年之后的2017年

---

① 客观上，当时的自由贸易体系，成为英国维系既得利益的工具。德国学者弗里德里希·李斯特（Friedrich List）曾指出，对于工商业已经具有国际竞争力的英国来说，提倡自由贸易是合适的，英国采取的策略是向别的国家苦口宣传自由贸易的好处，用那种过来人后悔莫及的语气告诉他们，自己过去走了很多弯路，现在才终于发现了自由贸易这个真理，其真实目的是通过自由贸易政策来扼杀其未来的竞争对手。参见前述导论第一部分“补贴政策的学理争论”。

② 单一：《WTO框架下补贴与反补贴法律制度与实务》，法律出版社2009年版，第29页。

1月,美国又正式退出自己领导制定、作为新一代多边经贸规则实验性先例、为全球自由贸易确立高标准的CPTPP,并在“美国优先”口号下,挑起中美贸易战,对国内产业实施各种贸易保护。

美国是反补贴制度的发源地,并且,它一直在反补贴国际规则的制定过程中,发挥着举足轻重的作用。无论是GATT时代的反补贴规则,还是WTO时代的SCM协定,或者是CPTPP的非商业援助规则,都带有明显的美国印记。因此,美国这个战后自由贸易复兴领导者的保护主义传统,也深深影响着反补贴规则的历史演变。

三、反补贴措施的应然目的和实然效果

1897年,《美国关税法》将反补贴税确立成为一项正式的国内制度;①1995年,各国在乌拉圭回合谈判中达成SCM协定。两者形成时间存在先后,因此,国内反补贴措施的立法目的,有别于SCM协定的目的与宗旨,后者作为追求贸易自由主义的WTO规则的有机组成部分,其条约宗旨将在下一节展开讨论。

如前所述,各国政府为了发展和壮大本国产业,实现国家利益最大化,天然倾向于实施贸易保护主义政策来保护国内市场,但同时又希望其他国家实施自由贸易政策,以便于本国企业打开外国市场。即便存在国际规则,各国也经常会利用国际条约“契约不完善”,甚至不惜违背其理应承担

---

① 反补贴多边纪律最早源于美国国内法。19世纪90年代,受德国、阿根廷、丹麦、荷兰、法国、比利时等国政府补贴的食糖大量出口至美国,严重损害了美国的糖业利益。当时的德国与美国,分别受李斯特和汉密尔顿贸易保护理论的深刻影响,都在实施鼓励出口、限制进口的贸易保护政策。经当时的国会议员、后来当选为第25任美国总统的威廉·麦金莱(William McKinley)提议,国会最终决定,对这些获得政府补贴的廉价食糖,征收高额的特别关税。这是史上首次开征的反补贴税,史称“麦金莱关税”(McKinley Tariff)。这项税种在1897年被正式纳入《美国关税法》,反补贴税由此正式制度化,课征对象也从受补贴的食糖,一般化为获得出口补贴的所有进口商品。1922年,美国又将课征对象,从获得出口补贴的进口商品,扩大为获得出口国国内补贴的进口商品。自此,反补贴制度初见雏形。目前,美国已经制定了完备的国内反补贴制度,它以《美国法典》第19编“关税”第4章《1930年关税法》第4分章第1部分“反补贴税的征收”及《美国联邦行政法典》第19编“关税”第3章“商务部国际贸易管理”第351部分“反倾销与反补贴税”为核心。

的国际义务，来实施保护主义导向的产业扶持政策，包括对本国产业的补贴。[①] 同时，各国又都制定了自己的反补贴制度，对进口的补贴产品发动反补贴调查。[②]

应然层面而言，反补贴措施旨在保障公平贸易的权利，阻止补贴对进口国国内产业产生威胁与损害，并向因补贴这种不公平贸易行为而遭受损失的进口国生产商提供救济。因此，在理论上，反补贴制度的立法应当以维护贸易公平、促进自由贸易为目的。

但事实上，反补贴措施并非贸易自由主义的产物；恰恰相反，它是进口国和出口国政府各自采取的贸易保护主义政策发生冲突时诞生的。可以说，反补贴措施先天带有贸易保护主义的基因。因此，"反补贴法规则的出现和发展固然是为了公正的贸易，但是其制度设计的缺陷和各国及经济体推行和实施中的私利又使得其公正贸易的目的并没有得到完全体现……指望各国能够自觉地维护自由贸易，在完全公平立场上实施自己的反补贴制度，犹如天方夜谭"。[③] 从反补贴调查的实践来看，由于申请方企业的利益、国内产业的利益、进口国的国家利益，天然具有一致性。而作为一项贸易救济制度，反补贴制度也不需要像竞争法那样去承担维护市场竞争秩序与竞争程度的职能，而只需对国内相关企业提供权利救济。[④] 因此，进口国

① 例如，美国甚至在2000年颁布《持续倾销与补贴抵销法案》（当年新增入《美国法典》第19编第7章，即19 USC § 1675c"持续倾销与补贴抵销"），将所征收的反倾销反补贴税款，以补贴形式发放给受到影响的美国公司。这项制度化的补贴政策，最终在WT/DS217号案件中被WTO争端解决机构裁定违反SCM协定。

② 各国通常一手发动反补贴调查，一手则继续实施形形色色的补贴政策。看似矛盾的两种手段，本质上都服务于一个相同的目的，即支持本国企业增强竞争力。在这一点上，作为反补贴制度起源地的美国也不例外。20世纪70年代以来，美国就力主补贴会产生不公平竞争优势，扭曲"自由竞争"这个多边贸易体制的基石，主张建立严格的反补贴多边纪律。另外，与其他国家一样，美国仍实施许多补贴政策，甚至将部分补贴政策制度化，如以《美国法典》第19编"关税"第12章《1974年贸易法》第2分章第3部分"对厂商的调整援助"为核心、旨在补偿企业因贸易自由化而遭受利益损失的、以政府补贴为主要手段的贸易调整援助制度。

③ 黄东黎、何力：《反补贴法与国际贸易：以WTO主要成员方为例》，社会科学文献出版社2013年版，第2、22页。

④ 理论上而言，补贴既是行政性限制竞争行为，又属于不公平贸易行为，因此，补贴同时属于竞争法和贸易救济法的规制对象。

反补贴调查机关的自由裁量权，总是会偏向申请方和国内产业，反补贴措施也就经常被用作贸易保护主义工具。例如，20 世纪六七十年代，当欧洲经济逐步恢复、产能提升、出口产品具备竞争力时，美国就围绕欧洲“二战”后为恢复经济而实施的工业补贴政策，频繁使用反补贴措施进行有针对性的打压。已经实现私有化的原国有企业，成为这一轮美国反补贴打击的主要对象。这也致使欧盟在后来的乌拉圭回合谈判中力主规范与限制反补贴措施的滥用。此外，针对中国“入世”后出口贸易量迅速发展的态势，自 2006 年 11 月起，美国一改其对华不适用反补贴规则之传统，对我国铜版纸发动了反补贴调查。在之后不到两年的时间内，相继有标准钢管、薄壁矩形钢管、复合编织袋、非公路用轮胎、橡胶磁、低克重热敏纸、不锈钢焊接压力管、柠檬酸及柠檬酸盐、农业及园艺机械及其零件、厨房设备置物架共十余种出口美国的中国产品遭遇了反补贴调查，规模之大、金额之高、数量之多、范围之广、频率之高，为世界贸易史罕见。可见，反补贴措施既可以是维护公平贸易的贸易救济工具，也可以是维护国内产业利益的贸易保护主义手段。

第二节　SCM 协定的宗旨

SCM 协定产生于各国对破解“经济衰退—政府大量补贴—反补贴措施滥用”恶性循环的背景之下，故以在限制补贴与约束反补贴措施之间寻求平衡，作为其条约的目的与宗旨。它未提出全面禁止政府补贴的要求，也没有片面强调对补贴的约束，而忽视对反补贴措施的规制。同时，SCM 协定采取所有制中立，没有把国有企业概括定性为适格的补贴提供者，也没有将之视为特殊的受益人加以歧视性规制。

一、SCM 协定的缔约背景

由于《东京回合反补贴守则》既无力限制各国竞相实施补贴政策，也不能有效遏制反补贴措施蜕化为贸易保护主义手段，因而无力破解 20 世纪七八十年代再现的“经济衰退—政府大量补贴—反补贴措施滥用”的恶性循环。因此,在美国与欧盟等成员方的推动下,补贴问题成为乌拉圭回合谈判的重要议题。但各方对于补贴问题的立场是不同的。由于欧洲各国政府对其工业的补贴政策由来已久,①加之 20 世纪六七十年代兴起的国有化浪潮,使其出口产品的补贴问题更加突出。美国虽然也有各种补贴政策,但程度远不如欧洲。因此,美国要求强化对补贴的约束纪律,力主取消扭曲国际贸易的政府补贴。而欧盟则因为其出口产品饱受美国反补贴措施之苦,强调要严格规范反补贴税的征收、限制反补贴措施的滥用。此外,广大发展中国家主张补贴是其发展经济必不可少的政策工具,故要求将反补贴措施限制在一定范围之内。② 在上述背景下制定的 SCM 协定,将 WTO 对自由贸易主义的追求和保障,具体化为以下两个方面的条约宗旨。

二、约束补贴与反补贴措施之间的中立与平衡

(一)抵销补贴而非概括禁止

如前所述,补贴政策体现了政府与市场的关系。某些情形下,补贴可以纠正“市场失灵”,但同时,它也可能产生限制竞争、扭曲资源配置的“政府失灵”后果。因此,SCM 协定并未彻底禁止成员方的补贴政策。与 WTO 对待倾销的态度明显不同,SCM 协定补贴采取相对中立的态度。从措辞上看,“反倾销措施”的英文表述是“anti - dumping measures”,“反补贴措施”则是“countervailing measures”。我们习惯用的“反补贴措施”这个表述并不严谨,“抵销补贴效果的措施”才是“countervailing measures”的准确翻译。正式的 WTO 法律文件中从未出现过诸如“anti - subsidy”之类的提法。简言之,WTO 措辞是“抵销补贴”(countervailing measures)而非“反补贴”(anti - subsidy),受其禁止的只有出口补贴与进口替代补贴。而

---

① 正因如此,欧盟竞争法里才会有个专门的国家资助法(State Aid Law),来规制各成员国所实施的、影响欧盟内部贸易的补贴政策。

② Richard R. Rivers, John D. Greenwald, *The Negotiation of a Code on Subsidies and Countervailing Measures: Bridging Fundamental Policy Differences*, Law and Policy in International Business, Vol. Ⅱ, 1979, p. 1448 - 1449, 1452 - 1453.

CPTPP 第 17 章则是对国有企业补贴的全面禁止。

(二)两个方面的平衡

由于学界习惯将 SCM 协定翻译为《反补贴协定》,加之 SCM 协定自身没有专门条款来阐述协定的目的与宗旨,因此,实践中经常会误以为约束补贴是 SCM 协定唯一的宗旨。但 WTO 上诉机构已经明确,SCM 协定"在成员方寻求对补贴与反补贴两方面约束之间设置精致平衡",[①]故既要约束成员方通过补贴将利益这种不公平竞争优势传递给企业,又要防止成员方滥用反补贴措施来抵消进口企业的比较优势。

SCM 协定对反补贴措施的约束,可以从补贴定义和财政资助的示例性规定中窥见一斑。在乌拉圭回合之前,由于不存在统一的补贴定义,导致成员方习惯于根据国内法规则界定补贴,并动用国内法上的反补贴措施来救济本国行业。因此,引入补贴定义旨在强调对滥用反补贴措施的约束。SCM 协定第 1 条通过定义"补贴",既可以明确补贴纪律的约束边界,又可以严格限定反补贴规则的适用范围。该定义作为谈判妥协的产物,虽仍有解释的空间,但对于防止各国滥用反补贴规则、遏制贸易保护主义,客观上起到了非常积极的作用。此外,SCM 协定对"财政资助"作了详细的列举式规定,目的在于把能带给企业利益、进而构成补贴的政府措施,限于符合"财政资助"标准的清单。从谈判历史来看,使用"财政资助"这个要件,旨在为反补贴措施规制的政府措施范围划定明确边界。[②]

三、SCM 协定的所有制中立

SCM 协定在国有企业问题上持所有制中立态度,既没有否定国有企业的商业属性,也未将之视为适格的补贴提供者加以约束,更未构建一套区别于私人企业的歧视性补贴规则。WTO 反补贴制度中有关国有企业与

---

① Appellate Body Report on US – Countervailing Duty Investigation on DRAMS, WT/DS296/AB/R, para. 115.

② Panel Report on US – Export Restraints, WT/DS194/R, paras. 8.38, 8.73.

非国有企业的区别,仅体现于《中国入世议定书》第 10 条第 2 款“对国有企业提供的补贴,均被视为专向性补贴”之规定。

SCM 协定定义的补贴,只源于政府和公共机构。在美国国内发起的对华反补贴调查中,美国商务部采用所有权标准,认定中国国有企业受政府控制,进而判定为公共机构。上诉机构否定美国主张的公共机构“政府控制论”,而提出不能仅仅依据政府拥有某实体的大部分所有权或股权,就认定政府实际控制了该实体;也不能仅仅依据政府对某实体的实际控制,就将该实体认定为公共机构;公共机构是“被赋予了某种政府责任,或行使某种政府权力的实体”。[①] 据此,各国都不得在国内反补贴调查中将国有企业歧视性地概括认定为补贴提供者。因此,SCM 协定坚持“所有制中立”政策,而 CPTPP 则抛弃了 WTO 的“所有制中立”政策,而代之以“竞争中立”名义下的所有制歧视,带有明显的“制度非中立”特征和国际政治手段色彩。

第三节　CPTPP 第 17 章的宗旨

CPTPP 第 17 章抛弃 WTO 对待补贴的“所有制中立”宗旨,以及在工业品补贴规制方面对发展中国家的适度宽容态度,构建了专门针对国有企业的歧视性补贴规则。根据 CPTPP 序言第 12 段,第 17 章“国有企业和指定垄断”“为国有企业订立规则,旨在促成其与私人企业公平竞争之环境”。从条约法角度而言,竞争中立是 CPTPP 第 17 章“非商业援助”规则的条约宗旨。

一、竞争中立的内涵与评价

竞争中立政策最早起源于澳大利亚的国内经济改革,强调不同所有制

① Appellate Body Report on US – Anti – Dumping and Countervailing Duties, WT/DS379/AB/R, para. 318.

企业之间的公平竞争,而国有企业通过补贴获得的不公平竞争优势,有悖于交易机会中立准则(如高价采购的政府补贴)、经营负担中立准则(如减免税方式的补贴)、投资回报中立准则(如政府无偿投资入股)等竞争中立的多项内容,同时也无益于自身治理能力与技术水平的提高。推行竞争中立政策,与我国国有企业改革的总体思路并不矛盾。

同时,我们不能无视自身经济发展阶段和外部环境,也不能忽略国有企业实际承担的社会责任和历史负担,更不能忽略美国借竞争中立政策来抑制中国国有企业竞争力的真实动机。中国"入世"之后,虽遭受"双反"等剧烈贸易摩擦,但进出口货物总额当前已蝉联世界第一,服务贸易进出口额稳居第二,对外投资位居世界第三,大型国有企业对外投资、走出去的步伐显著加快。由于《中国入世议定书》对中国施加的非市场经济、选择性保障等歧视性安排,未能改变中美贸易失衡之状况,美国基于其一以贯之的"美国企业在公平竞争中不会输给外国企业,除非后者的竞争优势源于本国政府支持"①的思维,根据自身国有企业(尤其是中央层面的国有企业)占比小、私人企业具有很强竞争优势等特点,借新加坡等国"跨太平洋战略经济伙伴关系协定"之壳,对"澳版"竞争中立的部分内容进行选择性推广,并据此批评中国"国家资本主义模式"扭曲了市场竞争。事实上,CPTPP 基于美国自身国有经济比重较低的特点设计规则,针对国有企业选择性强化补贴规制,削弱发展中国家国有企业的竞争力,同时又保留其补贴私人企业的产业政策和法律制度(如《美国法典》第 19 编第 12 章第 2 分章第 3 部分即美国《1974 年贸易法》中有关补偿企业因贸易自由化而遭受

---

① 此项观点曾受到 Alan O. Sykes 教授的批评,参见 Alan O. Sykes, *Countervailing Duty Law: An Economic Perspective*, Columbia Law Review, 1989, Vol. 89, No. 2, p. 199 - 263。

利益损失的“贸易调整援助制度”)，[①]来支持其跨国公司在新兴国家市场、中小企业在美国本土市场中与国有企业展开竞争。美国所鼓吹的竞争中立政策，以及在其指导下制定的 CPTPP 第 17 章，带有明显的“制度非中立”特征，其贸易保护主义的潜在风险大于积极意义。

二、竞争中立名义下的所有制歧视

CPTPP 第 17 章“国有企业和指定垄断”的核心内容，是在竞争中立宗旨下针对国有企业的三个禁止：一是禁止国有企业凭借补贴，影响成员方之间的国际贸易、成员方向非成员方的出口贸易；二是禁止国有企业凭借补贴，取代或阻碍外资企业在国内销售货物；三是禁止国有企业在海外投资时，凭借资本输出国的补贴，损害资本输入国的国内产业。上述“三个禁止”，可能对国有企业参与全球竞争和海外投资，产生如下限制效果：

第一，限制国有企业与私人企业之间的商业活动。在 WTO 框架下，政府与公共机构参与的商业活动，如投融资、政府采购，若其交易价格比市场价格更为优惠，可视为政府补贴而加以规制。美国力主将国有企业直接定性为公共机构，以便将其商业活动完全纳入反补贴规制范畴，但未获得 WTO 争端解决机构的支持。

以市场价格作为标准，衡量政府等机构向企业投融资、出售土地等交易行为是否构成补贴的判断方法，仍被 CPTPP 沿用来区分“正常商业行为”与“非商业援助”。而根据 CPTPP 第 17.3 条的规定，当国有企业基于政府委托从事任何监管、行政或其他政府职权时，也应遵守协定确定的义务。笔者认为，当国有企业从事的行为不符合第 17.1 条“商业活动”定义

---

① 从经济学角度而言，由于存在市场失灵，故各国政府都会以不同方式进行干预。而“由于强制性规范的自愿遵守程度较低、监管难度较大，故补贴通常会成为政府首选的干预手段”。参见 Dietrich von Stebut, *Subsidies as an Instrument of Economic Policy*, in Terence Daintith (ed.), Law as An Instrument of Economic Policy: Comparative and Critical Approaches, Berlin and New York: Walter de Gruyter, 1987, p. 145。因此，即便是市场经济较为发达的欧美国家，都存在大量的关于补贴制度与政策。关于欧美国家的补贴制度与政策，也可参见黄东黎、何力：《反补贴法与国际贸易：以 WTO 主要成员方为例》，社会科学文献出版社 2013 年版，第 112、192 页。

时,就可能被认定为行使"监管、行政或其他政府职权"的行为。由于 CPTPP 对"商业活动"定义比较抽象,很容易将国有企业视为政府机构,进而构成补贴提供者;而 WTO 争端解决机构已经通过条约解释方式确立了外部基准。① 于是,CPTPP 框架下国有企业与私人企业的商业交易,是否构成国有企业提供的补贴,全凭某个不特定的国外价格。

第二,限制国有企业与国有企业之间的商业活动。即便国企行为的商业性质得到具体认可,CPTPP 第 17.6 条第 2 款也仍以"国有企业不得妨碍其他企业公平竞争"之名,明确规定国有企业不得互相补贴。由于外部基准导致补贴认定的扩大化倾向,CPTPP 可以轻而易举、堂而皇之地把国企之间商业交易扣上补贴的"帽子"、施以规制的"棍子"。CPTPP 禁止国有企业之间相互给予补贴,本质是借"国有企业不得妨碍其他企业公平竞争"之名,行"限制国有企业之间正常交易"之实。因此,在 CPTPP 第 17 章下,国有企业之间的正常商业交易,还存在受补贴规制的潜在风险。

第三,限制国有企业的境内设立。政府投资入股,是国有企业面临反补贴调查时既无法回避又不能否认的事实。根据 SCM 协定第 1 条第 1 款第 a 项第 i 段与第 14 条第 a 款,若政府投资入股有悖于"私人投资者的通常投资做法",则构成补贴。CPTPP 第 17.1 条也沿用了上述做法。

由于通常投资做法的主体是不特定的,加之投资决策在很大程度上取决于对未来的主观判断,因此,证明某项具体的政府投资符合"私人投资者的通常投资做法"的难度很大。考虑到"私人投资者可以用自己的资金碰运气,但政府使用公共财政必定基于适当的审慎",②各国通常将此项举证

---

① 外部基准是指以国外市场价格为标准,判定投融资、出售土地等政府行为,是否构成补贴。外部基准源于上诉机构在美国针叶木材(四)案对 SCM 协定第 14 条"司法能动主义倾向显著的协议目的解释形成的扩大性解释",参见甘瑛:《WTO〈补贴与反补贴措施协定〉第 14 条的适用前提之辩》,载《政治与法律》2013 年第 11 期。上诉机构在该案中认为,"如果国内同类货物主要由政府提供,且政府的行为扭曲了市场价格,那么,调查机关可以根据第 d 项采用其他的比较基准。"参见 Appellate Body Report on US – Softwood Lumber Ⅳ, WT/DS257/AB/R, para. 96。

② Phedon Nicolaides, Mihalis Kekelekis, Maria Kleis, State Aid Policy in the European Community: Principles and Practice, Kluwer Law International, 2008, p. 24 – 25.

责任分配给被调查的投资方,如美国商务部《反补贴税最终法规》第351.507(a)(4)(ii)节与《欧盟委员会关于反补贴调查中计算补贴数额的指导规范》(以下简称《指导规范》)第E(f)(iv)节之规定。WTO上诉机构也认可了上述举证责任分配方式。[①] 因此,受到反补贴调查的国有企业,要证明政府设立自己的投资行为,符合"私人投资者的通常投资做法"而不构成补贴,是非常困难的。在WTO法律制度框架下,由各级政府直接投资设立的国有企业,自成立伊始就面临反补贴措施的困扰。而CPTPP将国有企业定性为补贴提供者,故国有企业在境内投资设立的各级子公司也"共享"了政府投资设立的国有企业所面临的反补贴风险。在CPTPP第17章下,国有企业从成立之日,已存在受补贴规制的潜在风险。上述量身定做的"先天"限制,将会对国有企业产生根本性与全局性的消极影响。

第四,限制国有企业的海外投资。SCM协定第1条将补贴限定于在某个成员方境内提供与传递。但CPTPP还将跨境设立的"国有子企"新增为补贴受益人加以约束。对于CPTPP成员国跨境投资设立的、属"涵盖投资"[②]范畴的国有企业,CPTPP禁止其在销售货物时,凭借资本输出国的补贴,对资本输入国国内产业造成损害(第17.6条第3款);禁止其在以商业存在方式提供服务时,凭借补贴扰乱市场价格,或取代或阻碍其他CPTPP成员国企业提供同类服务(第17.6条第1款第c项和第17.6条第2款第c项)。由于设立企业的投资行为本身可以构成补贴,故前述补贴规制也可以转化为对国有企业海外投资的规制。简言之,CPTPP将跨境设立国有企业的投资行为纳入补贴规制范畴,无疑将构成国有企业"走出去"的新壁垒。

CPTPP对国有企业海外投资的限制,还体现于它对私有企业与国有企业竞争关系的调控方面。这具体体现在以下两点:第一,CPTPP禁止国有企业凭借补贴,在其本国妨碍外资企业的内销(第17.7条第1款第a项);

---

① Appellate Body Report on Japan – DRAMs(Korea), WT/DS336/AB/R, para. 229.

② CPTPP第1章"初始条款和一般定义"第1.3条对"涵盖投资"(covered investment)定义为"从某一缔约方角度而言,自CPTPP协定生效之日起,其他缔约方投资者在其境内已经存在的、或此后建立、收购、扩大的投资"。

第二，CPTPP 禁止国有企业凭借补贴，在出口到其他缔约国时，妨碍该缔约国外资企业的内销（第 17.7 条第 1 款第 b 项第 i 段）。至于外资企业是否因补贴而获得不公平的竞争优势，CPTPP 完全不在意。国有企业与私有企业海外投资设立的企业，虽同属 CPTPP“涵盖投资”之范畴，待遇却是天壤之别。

综上，CPTPP 以规制“非商业援助”为名，创设了针对国有企业的歧视性补贴规制措施，并将规制范围拓宽至国际服务贸易领域、部分国内贸易领域与国际投资领域，可能对国有企业参与全球竞争和海外投资，产生全面的限制效果。从 SCM 协定“所有制中立”到 CPTPP“竞争中立”的变化体现了 CPTPP 否定国有企业商业属性、利用补贴规制措施打压国有企业的政策倾向。

【本章小结】

本章对 WTO 反补贴制度与 CPTPP 非商业援助规则的条约宗旨展开比较研究；提出反补贴措施的应然目的是维护贸易公平、促进自由贸易，但实然效果却是常被异化为贸易保护主义工具；SCM 协定的宗旨有别于各国反补贴立法，前者在约束补贴与反补贴措施之间寻求平衡，并持所有制中立立场；CPTPP 非商业援助规则抛弃 WTO 上述平衡与中立宗旨，而代之以“竞争中立”宗旨，其所构建的歧视性补贴规则带有明显的“制度非中立”特征和国际政治手段色彩。

第二章　适用对象的比较研究

第一节　财 政 资 助

财政资助是 WTO 反补贴制度的适用对象,也是补贴定义的构成要件。财政资助属于政府行为的一种,但不以政府的财政支出为前提。它包括转让资金、减免税收、政府购销等具体类型。

一、财政资助的立法初衷

(一)财政资助的地位

乌拉圭回合之前,GATT 第 6 条、第 16 条和 1979 年《东京回合反补贴守则》,虽然初步建立了约束与抵销补贴的多边纪律,但没有对财政资助(financial contribution)、补贴(subsidy)等经济学术语作出严谨的法律定义。

乌拉圭回合达成的 SCM 协定在统一补贴定义时,明确规定财政资助是补贴的构成要件。SCM 协定第 1 条第 1 款规定:"就本协定而言,如出现下列情况应视为存在补贴:(a)在一成员方领土内,存在由政府或者公共机构(在本协定中称为'政府')提供的财政资助,且……(b)因此授予了利益。"进言之,财政资助既是补贴的构成要件,也是"补贴"的上位概念。政府给予企业的优惠政策,首先必须构成财政资助,才可能被认定为是补贴。简言之,补贴一定是财政资助,但财政资助不一定构成补贴,只有给企业带来利益的财政资助,才构成 SCM 协定意义上的补贴。

（二）财政资助的作用

SCM 协定通过明确界定“财政资助”，既明确了“补贴”的外延边界，也限制了反补贴措施适用对象的范围。质言之，作为补贴定义的构成要件，“财政资助”从一开始就旨在限制受 SCM 协定约束的政府措施种类。

在乌拉圭回合中，美国提出，补贴定义无须以“财政资助”为其上位概念，政府行为只要给企业带来了好处，就可以认定为补贴。[①] 很多国家对上述意见持反以态度。加拿大认为：“任何政府行为都可能对生产和贸易造成影响，因此，必须对那些被视为补贴并受反补贴措施规制的政府行为范围，设定一些外部限制条件。”[②]欧共体也主张，“GATT 的反补贴规则和实践，反映了一项共识，即补贴存在于政府直接或授权进行征税或支付费用，并影响价格机制的情况之中……但现行反补贴规则尚待明确，其适用对象必须是财政资助行为”。[③] SCM 协定将财政资助规定为补贴定义的构成要件，“通过将带给企业利益、进而构成补贴的政府措施，限制在财政资助清单内，也避免了反补贴措施对所有政府措施带来的任何利益的概括抵销”。[④]

二、财政资助的政府支出标准

乌拉圭回合谈判时，各方对财政资助的成立，是否须以政府支出为前提，存在较大争议。欧共体提出，政府措施构成财政资助，必须以政府支出为前提。欧共体以往的实践，采用“政府支出标准”（Cost - to - Government Standard）。[⑤] 欧委会在豆渣（Soya Meal）案中明确指出，“计算补贴数额时需要同时考虑两个因素，国库的成本与受益人所得的利益”；同时，基于巴西银行运营融资计划是以政府付费为前提，认定了巴西银行的融资构成财

① MTN. GNG/NG/W/8（1988），available at www. wto. org，visited on 8th February 2016.

② MTN. GNG/NG/W/22（1988），available at www. wto. org，visited on 8th February 2016.

③ MTN. GNG/NG/W/7（1988），available at www. wto. org，visited on 8th February 2016.

④ Panel Report on US - Export Restraints，WT/DS194/R，paras. 8. 38，8. 73.

⑤ 也有学者称之为“财政支出说”（Cost - to - Treasury Approach）。

政资助。[①] 在土耳其聚酯纤维和纱线(Polyester Fibres and Yarns)等案件中,欧委会还直接按政府支出的预算来认定补贴数额。[②] 至今,以《欧共体条约》第87条和第88条为核心的“国家资助法”(State Aid Law),仍然将“措施引起成员国国家财政负担”作为认定国家财政资助的标准之一。[③]

但在20世纪80年代,美国国际贸易法院已经明确否定“政府支出标准”。[④] 在乌拉圭回合谈判中,美国坚持认为,是否存在政府公共支出,与政府行为是否构成财政资助并无关联。美国主张WTO规则应以产业为分析视角,从受领补贴的企业是否实际获益的角度,而非政府是否存在公共支出的角度,去分析补贴问题。

尽管SCM协定没有明确肯定或者否定“政府支出标准”,但“最终双方的妥协方案,还是更多体现了美国的观点”。[⑤] 之后,在WTO争端解决机构审理的加拿大飞机案中,专家组和上诉机构运用条约解释方法,彻底否定了“政府支出标准”。[⑥] SCM协定生效后,欧盟对于非欧盟国家进口产品的反补贴调查领域,放弃了“政府支出标准”,并宣称“此举有助提高实

---

① Van Bael & Bellis, *Anti – dumping and Other Trade Protection Laws of the EC*, Hague: Kluwer Law International, 2004, p. 543. Konstantinos Adamantopoulos, María J Pereyra – Friedrichsen, EU Anti – subsidy Law & Practice, Bembridge: Palladian Law Publishing Ltd., 2001, p. 56.

② Polyester Fibres and Yarns from Turkey Case(OJEC No L 137 of 31.5.1991).

③ 在欧盟竞争法框架内,以《欧共体条约》第87条和第88条为核心,旨在约束影响欧盟内部贸易的、各成员补贴的法律规范与司法裁判,被学界统称为“国家资助法”(State Aid Law)。它有别于欧盟反补贴法,后者以《2009年6月11日关于抵制来自非欧共体成员方补贴产品进口的第597/2009号理事会条例》与《欧盟委员会1998年12月17日关于反补贴调查中计算补贴数额的指导规范》为核心,适用于针对非欧盟国家进口到欧盟产品的反补贴调查。SCM协定生效后,欧盟对从非欧盟国家进口产品的反补贴调查领域,放弃了“政府支出标准”;而国家资助法仍然适用“政府支出标准”。这个“公共支出”指的是欧共体成员国的财政支出,而非欧盟提供的财政支持。Conor Quigley, Anthony M. Collins, *EC State Aid Law and Policy*, Portland: Hart Publishing, 2003, p. 26, 48.

④ British Steel Corp. v. United States, 605 F. Supp. 286, 295 – 296 (CIT 1985). Explanation of the Final Rules, p. 65372.

⑤ Pierre Didier, *WTO Trade Instruments in EU Law*, London: Cameron May, 1999, p. 231.

⑥ Panel Report on Canada – Aircraft, WT/DS70/R, paras. 9.115 – 9.117. Appellate Body Report on Canada – Aircraft, WT/DS70/AB/R, paras. 154 – 160.

施反补贴措施的便利程度”。[①]

三、财政资助的具体类型

（一）概述

在乌拉圭回合谈判前，《常设专家小组关于计算补贴额的报告》（the Report of the Group of Experts on the Calculation of the Amount of a Subsidy）以列举方式指出，财政资助包括下列行为：政府不期待合理期间内获得合理回报却投资入股；提供优惠汇率的贷款；为企业的贷款提供担保；延期收贷或延期征税；政府以优惠价格出售货物或提供服务，或者高价购买货物等。[②] SCM 协定第 1 条第 1 款第 a 项基本沿用这一模式，将财政资助定义为以下三种特定的政府行为（government practice）：

第一，涉及资金的直接转移（a direct transfer of funds），或者潜在的直接转移（potential direct transfers）。前者如捐资（grant）、融资（loan）和投资（equity infusion），后者如融资担保。

第二，放弃或者未征收（foregone or not collected）本应征收（otherwise due）的政府税收（government revenue），如税收抵免（tax credits）之类的财政鼓励措施（fiscal incentives）。

第三，政府采购与政府销售。[③]

此外，政府委托私人机构从事上述行为，视同政府直接从事的财政资助。[④] 下文结合 WTO 反补贴争端中专家组和上诉机构的法律解释，来讨论构成财政资助的政府行为、转让资金、减免税收、政府购销的含义。

---

① Pierre Didier, WTO Trade Instruments in EU Law, London: Cameron May, 1999, p. 233.

② MTN. GNG/NG/W/4（1987）, available at www. wto. org, visited on 8th February 2016.

③ 仅指一般基础设施之外的货物或服务。

④ 在美国出口限制案中，专家组解释了此项规定的初衷：“从立法目的的角度来看，第（iv）段的规定要确保同类的政府经济资源的转让行为，通过基金组织或者私人机构实现时，反补贴的多边纪律不会被规避。” Panel Report on US – Export Restraints, WT/DS194/R , para. 8. 73.

(二)政府行为

SCM 协定第 1 条将财政资助定义为三种特定的政府行为。在韩国商船案中,韩国认为,“政府行为”仅指政府行使权力的行为,如行政管理和税收征管。SCM 协定第 1 条第 1 款第 a 项第 iv 段规定,私人机构履行“通常属于政府”的职能,并且“此种做法与通常的政府行为并无实质差别”时,可认定为政府行为。韩国提出,美国出口限制案专家组基于谈判历史,曾认为“通常属于政府”这个表述特指政府财税职能,而非泛指一般政府干预市场措施。这说明 SCM 协定第 1 条第 1 款第 a 项第 iv 段为上述解释提供了上下文支持。韩国进一步主张,韩国进出口银行是基于增进市场融资便利等商业和产业目的而设立的,以市场为导向,所提供的预付款还款保证和船舶先期贷款等业务属于传统的银行业务,故认为其进出口银行并未从事政府行为,其行为不构成财政资助。①

该案专家组并未采纳韩国对“政府行为”的解释。专家组认为,SCM 协定第 1 条第 1 款已经明确,政府一词包括了公共机构,因而“政府行为”既包括了政府的活动,也包括公共机构的活动。“政府行为”侧重于行为主体,而非行为性质;它涵盖了政府或者公共机构的所有行为,而不论其是否属于行政管理或者税收征管的范畴。专家组还指出,美国出口限制案专家组对“通常属于政府”和“此种做法与通常的政府行为并无实质差别”两个短语的解释,实际参考了《常设专家小组关于计算补贴额的报告》。根据上述文件,“通常属于政府”是对“此种做法与通常的政府行为并无实质差别”的同义反复,且应被理解为涉及财政开支和征税尺度的职能。专家组认为,韩国进出口银行向企业提供的贷款和贷款担保,虽然不属于政府行政管理或者税收征管的范畴,但仍然涉及财政开支,故也可被视为“通常属于政府”的职能。②

---

① Panel Report on Korea – Commercial Vessels, WT/DS273/R , paras. 7. 26 – 7. 27.

② Panel Report on Korea – Commercial Vessels, WT/DS273/R , paras. 7. 28 – 7. 30.

（三）转让资金

转让资金（transfer of funds），即政府直接向企业提供资金，包括政府给予企业现金奖励（cash bonuses）、分担成本（cost sharing）、免除企业债务（non－recourse loans）等形式的资金捐赠（捐资），以及政府向企业提供贷款（融资）、政府向企业出资入股（投资）等形式。

根据SCM协定第1条第1款第a项第i段，“潜在的资金转让”也属于资金转让的一种形式，如贷款担保（loan guarantee）。这里的“潜在”，不能理解为政府将在未来某个时间转让资金，即不是指“附期限的资金转让”，而应理解为“附条件的资金转让”，即政府在满足某种条件时将会转让资金，但条件是否成就则需要具体问题具体分析。

在巴西飞机出口融资项目案中，专家组根据“潜在”的字典定义即“与实际相对”（possible as opposed to actual）、“可能形成”（capable of coming into being），提出政府行为是否构成“潜在的资金转让”，并不取决于政府最终是否实际转让资金。政府未来实际转让资金的可能性大小，不是“潜在的资金转让”的判定标准，否则SCM协定就会使用一个更能明确表示“高度可能性”的词语，来代替“潜在”一词。“潜在的资金转让”既包括未来政府实际支付资金的情形，也包括未来政府没有支付资金的情形。例如，企业向第三方借款，政府为此项贷款向第三方提供担保，即便企业最终依约归还了贷款，政府没有实际支付任何资金，但政府在贷款发生时提供的贷款担保仍然构成“潜在的资金转让”。专家组认为，除贷款担保外，其他构成“潜在的资金转让”的同类措施，也应作相同理解。①

股权担保（equity guarantee），即第三方向企业投资入股，政府对第三方投资收益提供的担保，也被认为构成“潜在的资金转让”。例如，加拿大政府为了使航空公司相对廉价地获得入股资金用以采购飞机，向购买航空公司股票的投资者提供旨在降低投资风险的“首期差额损失担保”（first

---

① Panel Report on Brazil－Aircraft, WT/DS46/R , paras. 7.67－7.69.

loss deficiency guarantees)。[①] 它被认定是为股权担保方式提供的财政资助,也不以加拿大政府最终承担担保责任为前提条件。

(四)减免税收

根据 SCM 协定第 1 条第 1 款第 a 项第 ii 段,政府对特定企业放弃或者未征收本应征收的税款,构成财政资助。此类税收减免措施包括税收抵免(tax credit)、税收豁免(duty exemption)、税收递延(tax deferral)、税收减让(tax reduction/concession)、加速折旧(accelerated depreciation)等。"优惠税款是否属于本应征收,是此项财政资助的判定标准。"[②]

如何理解"本应征收"(otherwise due)? 在美国"外国销售公司"案中,专家组认为,"due"的字典含义是"应付的、到期的债务",故"本应征收"应解释为:如果没有(but for)受审查的政府措施,企业会实际承担更高的税负。[③] 上诉机构指出,政府不征收其可以征收的税收,并不一定构成财政资助。因为,理论上主权国家拥有对任何财产进行征税的权力,也有不对任何财产征税的自由。如果一国政府选择不对某种收入征税,那么,对于这种收入就没有"本应征收"可言。"政府选择不对某种收入征税"与"政府选择对某种收入征税,但免除了其中部分企业的纳税义务"存在本质区别。政府减免税收,不是指政府放弃了某项抽象的征税权力,而是指政府实际减少了税收收入,故应基于该成员方国内税收制度,在实际征收的税款和规定征收的税额之间进行比较。[④] 考虑到各国税收制度的复杂性,在进行上述比较之前,还应保证两者的可比性。例如,如果受审查的政府措施适用于国内公司的国外来源收入,那么它与外国公司的国外来源收入就不具

① Panel Report on Canada – Aircraft Credits and Guarantees, WT/DS222/R , paras. 7.115, 7.317, 7.320, 7.322.

② Appellate Body Report on US – FSC (Article 21.5 – EC), WT/DS108/AB/RW, para. 88.

③ Panel Report on US – FSC, WT/DS108/R , paras. 7.42,7.45.

④ Appellate Body Report on US – FSC, WT/DS108/AB/R, paras. 90,98 – 99. Appellate Body Report on US – FSC (Article 21.5 – EC), WT/DS108/AB/RW, paras. 88 – 89.

有可比性。[①]

至于专家组提出的“如果没有”(but for)方法,上诉机构却持保留态度。上诉机构认为,“如果没有”方法不能普遍适用于所有的补贴案件。美国“外国销售公司”案情并不复杂,因而确定比较方法并不困难,适用“如果没有”方法也起到了良好的效果。“如果没有”方法所适用的前提是:受审查的政府税收措施,系一般税收规则之例外;受审查的政府税收措施一旦不适用,一般规则就会取而代之,成为相关收入的税负标准。假设成员方没有替代受审查措施的一般税收规则,那么“如果没有”方法就可以被轻易规避。[②]

笔者认为,在判定是否构成“本应征收”时,不能仅对成员方国内税收制度进行形式审查,应基于客观资料对该税收制度运行情况做实证研究,确定适用受审查的政府税收措施之前,企业承担的真实税负。另外,政府还可以通过调整税收课征对象范围,或者改变某些税法概念的界定,进而利用例外制度来免税,来避免构成“本应征收”之税。因此,对“本应征收”的分析与判定,不应局限于某种形式化的方法,或者简单的数字比较,而应综合各方面的相关数据,全面加以分析。

(五)政府购销

根据 SCM 协定第 1 条第 1 款第 a 项第 iii 段,政府购销构成财政资助,包括政府以零元价格向企业出售货物或提供服务,即向企业无偿提供货物与服务。

在美国针叶木材(三)案中,上诉机构认为,第 iii 段所提及的“货物”(good)一词具有宽泛的含义,并不仅限于关税列表上的可交易产品,而是包括了货币之外的有形、可移动的财产。“货物”一词旨在区别“服务”,二者的总和就可以包含政府向企业提供资源时所采取的、以货代款的所有形

① Appellate Body Report on US – FSC (Article 21.5 – EC), WT/DS108/AB/RW, paras. 90 – 92, 98.

② Appellate Body Report on US – FSC, WT/DS108/AB/R, para. 91. Appellate Body Report on US – FSC (Article 21.5 – EC), WT/DS108/AB/RW, para. 91.

式。因此,该案中加拿大各省级政府向企业提供皇室领地生长的木材,构成以提供货物形式实施的财政资助。[①]

需要注意的是,政府向企业购买服务,不构成财政资助。此外,在判断政府购销是否构成财政资助时,“一般基础设施”是唯一的例外。这是因为,一般基础设施服务于全社会,且政府提供一般基础设施属于市场经济体系下政府应承担的职能,不会扭曲国际贸易和国内市场竞争机制,故无须加以规制。

第二节　非商业援助

CPTPP 第 17 章“国有企业和指定垄断”使用了新术语“非商业援助”,具体指缔约方基于其对国有企业的所有与控制,以提供资金(包括捐资、融资、投资)、货物或服务的方式,向国有企业提供的专向性补贴。从定义上看,CPTPP 侧重于规制非商业援助的受益人,而 WTO 反补贴纪律重点在于约束财政资助的提供者。政府以减免税等行使权力或者履行公共职能的方式给予的补贴,属于“财政资助”的范畴,但不属于“非商业援助”。

一、非商业援助的定义

CPTPP 缔约方使用 GATT 第 18 条“政府对经济发展的援助”中“援助”(assistance)一词,在第 17 章“国有企业与指定垄断”中创制了新术语“非商业援助”(non - commercial assistance)。经济学上的市场和政府,是相对应的一组概念,因此,“非商业”也就相当于“财政”,而“援助”与“资助”更是语义相近。因此,仅从字面意义来说,CPTPP 采用的“非商业援助”与 WTO 采用的“财政资助”,以及欧盟竞争法中的“国家资助”(state aid),词义都相同。

根据 CPTPP 第 17.1 条的定义,“非商业援助是指基于政府对国有企

---

① Panel Report on US - Softwood Lumber Ⅲ, WT/DS236/R, paras. 7.23 - 7.24, 7.28.

业的所有与控制,提供给国有企业的援助”。根据 CPTPP 对“援助”(assistance)所作的示例性说明,援助的内容包括资金、货物、服务,具体包括两类:第一类是资金的转移、或债权债务的转让,包括捐赠资金、豁免债务,贷款、贷款担保和其他形式的融资以及股权投资;第二类是向企业提供货物与服务,但一般基础设施除外。

此外,“非商业援助”还必须是“基于政府对国有企业的所有与控制”才提供的。CPTPP 将之细化为缔约方下列四种行为:第一,明文规定援助仅提供给本国国有企业;第二,援助实际上主要提供给了本国国有企业;第三,将不成比例的大量援助提供给了本国国有企业;第四,通过运用决策自由裁量,用其他方式将援助惠及本国国有企业。

结合 CPTPP 第 17 章的其他条款,笔者将“非商业援助”的内涵归纳为:缔约方基于其对国有企业的所有与控制,以提供资金(包括捐资、融资、投资)、货物或服务的方式,向国有企业提供的专向性补贴。

二、非商业援助的范围

CPTPP 第 17 章构建的非商业援助制度,专门规制国有企业作为受益人的补贴。CPTPP 语境下的国有企业,有别于我们通常理解的国有企业。根据 CPTPP 第 17 章第 17.1 条的定义,国有企业是指“国家拥有 50% 以上股本,或基于所有者权益控制了 50% 以上投票权,或拥有多数董事任免权的营利性机构”,大致对应我国的国有独资企业与国有控股企业。而至于国有参股企业,除非国家拥有多数董事任免权,否则不构成 CPTPP 意义上的国有企业,所获得补贴也不构成非商业援助,进而不受第 17 章的约束。

非商业援助的范围,是符合前述定义的国有企业在以下四个方面获得的补贴:一是影响成员方之间国际贸易的补贴;二是影响成员方向非成员方出口贸易的补贴;三是影响成员方外资企业国内货物销售的补贴;四是导致国有企业的海外投资损害东道国(成员方)国内产业的补贴。

三、非商业援助与财政资助的区别

(一)规制重点

从语法结构来看,CPTPP 的非商业援助定义与 SCM 协定的财政资助定义,存在两个区别:第一,CPTPP 第 17.1 条"非商业援助指基于国有企业的国家所有与控制,提供给国有企业的援助"的定义,缺少主语,没有体现非商业援助的提供者范围。SCM 协定第 1 条则明确财政资助是缔约方的政府行为(government practice),财政资助提供者是政府与公共机构。

第二,CPTPP 第 17.1 条着重强调了宾语,即非商业援助是提供给国有企业的补贴;而 SCM 协定的财政资助定义没有宾语,即未提及受约束的财政资助受众范围,体现了所有制中立的态度。

基于上述条款结构分析,不难推测,CPTPP 构建非商业援助的规则,旨在规制受益人国有企业,至于补贴是由谁提供的,不仅不是 CPTPP 关注的重点,而且为了全面实现对受益人的规制,补贴提供者的范围还是 CPTPP 起草者刻意模糊化、扩大化处理的问题。WTO 是约束各方政府行为的多边协定,故 SCM 协定"禁止的是授予出口补贴的行为,而非接受出口补贴的行为;约束的是成员方行政当局,而非资助接受者"。[1]

(二)立法目的

如前所述,SCM 协定使用"财政资助"这一术语,目的在于限制反补贴措施的适用范围。但 CPTPP 使用"非商业援助",是为了创设一套有别于 WTO 反补贴制度、针对国有企业的歧视性反补贴制度,以强化对国有企业的补贴规制。

(三)类型范围

SCM 协定第 1 条第 1 款第 a 项规定的三种由政府直接执行的财政资

① Appellate Body Report on Canada – Aircraft, WT/DS70/AB/R, para. 170.

助类型，实际上又可以分为两类：一类是政府通过市场交易的方式完成财政资助，包括第 a 项第 i 段和第 iii 段中的政府增资、投资、融资等直接资金转让，政府提供担保的潜在资金转让，以及政府提供或者购买货物与服务；另一类是政府以行使权力或者履行公共职能的方式从事财政资助行为，即第 a 项第 ii 段中税收减免之类的财政措施。但后者不属于 CPTPP 非商业援助的范畴，被纳入 CPTPP 第 17.5 条第 2 款"行政监管中立义务"。

【本章小结】

本章对"财政资助"与"非商业援助"这两个术语进行了比较研究。两者分别是 WTO 反补贴制度与 CPTPP 第 17 章"国有企业和指定垄断"的适用对象。财政资助的侧重点是提供者（政府与公共机构），而非商业援助的侧重点是受益人（国有企业）。财政资助包括转让资金、减免税收、政府购销三种政府行为；非商业援助仅指向国有企业的转让资金与购销行为，不包括减免税收或者其他与履行公共职能相关的补贴方式。财政资助的目的在于限制反补贴措施的适用范围，非商业援助的目的在于强化对补贴的规制。

第三章　约束范围的比较研究

无论是分析 SCM 协定项下的财政资助，还是认定 CPTPP 第 17 章的非商业援助，首先都会涉及受约束的提供者范围。WTO 约束成员方政府、公共机构及受其委托的私人机构所提供的财政资助；而 CPTPP 则禁止缔约方政府、国有单位、国有企业，以及上述组织委托私人机构来提供非商业援助。[①] 可见，CPTPP 延续了 WTO 对政府与受托私人机构的约束，但同时又将对公共机构的约束，变更为国有单位与国有企业。本章第一节讨论政府与受托私人机构，两者同属于 WTO 和 CPTPP 所约束的提供者；第二节讨论 WTO 约束的公共机构；第三节则讨论 CPTPP 约束的国有企业。

第一节　政府与政府委托的私人机构

在 WTO 争端解决机构审理的加拿大牛奶案、美国出口限制案等案件中，专家组和上诉机构对 WTO 制度中的政府、受托私人机构作了法律解释。鉴于 CPTPP 缔约国也是 WTO 成员方，在 CPTPP 未作相反规定的情况下，上述解释也应当适用于 CPTPP 第 17 章中政府与受托私人机构的界定。

---

① 参见 SCM 协定第 1 条第 1 款，CPTPP 第 17.6 条第 1、2 款及其脚注 18。另外，SCM 协定分别在广义与狭义两个层面上使用了政府这个词语，广义上的政府包括通常意义上的政府（即狭义上的政府）和公共机构。本书在使用“政府”一词时，若无明确说明，仅指狭义上的政府。

一、政府

(一)政府的内涵

SCM 协定第 1 条第 1 款第 a 项将"财政资助"定义为四种特定的政府做法。因此,SCM 协定的约束范围,首先涵盖了政府。上诉机构指出,某个组织是否认定为政府机构,应从权限和职责两个方面来分析;结合《布莱克法律词典》释义,政府机构是行使法定权力且拥有一定自由裁量空间的组织,同时履行"管制、控制、监督个人,或限制个人行为"的职责。①

在加拿大牛奶案中,针对加拿大牛奶委员会、牛奶供应管理委员、省级牛奶销售委员会能否认定为政府机构,争端各方产生了分歧。专家组和上诉机构认为,牛奶委员会基于《加拿大牛奶委员会法》设立并行使市场管理职权,其高级管理人员由中央政府任命,并对议会负责,属于典型的政府机构。加拿大牛奶供应管理委员会,是根据加拿大牛奶委员会和各省签署的全国牛奶销售计划而设立的,在加拿大牛奶委员会的主持下开展市场管理工作,拥有一定的行政权力,也承担管理牛奶市场的职责,故也应当认定为政府机构。

省级的牛奶销售委员会,由于没有正式纳入政府编制,其成员也全部或部分由生产商个人组成,因此情况较为复杂。专家组和上诉机构查明,加拿大的省级牛奶销售委员会在省际贸易和国际贸易中行使中央政府与省级政府授予的、包含一定幅度自由裁量的行政管理权力,委员会所发布的命令和规章的效力能够得到法院的认可;同时,政府又对省级牛奶销售委员会保留充分的监督权和控制权,政府不仅可以修改委员会的决定,还可以重新界定委员会的权限和职能。据此,专家组和上诉机构认为,省级牛奶销售委员会的行为具有政府管理性质,该委员会应视为政府机构加以约束。这也符合 GATT 1994 附件 I《关于第 17 条第 1 款的注释和补充规定》第 2 段"缔约方建立的、不从事购买或销售活动、但制定私人间贸易规

---

① Appellate Body Report on Canada – Dairy, WT/DS103/AB/R, para. 97.

则的销售委员会,其活动应受本协定的有关条款约束”之规定。[①]

(二)政府的外延

根据GATT 1994第24条第12款的规定,缔约方地方政府也应遵守协定义务。《关于解释GATT 1994第24条的谅解》第14条明确规定:“对于一成员方领土内地区或地方政府或主管机关所采取的、妨碍该成员方遵守协定的措施,其他成员方可诉诸由《关于争端解决的规则与程序的谅解》细化与贯彻的GATT 1994第22条和第23条。”因此,无论成员方国内宪政体制如何区分中央与地方的政府权限,地方政府也受SCM协定的约束。

二、受政府委托的私人机构

(一)私人机构的界定

受政府委托与指示的私人机构行为,与政府直接从事的行为并无二致,故也属于受约束之列。

何为“私人机构”?欧盟法院认为,私人机构的本质特征,是当“私人在向其他人提供利益的时候,一定会要求得到回报。这是因为私人的动机仅仅是赚取利润或投资回报的可能性,它会忽视其他所有的政策目标,也不在意自己在降低失业率、提高生产力、改善训练、拓展研究、提高区域投资、保护环境等方面做得多么值得赞美或多么有价值”[②]。简言之,“理性经济人”的经济学基本假设构成私人机构的本质特征。

美国出口限制案中,专家组认为私人机构是与政府及公共机构相对应的概念,因而没有必要对私人机构进行进一步的界定。任何界定的方式,都可能使私人机构的外延范围变窄,故而无助于防止成员方对SCM协定

① Panel Report on Canada – Dairy, WT/DS103/R, paras. 7.73 – 7.80. Appellate Body Report on Canada – Dairy, WT/DS103/AB/R, para. 98.

② Case C – 278/92, Spain v. Commission [1994] ECR I – 4103; Case T – 358/94 Air France v. Commission [1996] ECR Ⅱ – 2109. See also Phedon Nicolaides, Mihalis Kekelekis, Maria Kleis, State Aid Policy in the European Community: Principles and Practice, Alphen aan den Rijn: Kluwer Law International, 2008, p. 24.

第1条第1款第a项第iv段进行规避。任何机构，只要不构成政府或公共机构，都属于私人机构的范畴。①

美国反倾销反补贴税案中，专家组根据"私人企业"(private enterprise)与"公共领域"(public sector)的字典含义，②认为任何组织，只要受国家控制，就是公共机构，而不受国家控制的组织才是"私人机构"。③ 上诉机构纠正了专家组对私人机构的解释，援引并支持了美国出口限制案专家组的意见，即没有必要对私人机构进行进一步的界定，应将其理解为政府和公共机构以外的其他机构。④

(二)委托与指示的含义

补贴本质是政府使用公共财政来承担企业成本，以增强特定企业竞争优势的市场干预行为。WTO旨在约束成员方管控国际贸易的政府行为，故SCM协定主要约束成员方政府与公共机构的补贴行为及其委托、指示私人机构的行为。如何认定上述"委托(entrust)或指示(direct)"呢？

在美国出口限制案中，专家组依据《维也纳条约法公约》中的条约解释规则，对"委托或指示"作了详细的法律解释。专家组认为，第一，政府的委托或指示，应当有特定具体的对象；第二，委托或指示的内容，须为一项明确的任务或职责。满足上述两项条件后，政府表达了明示和确定的授权，方构成委托；政府表达了明示和确定的命令，才构成指示。该案专家组认为，不能将政府所有的市场干预行为，都等同于政府的委托与指示。政府干预市场可能产生不同的后果，有些结果并不符合政府预期。很多政府干

---

① Panel Report on US - Export Restraints, WT/DS194/R, para. 8.49.

② 专家组查询了Shorter Oxford English Dictionary，"私人企业"(private enterprise)一词的字典含义系"私人拥有、并不受国家控制的企业"，"公共领域"(public sector)一词的字典含义系"受政府控制的部分经济或者产业"。参见Panel Report on US - Anti - Dumping and Countervailing Duties, WT/DS379/R, para. 8.69。

③ Panel Report on US - Anti - Dumping and Countervailing Duties, WT/DS379/R, para. 8.69.

④ Appellate Report on US - Anti - Dumping and Countervailing Duties, WT/DS379/AB/R, para. 291.

预行为并不符合上述“委托或指示”的构成要件。例如,政府对出口的限制行为,即便客观上导致产品在国内市场增加供应量而惠及下游企业,但不构成政府委托或指示上游企业向下游企业的提供补贴。[①] 之后的美国 DRAMS 反补贴税调查案中,上诉机构则进一步强调,委托是政府将责任赋予私人机构,而指示是政府对私人机构行使权力,包括某种程度的强制。[②]

综上,政府是指通过行使合法的权力管制、控制或监督个体,或限制个体行为的组织,既包括一国的中央政府,也包括各级地方政府。而私人机构基于政府的委托或指示提供补贴的行为,也应视为政府补贴加以约束。政府对私人机构的委托与指示,须有明确具体的对象与内容。私人机构自发提供的“补贴”,不属于 SCM 协定的约束范围。

第二节 公共机构

SCM 协定将公共机构纳入约束范围,并科以与政府完全相同的约束。但何为公共机构,SCM 协定却语焉不详。相比政府和私人机构而言,公共机构这个概念显得更为晦涩。WTO 争端解决机构审理的韩国商船案与美国反倾销反补贴税案涉及公共机构的解释与认定。在韩国商船案中,专家组在没有对公共机构展开条约解释的前提下,把“受政府控制”作为公共机构的认定标准。在此基础上,美国主张将所有权(股权)作为“控制”的认定标准,进而认为中国国有独资企业和国有控股企业都受政府控制,属于公共机构范畴。在美国反倾销反补贴税案中,专家组的意见实际是美国观点的复制。[③] 专家组为了得出与美国相同结论而展开的条约解释,存在诸多错误,包括文法解释不支持解释结论、上下文范围取舍不当、适格上下文

① Panel Report on US - Export Restraints, WT/DS194/R, paras. 8.28 - 8.32.

② Appellate Body Report on US - Countervailing Duty Investigation on DRAMS, WT/DS296/AB/R, paras. 111, 116.

③ 在美国反倾销反补贴税案中,专家组全盘接受美国的观点,上诉机构对此隐晦地批评道:“专家组解释的每一环节,都在分析中国的观点;专家组解释过程的每一步,也都是对中国观点的驳斥;到最后,在这些连续反驳的基础上,专家组认同了美国的主张。” Appellate Body Report on US - Anti - Dumping and Countervailing Duties, WT/DS379/AB/R, para. 321.

理解有误、违背立法目的、援引报告失当、解释思路失之偏颇。此后上诉机构纠正了专家组的错误结论，指出“公共机构是被赋予了某种政府责任，或行使某种政府权力、以履行政府职能的实体”。[①]

一、韩国商船案专家组的“政府控制论”

在 WTO 争端解决机构审理的韩国商船案中，申诉方欧盟和被申诉方韩国就公共机构的认定标准，以及韩国进出口银行等国有银行是否构成公共机构，存在争议。欧盟认为韩国进出口银行构成公共机构。欧盟内部对公共企业（public undertaking）的定义是“公共当局凭借对企业掌握的所有权、财务方面的参与以及适用于企业的规则，可以直接或间接施加支配性影响的任何企业”[②]。在该案中，欧盟提出三种理由：第一，该银行以公共法令（public statute）为其设立和经营的依据，而根据该法令，银行的决策权由韩国政府控制；第二，该银行以公共政策目标为宗旨；第三，该银行因使用国有资源而获益。[③]

专家组认同了“受政府或其他公共机构控制”是认定公共机构的主要标准，但否定了依据公共法令设立、以公共政策为宗旨两项理由。专家组认为，若一机构受政府或其他公共机构控制，那么该机构就是公共机构。专家组从股权结构、日常运营、人事任免、年度经营计划等几个方面来认定韩国进出口银行由政府或者其他公共机构“控制”。其中，国家或其他公共机构百分之百所有是主要原因。此外还有以下原因：其运作是由行长负责，而行长又是由总统任免或解职；副行长和执行理事是由财政经济部根据行长的建议进行任免或者解职；银行的年度经营计划要经过财政经济部批准才能够实施。专家组同时指出，将韩国进出口银行认定为公共机构的一个原因是该行自视为“政府的特殊金融机构”。韩国在答卷中认为其进

---

① Appellate Body Report on US – Anti – Dumping and Countervailing Duties, WT/DS379/AB/R, para. 318.

② Conor Quigley, Anthony M. Collins, *EC State Aid Law and Policy*, Portland: Hart Publishing, 2003, p. 24.

③ Panel Report on Korea – Commercial Vessels, WT/DS273/R, para. 7. 32.

出口银行是“出口信贷机构”(export credit agency),而这个词通常指官方的而非私营的出口信贷机构,因为机构(agency)这个词又包含了一层代理关系,与代理人相对应的是委托人(principal),而本案中认为韩国政府是委托人是合理的。①

专家组认为,依据公共法令设立、以公共政策为宗旨,都不能表示该机构就一定是公共机构。例如,私人慈善家也追求公共目的,但并非公共机构;国有企业私有化方案也是基于公共法令制定的。② 而就该银行通过使用国有资源而获益是不是其构成公共机构的依据,专家组没有分析。

针对该案中韩国提出的抗辩意见,专家组均予以否定。韩国认为,应根据机构的行为性质来判定该机构是否属于公共机构,某机构只有当以官方身份履行政府职能时,才能被认定为公共机构。而韩国进出口银行的业务和私人银行相同,系商业行为,而以非官方身份行事,所以不是公共机构。③ 专家组认为,商业行为并不表示非官方身份。当某机构采取商业行为来干预市场,如果这是出于机构履行公共职能的需要,那么这种干预仍应定性为官方行为。例如,警察维持足球赛现场秩序,即便是足球俱乐部按照市场价格向警方支付了报酬,警察维持秩序的行为仍然是官方行为。④

韩国援引了国际法委员会的《国家责任条款》(Articles on State Responsibility)第5条。⑤ 韩国认为,该条规定了判定公共机构的两步分析法。首先,该机构必须“经法律授权而行使政府权力”;其次,并非该机构的所有行为都是国家行为,这里还需要具体分析该机构特定行为的性质。其行使政府权力的行为,方可视为国家行为。换言之,不能因为法律授权某些情

① Panel Report on Korea – Commercial Vessels, WT/DS273/R, paras. 7.50, 7.54.

② Panel Report on Korea – Commercial Vessels, WT/DS273/R, para. 7.55.

③ Panel Report on Korea – Commercial Vessels, WT/DS273/R, paras. 7.37, 7.40.

④ Panel Report on Korea – Commercial Vessels, WT/DS273/R, para. 7.48.

⑤ 原文是:“The conduct of a person or entity which is not an organ of the State under article but which is empowered by the law of that State to exercise elements of governmental authority shall be considered an act of the State under international law, provided the person or entity is acting in that capacity in the particular instance”。

况下可以行使政府权力,就在任何情况下都将之认定为公共机构。只有当其基于授权行事时,该机构才是公共机构。[①] 此外,韩国还指出,GATS《关于金融服务的附件》第5条第c款第i段是解释SCM协定第1条"公共机构"的上下文。该附件第5条第c款第i段规定,"主要在商业条件下提供金融服务的实体"不属于"公共实体"(public entity)的范畴。而韩国进出口银行提供的金融服务主要基于商业条件,故其不应视为公共机构。[②]

专家组认为,韩国的上述抗辩理由,混淆了"公共机构"和"利益"。韩国的观点无异于表示,一个机构可以既是公共机构也是私人机构,今天它可以作为私人机构并以市场标准提供融资服务,明天它可以公共机构的身份提供赠款。这使对具体机构的定性完全依赖该机构的某个具体行为,故韩国对机构性质的区分方法有悖于SCM协定第1条第1款对"公共机构"和"利益"的区分。韩国提出来的观点,实际上是判定是否存在补贴利益的方式。专家组认为,应当分别对"公共机构"和"利益"进行考察。虽然公共机构直接提供或者委托、指示私人机构提供的补贴,因其存有公共政策目标而可能较商业标准优惠,但是以考察某个机构是否按照商业标准行事来判断该机构是否公共机构,是不可取的。[③]

韩国商船案专家组指出,上诉机关在加拿大飞机案中认为,"财政资助"和"利益"是补贴定义的两个独立要件,[④]因此,SCM协定要求的分析方法非常简单。首先,判定一机构行为是否构成财政资助;其次,基于市场基准来分析财政资助是否因为存在利益而构成补贴。私人机构和公共机构之间的清晰区分,是这个分析方法可行性及其结论可信度的基础。如果按照韩国的主张,将私人机构和公共机构混在一起,并借助"利益"判定来

① Panel Report on Korea – Commercial Vessels, WT/DS273/R, para. 7.39.

② Panel Report on Korea – Commercial Vessels, WT/DS273/R, para. 7.43.

③ Panel Report on Korea – Commercial Vessels, WT/DS273/R, paras. 7.44 – 7.46.

④ Appellate Body Report on Canada – Aircraft, WT/DS70/AB/R, para. 157.

区分机构性质,那么会将“财政资助”和“利益”判定两个步骤混淆到一起。①

此外,韩国还认为,其进出口银行不是公共机构的其中一个原因,是其提供的金额服务是与其他公共、私人银行充分竞争的。专家组认为这个观点也是不成立的,因为 SCM 协定的适用并非以政府或公共机构对市场的垄断为前提。②

综上,韩国商船案专家组将“受政府或其他公共机构控制”视为公共机构的判定依据。③ 笔者认为,专家组的上述结论,并非基于对公共机构的条约解释,因此是站不住脚的。由于该案双方没有上诉,故上诉机构没有机会在该案中纠正专家组的错误。之后,美国反倾销反补贴税案专家组在错误展开条约解释之后,沿用了韩国商船案专家组的“控制论”,但最终被上诉机构纠正。

---

① Panel Report on Korea – Commercial Vessels, WT/DS273/R, para. 7.49. 在后来的美国反倾销反补贴税案中,中国提出国有独资企业或者国有控股企业应推定为私人机构,只有当他们基于政府委托和指示行事时,才可认定为公共机构。基于“公共机构”所处的第 1 条第 1 款第 a 项和规定“利益”授予的第 b 项的上下文关系,美国反倾销反补贴税案专家组援引韩国商船案专家组观点,认为中国的观点混淆了资助行为与利益之间的界限。但实际上,美国反倾销反补贴税案专家组忽视了韩国商船案中韩国的观点与本案中国观点之间存在的明显区别,将作为“公共机构”概念上下文的第 a、b 两项之间的独立关系,错误地用在了对中国观点的评价上面。具体而言,根据中国的观点,判定国有独资企业和国有控股企业是否属于公共机构,并不取决于其“是否按照商业标准行事”,而是取决于其是否“基于政府委托和指示行事”。而前者属于“利益”判定的范畴,后者属于“财政资助”判定的范畴。换言之,中国对“国有独资企业和国有控股企业是否属于公共机构”问题的判定标准,并没有超越“财政资助”范畴,更没有将“财政资助”和“利益”两个判定步骤混淆到一起。当然,中国的观点也存在值得商榷的之处。笔者认为,私人机构在受到政府的委托或指示之后,其性质仍然是私人机构,并不转变为公共机构。政府的委托和指示只是私人机构行为适用 SCM 协定的条件。中国的观点可能是受了《服务贸易总协定》(General Agreement on Trade in Services, GATS)的《关于金融服务的附件》(以下简称 GATS《关于金融服务的附件》)第 5 条第 c 款第 ii 段规定的影响。Panel Report on US – Anti – Dumping and Countervailing Duties, WT/DS379/R, paras. 8.4, 8.6, 8.71, 8.72.

② Panel Report on Korea – Commercial Vessels, WT/DS273/R, para. 7.44.

③ Panel Report on Korea – Commercial Vessels, WT/DS273/R, para. 7.50.

二、美国反倾销反补贴税案专家组的"政府控制论"

(一)概述

在美国国内发起的对华反补贴调查中,美国商务部采用所有权标准,认定中国国有企业受政府控制,进而判定为公共机构。针对美国将国有企业视为公共机构的做法,连同其他一些措施,中国政府一并诉诸 WTO 争端解决机构,即美国反倾销反补贴税案。该案中,作为争端双方的中美两国,就公共机构的认定标准,以及国有银行与其他国有企业是否构成公共机构,展开了激烈的辩论。

中国提出,公共机构与政府在职能上大体相同,应解释成"为履行政府职责,行使由政府授权之公权力的机构";国有独资企业或者国有控股企业应推定为私人机构,但当它们基于政府委托和指示行事时,才可认定为公共机构。[①] 专家组没有支持中国的主张,而是全盘采纳了美国的立场,将公共机构解释为包含国有企业在内的、受政府控制的机构。[②] 笔者认为,专家组对公共机构展开的条约解释,存在一些错误。而上诉机构囿于上诉目的之需要,并未对此进行完整的分析。

(二)专家组对公共机构展开的条约解释存在的错误

1. 文法解释不支持解释结论

在美国反倾销反补贴税案中,专家组对公共机构进行的文法解释,并没有为"公共机构是受政府控制的机构"这一结论提供任何支持,具体如下。

第一,专家组援引了"公共"的字典含义即"公众的、社会的、国家的",以及"机构"的字典含义即"视为一个实体的一群人,团体"和"为某种目的

---

① Panel Report on US – Anti – Dumping and Countervailing Duties, WT/DS379/R, paras. 8.4, 8.55, 8.6, 8.68. China Second Written Submission, paras. 15 – 16.

② Panel Report on US – Anti – Dumping and Countervailing Duties, WT/DS379/R, paras. 8.73, 8.136.

而组成的群体,法律意义上的团体”,并据此认为,公共机构没有一个统一定义:“实践中没有一国政府会像中国那样对公共机构作个统一且狭义的定义。相反,各个国家和地区会基于国内法律以及体制之目的,对公共机构作不同的理解。许多国家和地区认为公共机构的外延包括政府机构、类似政府的机构以及政府所有的或控制的企业。”①专家组提出,中国主张的公共机构的定义,即依法设立并行使政府或公共职能的机构,的确属于SCM 协定意义上的公共机构,但后者的范围更广。②

笔者认为,“各个国家和地区会基于国内法律以及体制之目的对公共机构作不同的理解”,或许可以作为参考,但我们不能因为其他独立于WTO 体制的法律制度对公共机构有着千差万别的定义,就得出 SCM 协定中的公共机构应作广义理解的结论,更不能认为 SCM 协定中的公共机构的外延必须涵盖所有国家和地区法律所规定的公共机构类型。作为 SCM 协定中补贴的法律定义的组成部分,公共机构应有严格的内涵和外延。根据专家组的逻辑,至多只能得出“公共机构是个很宽泛概念,其外延包含但不限于政府机构”的结论,而不是“公共机构是受政府控制的机构”的结论。

第二,专家组只是采纳了争端各方就“公共”的字典含义所提出的比较一致的意见,③而对于中国提出的另一层含义,“中国还提出了公共机构的基本内涵是其追求国家与社会的整体福祉与最佳利益”④,却仅在报告中一笔带过,且未展开分析:但是,如果被忽略的“追求国家与社会的整体最佳利益”应当作为公共机构基本内涵,那么公共机构的外延就应当因此而受到进一步的限制。这是因为,从逻辑角度而言,任何一个定义,其内涵越丰富、定语越多,其外延就越小。

---

① Panel Report on US – Anti – Dumping and Countervailing Duties, WT/DS379/R, paras. 8.58 – 8.60.

② Panel Report on US – Anti – Dumping and Countervailing Duties, WT/DS379/R, para. 8.59.

③ Panel Report on US – Anti – Dumping and Countervailing Duties, WT/DS379/R, para. 8.58.

④ Panel Report on US – Anti – Dumping and Countervailing Duties, WT/DS379/R, para. 8.58, footnote 158. China first written submission, paras. 50 – 51.

第三,专家组认为条文中的“政府”与“公共机构”之间的“或者”(or),表示两者是两个不同的概念,而非同义词。而“政府”一词之前的“一个”(a),与“公共机构”一词之前的“任何”(any),也体现出“政府”与“公共机构”在概念上的区别。“公共机构”的外延要比“政府”或者“政府机构”更为广泛。[①] 专家组还认为,“在一成员方领土内,由一个政府或者任何公共机构”这个短语,所表达的最核心意思,是财政资助提供者,无论是成员方领域内的哪一级政府职能部门,还是哪一级政府的哪一种公共机构,SCM协定都视为该成员方的政府行为。换言之,“在一成员方领土内,由一个政府或者任何公共机构”这个短语,广泛地涵盖了“政府”的外延,包括中央政府、省级政府和市级政府;同样,“公共机构”之前的“任何”,尤其是在与“在一成员方领土内”搭配使用的情况下,说明“公共机构”这个词应从广义角度来理解。这进一步印证了,“政府”与“公共机构”之间的“或者”体现两者概念之区别。[②]

笔者认为,专家组用作解释上下文的“或者”这个词,只能表示其连接的两个词语的词义并非完全一致,所以,专家组的解释,也只能支持“政府与公共机构的概念存在区别”的观点,而不能得出中国的观点即“公共机构与政府在职能上大体相同”是错误的结论。“职能上大体相同”,不等于“没有区别”,区别可以是资金来源、设立依据、人员组成等。至于“一个”和“任何”的区别,可以说明政府机构的种类相对比较单一,而公共机构的种类会更加丰富,但从中却难以看出,为何“公共机构”就必须作广义理解。而在这一点上,上诉机构也未能同意专家组的观点。[③]

2. 上下文的错误取舍与解释

条约措辞的词典含义不止一种,以哪种含义最适合,常常需要结合它

---

① Panel Report on US – Anti – Dumping and Countervailing Duties, WT/DS379/R, para. 8.65.

② Panel Report on US – Anti – Dumping and Countervailing Duties, WT/DS379/R, para. 8.67.

③ Appellate Report on US – Anti – Dumping and Countervailing Duties, WT/DS379/AB/R, para. 289.

的上下文来作出判断。按条约词语的上下文取义是解释条约的基本要求。这被称为整体解释或者系统解释。[①] 何谓"上下文"？"理论上，用于条约解释的上下文，除了整个条约正文外，还包括序言、附录、与该条约有关的协定或者其他文件。"[②]而从 WTO 反补贴争端解决实践来看，解释 SCM 协定的上下文范围非常灵活，可以小到某一个脚注，也可以大至 WTO 框架内的所有其他条约。但是否构成条约解释意义上的上下文，关键还要看条文之间的关联性。[③] 专家组对解释公共机构的上下文，存在以下几个方面的错误：

（1）专家组否认 GATS《关于金融服务的附件》的"公共实体"为解释公共机构中"公共"的上下文，是不恰当的。

中国提出，GATS《关于金融服务的附件》第 5 条第 c 款第 i 段中公共实体（public entity）的定义即"由一成员方拥有或控制的、主要履行政府职能或为政府目的行事的实体"，可以作为解释 SCM 协定公共机构的上下文。[④] 但专家组认为，SCM 协定与 GATS 是彼此完全独立的协定，因此不能构成条约解释的上下文；各独立协议中的不同措辞之间并无概念上或者其他方面的联系。[⑤]

实际上，在之前的韩国商船案中，韩国就曾指出 GATS《关于金融服务的

---

① 条约解释客观（Objective Approach）学派代表人物麦克奈尔（McNair）曾引用小说《隐身人》（Invisible Man）中的例子来论证上下文在条约解释中的重要性：有位老太太与她的管家、侍从、女仆一起住在乡间别墅。当朋友问起"有没有什么人和你住在一起"时，老太太的回答是"没有人和我住在一起"，而非"还有我的管家、侍从和女仆"。老太太的意思是没有朋友意指的那一类人。但如果一个询查流行病的医生问及相同的问题，老太太的回答则会是后者。参见 Arnold Duncan McNair, The Law of Treaties, Oxford：Clarendon Press, 1961, p. 367 – 368。关于"结合上下文来选择某个词语字典含义的必要性"，上诉机构也有过这方面的论述。参见 Appellate Body Report on Canada – Aircraft, WT/DS70/AB/R, para. 153。

② Ian Brownlie, Principle of Public International Law, Oxford：Clarendon Press 1998, p. 634 – 635.

③ 关于如何选取条约解释意义上的上下文，可参见蒋奋：《论 WTO〈补贴与反补贴措施协定〉解释中的上下文范围》，载《中国青年政治学院学报》2009 年第 3 期；蒋奋：《WTO 反补贴案件中条约解释方法实证研究》，载《世界贸易组织动态与研究》2012 年第 2 期。

④ Panel Report on US – Anti – Dumping and Countervailing Duties, WT/DS379/R, para. 8. 11.

⑤ Panel Report on US – Anti – Dumping and Countervailing Duties, WT/DS379/R, para. 8. 92.

附件》第5条第c款第i段规定“主要在商业条件下提供金融服务的实体”不属于“公共实体”(public entity)的范畴。韩国认为,GATS《关于金融服务的附件》第5条第c款第i段是解释SCM协定公共机构的上下文;而鉴于韩国进出口银行提供的金融服务主要基于商业条件,故其不应视为公共机构。[①]韩国商船案专家组也认为,GATS《关于金融服务的附件》第5条第c款第i段不能作为解释SCM协定第1条第1款第a项中公共机构的上下文。[②]

笔者认为,上述两个案件的专家组观点是不成立的。GATS的公共实体可以构成解释公共机构的适格上下文。具体原因有以下三个方面。首先,专家组在这里强调公共机构与公共实体是不同的措辞,但在其报告的第8.79段中却用了公共实体这个概念来代替公共机构:“将公共机构解释为受政府控制的任何机构,最符合SCM协定的目标和宗旨。只有这样,无论公共实体的形式是什么,政府都能直接对其控制的公共实体的行为承担SCM协定下的责任。”可见,专家组实际上也认为公共机构与公共实体这两种提法是可以替换的。

其次,待解释的词语和用于解释的上下文是否处于同一个条约,不影响它们达到条约解释意义上的关联性标准。除公共实体外,GATS中还有一些措辞,与SCM协定中的相关措辞完全相同或者非常相似,如GATS第15条的“补贴”(subsidies)、“不利影响”(adversely affected)、“磋商”(consultation)。如果说SCM协定的相关条款不能作为解释GATS中这些措辞的上下文,显然是不成立的。换言之,各协定之间彼此独立的状态,不能阻碍协定里的相关措辞或条款成为彼此解释的上下文。[③] 专家组据以否定

① Panel Report on Korea – Commercial Vessels, WT/DS273/R, para. 7.43.

② Panel Report on Korea – Commercial Vessels, WT/DS273/R, para. 7.47.

③ WTO反补贴争端解决实践不乏这样的例子。例如,在加拿大牛奶案、美国外国销售公司案等案件中,SCM协定中的部分条款就被专家组和上诉机构认定为可用于《农产品协议》解释之用的上下文。See Panel Report on Canada – Dairy, WT/DS103/R, para. 4.130. Panel Report on US – FSC, WT/DS108/R, para. 7.150; Appellate Body Report on US – FSC, WT/DS108/AB/R, para. 141. 此外,美国外国销售公司案的专家组还曾将GATT和DSU的部分条款都视为解释SCM协定时应予考虑的上下文,并据此否定了美国对脚注59的解释。Panel Report on US – FSC, WT/DS108/R, paras. 7.16 – 7.19.

“公共实体”与“公共机构”之间关联性的另一个理由即“SCM 协定与 GATS 是彼此完全独立的协定”,是错误的。

是否构成条约解释意义上的“上下文”,关键在于条文之间的关联性,而分析条文结构和条款目的有助于关联性的判定。GATS《关于金融服务的附件》中多次出现“公共实体”这个术语,包括第 1 条第 b 款第 i 段与第 iii 段、第 1 条第 c 款以及第 5 条第 c 款。从这些条文中可以看出,“公共实体”是在与“政府”与“私人实体”对应层面上使用的一个概念,其使用目的与 SCM 协定中的公共机构并无二致。[①] 而 GATS《关于金融服务的附件》第 5 条第 c 款第 ii 段[②]与 SCM 协定第 1 条第 1 款第 a 项第 iv 段更是有着惊人相似的立法初衷,尽管两者在具体做法上有所不同。WTO 不同协定里的相似或相同的条款或措辞,在具体解释中总是能起到一定的参考作用。Petersmann 教授也曾强调“依据若干相关 WTO 协定,来审查某一政府措施”这种“整体性考虑”的必要性。[③]

最后,专家组还认为,“实践中没有一国政府会像中国那样对公共机构作统一且狭义的定义。相反,各个国家和地区会基于国内法律以及体制之目的对公共机构作不同的理解。许多国家和地区认为公共机构的外延包括政府机构、类似政府的机构以及政府所有的或控制的企业”。[④] 专家组将之作为应对“公共机构”作广义理解的依据之一。可见,在专家组看来,“各个国家和地区会基于国内法律以及体制之目的对公共机构做不同的理

---

① 关于 SCM 中的“公共机构”与“政府”、“私人机构”的对应关系,美国反倾销反补贴税案专家组认为,SCM 协定第 1 条第 1 款第 a 项规定了三种符合 SCM 协定立法目的的补贴提供者,即“政府”“公共机构”和“私人机构”。从逻辑角度来看,这已经涵盖了所有可能的主体,任何个人、公司或者其他组织必然属于三者之一。Panel Report on US – Anti – Dumping and Countervailing Duties, WT/DS379/R, para. 8. 68.

② 根据该段规定,在行使通常由中央银行或货币管理机关行使的职能时的私人实体,属于“公共实体”。

③ Ernst – Ulrich Petersmann, Justice As Conflict Resolution: Proliferation, Fragmentation And Decentralization Of Dispute Settlement in International Trade, EUI Working Paper LAW No. 2004/10, available at http://ssrn. com/abstract = 836324, visited on 20th February 2018.

④ Panel Report on US – Anti – Dumping and Countervailing Duties, WT/DS379/R, para. 8. 60.

解”都可以作为解释“公共机构”的上下文，那么，为什么同属于 WTO“一揽子”协定的 GATS 却不可以呢？专家组如此厚此薄彼，不具备起码的合理性，似乎露出了“先有结论，再找依据”的端倪。[①]

（2）专家组将“公共行业”中的“行业”作为解释“公共机构”中“公共”一词的上下文，是有悖于整体解释规则、移花接木式的逻辑跳跃。

专家组变更了拟解释的词语。“公共机构”这个术语中需要解释的对象是“公共”一词，因为各方对“机构”的含义并无争议。毫无疑问，无论是从词组结构还是条款的目的来看，“机构”都是解释“公共”一词首要的或者说是首先应当考虑的上下文。专家组援引了“公共行业”中“公共”的含义，实际上错误地将“行业”作为解释“公共”的上下文。很明显，“行业”和“机构”的内涵迥异。按照专家组自己的理解，“行业”指的是“整体经济的一部分，产业”，是个宏观的范畴；而机构则是个微观的概念。“公共”一词的字典含义很广泛，将“行业”作为“公共”的上下文，与将“机构”作为上下文，“公共”一词的具体含义会发生变化。[②] 所以，将“公共行业”中的“公共”的解释照搬到“公共机构”中，是种有悖于整体解释规则的、移花接木式的逻辑跳跃。质言之，“公共行业”中的“公共”表示“由政府控制”的意思，并不表示“公共机构”中的“公共”也表示相同的含义。更何况，专家组将“公共行业”这个词用作解释“公共机构”的上下文，是通过将“私人机构”换成“私人企业”并以后者为过渡而实现的，这本身的逻辑推理过程就值得检讨。事实上，上诉机构在其报告中也提到了专家组的这个错误，只是没有展开分析：“SCM 协定第 1 条第 1 款既未使用‘私人企业’也未使用

---

① 事实上，对于这个端倪，本案上诉机构也曾隐晦地提到：“看起来，专家组解释的每一环节，都在分析中国的观点；专家组解释过程的每一步，也都是对中国观点的驳斥；到最后，在这些连续反驳的基础上，专家组认同了美国的主张。”Appellate Body Report on US – Anti – Dumping and Countervailing Duties, WT/DS379/AB/R, para. 321.

② 作为定语的“公共”所修饰的“行业”与“机构”这两个主语之间的区别不容忽视。“公共行业”中的“公共”表示“由政府控制”的意思，并不表示“公共机构”中的“公共”也表示相同的含义。退一步说，即便“公共行业”和“公共机构”中的“公共”都表示“由政府控制”，那么，这两个“公共”的含义，也会有区别。例如，“控股”是政府控制某个“机构”的主要方式，却不可能是政府对“行业”的控制方式。

‘公共行业’,因此,即使这些术语的字典定义与第 1 条第 1 款第 a 项‘公共机构’含义有关,关联性也很有限。”①

(3)专家组误认为,政府不适格从事贷款等三项财政资助类型,这有悖于上诉机构已经作出的法律解释,也不符合现实。

专家组还提出,第 1 条第 1 款第 a 项的第 i 段至第 iii 段列举了政府和公共机构从事的财政资助类型(而非通过私人机构从事),也构成解释公共机构的上下文。这里涉及贷款、贷款担保、提供货物和服务这三项财政资助类型(以下简称“三项类型”),这些行为属于典型的企业行为范畴,而非政府职能范畴。如果推定国有企业和国家控制的企业不属于公共机构,那么第 1 条第 1 款第 a 项第 i 段至第 iii 段中的“三项类型”,究竟由谁从事呢?② 专家组认为,狭义的政府机构③不能从事“三项类型”,所以,“三项类型”所对应的主体必须包含企业。那么,公共机构就必须包含国有企业或者国家控制的企业。如此理解,“三项类型”方才可能对应“企业”作为行为主体。专家组上述解释中的错误,主要有以下两个方面:

第一,为什么狭义上的政府机构,不能从事“三项类型”? 事实上,韩国商船案与美国出口限制案的专家组就曾认为狭义政府可以成为“三项类型”的行为主体。这两个案件涉及第 1 条第 1 款第 a 项第 iv 段规定的“通常属于政府的职能”的解释。两个案件的专家组都认为,第 iv 段“通常属于政府的职能”,指的是涉及征税和财政开支的政府职能,而落实在 SCM 协定第 1 条第 1 款中,指的就是第 i 段至第 iii 段列举的“三项类型”。因此,第 i 段中的贷款和贷款担保涉及财政开支,系“通常属于政府”的职能,而不论其与政府行政管理权、税收征管权是否相关。④ 换言之,“三项类

---

① Appellate Body Report on US – Anti – Dumping and Countervailing Duties, WT/DS379/AB/R, para. 324.

② Panel Report on US – Anti – Dumping and Countervailing Duties, WT/DS379/R, para. 8.70.

③ SCM 协定分别在广义与狭义两个层面上使用了政府这个词语,广义上的政府包括通常意义上的政府(即狭义上的政府)和公共机构。

④ Panel Report on Korea – Commercial Vessels, WT/DS273/R, para. 7.30. Panel Report on US – Export Restraints, WT/DS194/R, para. 8.72.

型”的行为主体是狭义的政府机构。恰恰相反，上诉机构以第 ii 段作为解释公共机构的上下文，还得出了与专家组截然相反的解释结论。第 ii 段涉及“放弃或者未征收本应征收的政府税收”，上诉机构认为这在本质上属于政府权力的范畴，而公共机构可以从事第 ii 段项下的行为，说明公共机构是被赋予了某种政府责任、或行使某种政府权力的实体。① 显然，企业并非这样的实体。此外，上诉机构还考察了同为上下文的第 iv 段。该段规定了公共机构可能委托或指示私人机构的情形。上诉机构把指示解释为政府对私人机构行使权力，认为其中包括某种程度的强制，而将委托解释为政府将责任赋予私人机构。上诉机构认为，根据第 iv 段，公共机构可以指示私人机构，即行使其权力来强制或命令私人机构以支配私人机构的行为，也可以委托私人机构，即向私人机构分派具体任务以赋予其责任。而公共机构要做到这一点，有个必要条件，即在指示私人机构时，公共机构自己就拥有这样的权力，或者强制或命令的能力；而在将责任赋予私人机构时，公共机构本身必须被赋予了这样的责任。通过对上述两个上下文的考察，结合 SCM 协定第 1 条的结构，即将狭义的政府和公共机构置于并列位置，同时又将广义政府和私人机构两个概念置于并列位置，上诉机构不仅没有支持专家组所主张的“公共机构的概念必须包含企业”的观点，相反，上诉机构认为，公共机构的定义更加接近于狭义的政府，两者拥有共同的特征，即拥有权力和负有责任。②

第二，本案专家组所持的观点即“三项类型的主体不能是狭义上的政府机构”，实际是将某一种政治体制下的政府机构职能范式，推而广之、以偏概全。一国政府究竟应该承担哪些职能，属于一国主权范围内的事务。同样，一国的“公共机构通常又呈现出怎样的特征，这和 WTO 成员方内部就机构分类及职能的规定有关……这也是第 iv 段中的短语‘通常应属于

① Appellate Body Report on US – Anti – Dumping and Countervailing Duties, WT/DS379/AB/R, para. 296.

② Appellate Body Report on US – Anti – Dumping and Countervailing Duties, WT/DS379/AB/R, paras. 288, 291, 293, 294.

政府的职能'……'与政府通常采用的做法并无实质差别'所表明的"。[①]因此,不同的国家可以有不同的做法。而对于专家组参考部分成员方国内法的公共机构定义的做法,上诉机构更是明确表示了保留态度。[②]

3. 失之偏颇的目的解释

专家组提出,"如果将公共机构限定在'政府机构与受委托行使政府权力的机构',会严重损害 SCM 协定的目的和宗旨。如果将受政府控制的机构推定为私人机构,那么政府就可以借此规避协定,甚至运营这些机构的目的,就是通过它们提供扭曲贸易的补贴"。[③] 简言之,"反规避"是专家组整个目的解释的核心。在"反规避"这个思路的指引下,专家组将公共机构解释为包含国有企业在内的、受政府控制的机构。笔者认为,专家组基于"反规避"目的对公共机构作扩大解释,有悖于 SCM 协定第 1 条第 1 款第 a 项的立法目的与整个 SCM 协定的宗旨。

(1)专家组对公共机构作扩大解释,有悖于 SCM 协定第 1 条第 1 款第 a 项的立法目的。

进行目的解释,首先必须明确条约的宗旨和目的。这是毫无疑问的。本案专家组也首先援引了上诉机构和其他案件的专家组对 SCM 协定目的和宗旨的归纳,即"强化和改进 GATT 关于补贴和反补贴措施的纪律,同时确认成员方在特定条件下实施反补贴措施的权利"[④],"对扭曲国际贸易的补贴实施多边纪律"[⑤],以及"通过向成员方的预期提供有法律约束力的保障,来约束扭曲贸易的补贴"[⑥]。除了本案专家组援引的上述内容之外,上诉机构和其他案件的专家组还认为 SCM 协定的目的和宗旨"可更适当地

---

① Appellate Report on US – Anti – Dumping and Countervailing Duties, WT/DS379/AB/R, para. 297.

② Appellate Body Report on US – Anti – Dumping and Countervailing Duties, WT/DS379/AB/R, paras. 335 – 336.

③ Panel Report on US – Anti – Dumping and Countervailing Duties, WT/DS379/R, para. 8. 82.

④ Appellate Body Report on US – Softwood Lumber Ⅳ, WT/DS257/AB/R, para. 64.

⑤ Panel Report on Brazil – Aircraft, WT/DS46/R, para. 7.26.

⑥ Panel Report on US – FSC(Article 21.5 – EC), WT/DS108/RW, para. 8.39.

概括为因某些政府干预措施扭曲了国际贸易或具有扭曲国际贸易的可能性,而确定的多边纪律”①,“SCM 协定并非仅仅对 GATT 第 6 条、第 16 条和第 23 条的单纯解释与应用”②而是“GATT 补贴和反补贴措施纪律的提升和改进”,③等等。不难发现,所有这个归纳和总结,都没有出现“反规避”这个立法目的。从逻辑上来说,“反规避”不可能是整个 SCM 协定的目的和宗旨。假如协定以“防止协定被规避”为立法目的,那么这在逻辑上是荒谬的。

如果上述分析能够成立的话,那么专家组应当阐明的,不是整个 SCM 协定的目的和宗旨,而是载有“公共机构”的第 1 条第 1 款第 a 项,是否以“反规避”为其目的和宗旨。

SCM 协定中某些条款,的确以“反规避”为目的,如第 3 条第 1 款第 a 项。上诉机构在加拿大飞机案中指出:“SCM 协定第 3 条第 1 款第 a 项同时规定了法律上(*de jure*)的出口补贴和事实上(*de facto*)的出口补贴,目的是特别禁止虽非明文但事实上依赖于出口的补贴,以防止成员方规避 SCM 协定。”④此外,还有 SCM 协定第 1 条第 1 款第 a 项第 iv 段。该段将政府或者公共机构“委托或指示”私人机构提供财政资助,视同政府或者公共机构直接从事的财政资助行为。在美国出口限制案中,专家组曾点明其反规避的立法目的:“从立法目的角度来看,第 iv 段的规定要确保同类的政府经济资源的转让行为,通过基金组织或者私人机构实现时,反补贴的多边纪律不会被规避。”⑤

但是,第 a 项中的第 iv 段具有“反规避”的立法目的,但并不表示整个第 a 项都具备“反规避”的立法目的。目前为止,没有任何一份专家组报告或者上诉机构报告支持这样的结论。恰恰相反,WTO 争端解决实践却表

---

① Panel Report on Canada – Aircraft, WT/DS70/R, para. 9.119.

② Appellate Body Report on Brazil – Desiccated Coconut, WT/DS22/AB/R, para. 181.

③ Appellate Body Report on US – Carbon Steel, WT/DS213/AB/R, footnote 65 to para. 73.

④ Appellate Body Report on Canada – Aircraft, WT/DS70/AB/R, para. 167.

⑤ Panel Report on US – Export Restraints, WT/DS194/R, para. 8.73.

明，限制SCM协定的适用范围是第a项的立法初衷之一：作为补贴定义中的核心要素，"财政资助"从一开始就旨在限制受SCM协定规制的政府措施。这是因为成员方有如下共识：由于价格形成不可避免会受政府征税和财政支出的影响，任何政府措施都可能被解释为经济学意义上的补贴。为了避免将政府措施所带来的利益全部抵销，谈判者将构成补贴的政府措施，限制在"财政资助"清单之内。① 在美国出口限制案中，专家组认为美国就第iv段的理解，扩大了第iv段的外延，会架空条约引入"财政资助"的初衷，因而有悖条约的有效解释规则。② 既然限制SCM协定的适用范围是第a项的立法初衷，那么，需要强调的就不是"防止过于狭义的解释"，而应当是"防止宽泛的解释或者扩张词义的广义解释"。③ 显然，被专家组奉为目的解释核心的"反规避"，与第a项的立法目的是背道而驰的。

（2）专家组用以强化其目的解释而援引两个报告，分析过程存在断章取义的逻辑缺陷。

本案专家组在援引了SCM协定目的和宗旨之后，还援引了两份案件报告的相关段落，即美国针叶木材（四）案上诉机构报告与美国外国销售公司案（第21条第5款）专家组报告，并将被援引段落的核心观点归纳为"过于狭义的解释会为成员方规避反补贴纪律提供便利"，④来强化其基于"反规避"所作的目的解释。

究竟何谓"过于狭义的解释"？专家组的观点本身就是个晦涩不清的命题。因此，笔者认为没有必要去探讨"过于狭义的解释会为成员方规避反补贴纪律提供便利"这个命题本身是否合理。这里仅从条约解释的层面

---

① Panel Report on US – Export Restraints, WT/DS194/R, paras. 8.38, 8.65, 8.68 – 8.69, 8.73.

② Panel Report on US – Export Restraints, WT/DS194/R, paras. 8.70 – 8.74.

③ 防止宽泛的解释或者扩张词义的广义解释，使得通常被理解为扭曲贸易的补贴措施，最终不被认定为SCM协定意义上的补贴。这与SCM协定的目的和宗旨也不抵触。因为，SCM协定第1条第1款第a项有着对补贴的严格法律定义，而SCM协定的反补贴纪律只适用于（can only be in respect of）符合SCM协定中补贴定义的"补贴"。Panel Report on US – Export Restraints, WT/DS194/R, para. 8.63.

④ Panel Report on US – Anti – Dumping and Countervailing Duties, WT/DS379/R, para. 8.75.

来探讨专家组推理中的逻辑问题。

专家组首先援引了上诉机构在美国针叶木材(四)案中的意见:"第1条第1款第a项第iii段确认补贴授予的方式,不仅可以是资金的转移,还可以是非货币财产的投入。这符合SCM协定目的与宗旨。所以,加拿大对第1条第1款第a项第iii段'货物'(goods)一词的狭义(narrowly)解释,使得成员方用非货币财产进行的财政资助,就能规避反补贴纪律的约束。"①这里提到加拿大的狭义解释,具体是指加拿大将"货物"解释为"可交易的物品,有实际或者潜在的关税类别",据此加拿大认为树木在被砍伐之前,不可能进行跨境交付,因而不属于SCM协定第1条第1款第a项第iii段中的"货物"的范畴。②

专家组通过援引上诉机构否定加拿大对"货物"一词的狭义解释的报告,认为对SCM协定所有措辞的"过于狭义的解释会为成员方规避反补贴纪律提供便利",③是以偏概全的结论。首先,所援引的美国针叶木材(四)案报告仅涉及"货物"这一个词语,而专家组得出的结论是关于整个SCM协定;其次,美国针叶木材(四)案中的狭义(narrowly)解释,与专家组结论中的"过于狭义(overly - narrow)的解释"之间的界限在哪里。换言之,何为"过于"(overly),也是语焉不详、含混不清。最后,WTO争端解决实践中,对扩张词义的广义解释与限制词义的狭义解释,专家组与上诉机关一般持非常谨慎的态度。这是文法解释而非目的解释的要求。文法解释方法要求严格按照字面含义解释,不允许任意添加或者删除定语,否则就会得出不适当的解释结论。换言之,这种谨慎态度与协定目的和宗旨并不存在条约解释意义上的关联性。专家组的结论不应属于目的解释范畴,而应属于文本解释范畴。所以,专家组通过援引上诉机构和其他案件的专家组对SCM协定目的和宗旨的归纳,以此作为论据之一,来支持"过于狭义的解释会为成员方规避反补贴纪律提供便利"的结论。这样的逻辑思路并不

---

① Appellate Body Report on US – Softwood Lumber Ⅳ, WT/DS257/AB/R, para. 64. Panel Report on US – Anti – Dumping and Countervailing Duties, WT/DS379/R, para. 8.75.

② Appellate Body Report on US – Softwood Lumber Ⅳ, WT/DS257/AB/R, paras. 57, 61.

③ Panel Report on US – Anti – Dumping and Countervailing Duties, WT/DS379/R, para. 8.75.

能得到条约解释理论支持的。

至于专家组援引的第二份报告即美国外国销售公司案(第21条第5款)专家组报告,就更有必要进行商榷了。被援引的段落的内容是:"美国对'免税'(revenue foregone)的解释,等于变相许可成员方规避任何已生效之纪律,并造成根本性的不确定性和不可预见性,有悖不符合协定的目的和宗旨。"①通过查阅被援引段落的上下文,笔者发现,这里讨论的核心问题是如何理解"本应征收"(otherwise due),这个词语是判定以"免税"形式提供财政资助的标准。美国外国销售公司案(第21条第5款)中,美国通过修改其法律对"毛收入"的定义,将受审查措施免税的收入,排除出"毛收入"的范畴。据此,美国认为,其受审查措施并没有免除本应征收的税收。专家组反驳了美国的观点。专家组指出,如果美国的观点成立,那么成员方只要调整其税收征管的外部边界,或者修改课征对象的定义,即可使其财政资助政策所免除的税收,不属"本应征收"的范畴。专家组认为,对"本应征收"的判定必须基于案情实际情况,而不能拘泥于某种形式。② 所以,专家组所援引的这个段落,其中虽然也涉及SCM协定的目的与宗旨,却没有涉及对什么词语进行狭义解释,因此说其能支持"过于狭义的解释会为成员方规避反补贴纪律提供便利"的结论,更是无从谈起。本案专家组的分析逻辑,颇有些断章取义、牵强附会的味道。

(3)专家组"反规避"的解释思路有悖于SCM协定的目标和宗旨。

专家组强调,将公共机构解释为"受政府控制的机构",主要是出于两个考虑:第一,考虑到"过于狭义的解释会为成员方规避反补贴纪律提供便利",若将第1条第1款第a项理解为"把政府控制的机构所从事的非商业化政府行为,全部排除出SCM协定的约束范围",则有悖于SCM协定的目的和宗旨;③第二,将公共机构解释为"受政府控制的机构","远非对政府

① Panel Report on US - FSC(Article 21.5 - EC), WT/DS108/RW, para. 8.39.

② Panel Report on US - FSC(Article 21.5 - EC), WT/DS108/RW, paras. 8.3 - 8.43.

③ Panel Report on US - Anti - Dumping and Countervailing Duties, WT/DS379/R, para. 8.76.

所控制的机构进行约束,或者制裁”。[①]

针对专家组的第一项考虑,笔者认为,第 1 条第 1 款第 a 项第 iv 段足以约束“受政府控制的机构所从事的非商业化政府行为”。根据 SCM 协定第 1 条第 1 款第 a 项第 iv 段之规定,政府或者公共机构“委托或指示”私人机构提供财政资助时,等同于政府或者公共机构直接从事财政资助行为。美国出口限制案专家组就曾点明第 iv 段的反规避目的:第 iv 段的规定是为了确保同类的政府经济资源的转让行为,通过私人机构实施时,反补贴的多边纪律不会被规避。[②] 根据美国出口限制案专家组的解释,第 iv 段中的“委托或者指示”包含了三个要件:“明示和确定的行为”、“针对特定的对象”以及“目的系执行特定的任务及职责”。[③] 很明显,如果可以认定某个机构受政府的“控制”,那么也必定能认定该机构受政府的“委托或者指示”。于是,第 iv 段的规定使之受到 SCM 协定的约束。“委托或者指示”是指在一定程度和范围内对某一具体事情的“控制”方式。所以,从逻辑上分析,中国主张将国有独资企业和国有控股企业推定为“私人机构”,[④]并不会得出“把受政府控制的机构所从事的非商业化政府行为,全部排除出 SCM 协定的约束范围”的结论。本案专家组的担忧纯属杞人忧天。而专家组反驳中国观点的理由,尤其是关于反规避的理由,实际上是对第 iv 段立法目的在不适当场合下的同义反复而已。事实上,本案上诉机构也认为,第 iv 段本身就有反规避的作用,足以解决专家组提到的顾虑,而按照专家组对“公共机构”的广义解释,反而会导致第 iv 段被架空,即“调查机关

---

① Panel Report on US – Anti – Dumping and Countervailing Duties, WT/DS379/R, para. 8. 81.

② Panel Report on US – Export Restraints, WT/DS194/R, para. 8. 73.

③ Panel Report on US – Export Restraints, WT/DS194/R, para. 8. 29. 详细分析亦可参见蒋奋:《财政资助提供者探究——基于对加拿大牛奶和奶制品案和美国出口限制案的考察》,载孙琬锺、孔庆江主编:《WTO 的理论和实践研究——中国世贸组织法研究会 2006 年会论文集》,浙江大学出版社 2007 年版,第 104 页。

④ Panel Report on US – Anti – Dumping and Countervailing Duties, WT/DS379/R, para. 8. 68.

摒弃委托和指示分析、转而把任何跟政府有关的实体都视为公共机构”。①

关于第二项考虑,专家组认为,将公共机构解释为“受政府控制的机构”,“远非对政府所控制的机构进行约束,或者制裁。如此解释,仅仅表示政府所控制的机构,在SCM协定意义上,其行为可以归责于政府。判定一个机构属于政府机构,与其行为的性质没有关系”;②“将某个机构定性为政府、公共机构还是私人机构,只是分析的第一步,看的不是行为,而是主体”;③“将某个机构定性为SCM协定意义上的广义政府,并非负面评价,而只是为了进一步分析其行为是否构成补贴。显然,有很多政府行为与财政资助无关进而不构成补贴”。④ 专家组还援引了韩国商船案专家组报告:“财政资助的范围比较广,能涵盖政府和公共机构可能构成补贴的任何行为。但政府和公共机构的行为是否构成补贴,取决于其是否授予‘利益’。‘利益’是将商业行为排除出补贴范畴的过滤器,所以在‘财政资助’这个环节就不再需要类似的过滤了。”⑤

不难发现,本案专家组通过强调自己对公共机构的解释是中立的,不涉及任何负面评价,来支持自己的解释结论。但这同样也是值得商榷的。中立的解释,并不等于就是正确、妥当的解释。解释结论是否涉及负面评价,并非条约解释中应当考虑的因素。专家组这里的立论就有问题。事实上,专家组的解释,并非如其所言那样的“无害”。上诉机构指出,“专家组的目的解释并未全面地考虑SCM协定项下的纪律。专家组担心过分狭义的解读可能带来的后果。然而我们认为,对公共机构进行太过广义的解读,也同样可能破坏SCM协定体现的微妙平衡,因为这会成为调查机关摒

① Appellate Body Report on US – Anti – Dumping and Countervailing Duties, WT/DS379/AB/R, paras. 327, 303.

② Panel Report on US – Anti – Dumping and Countervailing Duties, WT/DS379/R, para. 8.81.

③ Panel Report on US – Anti – Dumping and Countervailing Duties, WT/DS379/R, para. 8.76.

④ Panel Report on US – Anti – Dumping and Countervailing Duties, WT/DS379/R, para. 8.78.

⑤ Panel Report on Korea – Commercial Vessels, WT/DS273/R, para. 7.28.

弃委托和指示分析、转而把任何跟政府有关的实体都认为是公共机构的通行证。因此,我们认为,SCM 协定的目标和宗旨并未支持对公共机构进行广义或狭义解读"。[①] 上诉机构的上述阐述,已足以揭示专家组观点之错误了。其中谈到的"微妙平衡",指的是本案上诉机构所援引的、其在美国 DRAMS 反补贴税调查案中对 SCM 协定的目的和宗旨的阐述,即 SCM 协定"在成员方寻求对补贴的更多约束,与寻求对反补贴措施的更多约束之间,体现了微妙的平衡"。[②] 简言之,专家组并未考虑到,SCM 协定同时"也是对成员方单边反补贴措施的约束"。[③] 专家组基于"反规避"思路,将公共机构扩大解释为包含国有企业在内的、受政府控制的机构,片面强化了补贴规制,忽视了 SCM 协定同时"也是对成员方单边反补贴措施的约束"。[④]

上诉机构还指出,参考 SCM 协定的目标和宗旨,对于"公共机构"的解释,作用有限。[⑤] 虽然条约法的一般理论认为,目的解释方法是条约解释的主要方法,[⑥]但在 WTO 反补贴案件中,目的解释方法却只是条约解释的辅助手段,起到校验、印证、判断和取舍的作用。[⑦] 加拿大飞机案的专家组也曾经指出:"过于重视 SCM 协定的目的和宗旨来发表意见来是不明智的。"[⑧]这是因为,一方面,《关于争端解决规则与程序的谅解》第 3 条第 2 款严格规定了争端解决机构的裁决不得增加或者减少各涵盖协定项下的

① Appellate Body Report on US – Anti – Dumping and Countervailing Duties, WT/DS379/AB/R, para. 303.

② Appellate Body Report on US – Countervailing Duty Investigation on DRAMS, WT/DS296/AB/R, para. 115.

③ Pierre Didier, WTO Trade Instruments in EU Law, London: Cameron May, 1999, p. 208.

④ Pierre Didier, WTO Trade Instruments in EU Law, London: Cameron May, 1999, p. 208.

⑤ Appellate Body Report on US – Anti – Dumping and Countervailing Duties, WT/DS379/AB/R, para. 302.

⑥ Antonio Cassese, *International Law*, New York: Oxford University Press 2001, p. 134.

⑦ 关于目的解释在 WTO 反补贴案件中的运用,可参见蒋奋:《目的解释:WTO 补贴案件中的辅助解释方法》,载《WTO 经济导刊》2008 年第 6 期。

⑧ Panel Report on Canada – Aircraft, WT/DS70/R, para. 9. 119.

权利和义务，使得专家组和上诉机构在运用目的解释方法受到很大限制；另一方面，SCM 协定目的和宗旨并非来源于协定的序言或者其他专门的条款，而是源于上诉机构和专家组在具体案件中的总结和归纳，而这些归纳和总结，尽管大体相仿，却也存在诸多微观差异。而“公共机构”的解释，与 SCM 协定的目标和宗旨更是没有直接的关系。“如果某实体并非公共机构，根据 SCM 协定第 1 条第 1 款第 a 项第 iv 段，其行为仍然有可能构成补贴进而受 SCM 协定约束；而如果某实体被界定为公共机构，其措施也不一定构成补贴，因为构成补贴的行为必须同时授予利益。”①因此，上诉机构彻底否定了专家组的目的解释，这也很自然。

三、上诉机构的“政府权力论”

关于公共机构认定标准的分歧，不仅存在于作为争端双方的中美之间，也存在于该案专家组和上诉机构之间。专家组全盘采纳了美国提出的“公共机构是受政府控制的任何机构，包含但不限于政府机构与受委托行使政府权力的机构”，②国有独资企业和国有控股企业都属于公共机构范畴的观点。③ 运用相同的条约解释方法，上诉机构经过谨慎的逻辑推理，却得出了截然不同的结论，否定了专家组关于公共机构的释义。上诉机构认为，公共机构是“被赋予了某种政府责任，或行使某种政府权力的实体”；④而非“政府控制的任何实体”；⑤仅凭政府控制某实体的事实，不足以将该

---

① Appellate Body Report on US - Anti - Dumping and Countervailing Duties, WT/DS379/AB/R, para. 302.

② Panel Report on US - Anti - Dumping and Countervailing Duties, WT/DS379/R, paras. 8.73, 8.80.

③ 除非被调查企业或其政府能证明该企业完全独立于(如依据法律规定)政府的干预和影响，不受政府控制。Panel Report on US - Anti - Dumping and Countervailing Duties, WT/DS379/R, paras. 8.135, 8.136.

④ Appellate Body Report on US - Anti - Dumping and Countervailing Duties, WT/DS379/AB/R, para. 318.

⑤ Appellate Body Report on US - Anti - Dumping and Countervailing Duties, WT/DS379/AB/R, para. 322.

实体认定为公共机构[①]。

在上述两个案件中,专家组都引入了一个未在 SCM 协定中出现的概念:"控制"。专家组进而又对"控制"进行了解释,"政府是否拥有所有权与政府控制与否的判定紧密相关,更准确地说是具有潜在的决定意义。而从技术上而言,51%的股权就能获得控制利益";[②]"政府控股,很明显是政府控制某机构有利证据";[③]但"也存在这样的可能性:政府拥有所有权的机构,完全独立于(如依据法律规定)政府的干预和影响,不受政府控制,从而不属于公共机构的范畴。但此时,政府和该机构掌握能证明上述事实的证据,所以,为了他们自己的利益,也应该由他们向调查机关提供这方面的证据。调查机关在判定该机构是否属于公共机构时,有义务审查和分析这些证据"。[④] 按照专家组的观点,"控股"可推定为"控制",除非被调查企业及其所属的 WTO 成员方反证推定不成立。[⑤] 而根据美国对韩国动态随机存取存储器半导体反补贴税调查案专家组的观点,若某机构系百分之百的政府所有,即可认定该机构为公共机构。[⑥]

笔者认为,"控制"一词并非 SCM 协定的条约措辞。它更像是法律标

---

① Appellate Body Report on US – Anti – Dumping and Countervailing Duties, WT/DS379/AB/R, para. 320.

② Panel Report on US – Anti – Dumping and Countervailing Duties, WT/DS379/R, para. 8. 134.

③ Panel Report on US – Anti – Dumping and Countervailing Duties, WT/DS379/R, para. 8. 135.

④ Panel Report on US – Anti – Dumping and Countervailing Duties, WT/DS379/R, para. 8. 136.

⑤ 关于这个问题,在欧盟国家资助法的实践中也有涉及。在欧委会处理的 North Atlantic Salmon 案中,申诉方诉称挪威国有银行对鲑鱼产业提供亏损资助。但在欧委会调查中,挪威政府并未干预国有银行的商业行为,而国有银行也始终按照商业模式运作,故最终认定银行资助不构成补贴。而专业从事冷冻物品运输的 Nor – Cargo 公司,地方政府拥有其部分股权,其亏损得到了政府的补贴。欧委会裁定,Nor – Cargo 公司低于成本价的运输服务并不构成对托运人的补贴,原因是该公司并非公共机构。第一,政府只是占 16% 股份,系小股东;第二,无证据显示政府对公司的决策施加了任何影响。See Konstantinos Adamantopoulos and María J Pereyra – Friedrichsen, *EU Anti – subsidy Law & Practice*, Bembridge: Palladian Law Publishing Ltd, 2001, p. 55 – 56.

⑥ Panel Report on US – Countervailing Duty Investigation on DRAMS, WT/DS296/AB/R, footnote 29 to para. 7. 8.

准。专家组用“控制”这个词语,实质是取代了 SCM 协定第 1 条第 1 款第 a 项第 iv 段的“委托或者指示”,[①]其必要性和可行性都是值得商榷的。根据美国出口限制案专家组的解释,第 iv 段中的“委托或者指示”包含了三个要件:“明示和确定的行为”、“针对特定的对象”以及“目的系执行特定的任务及职责”。[②] 很明显,如果可以认定某个机构受政府的“控制”,那么也必定能认定该机构受政府的“委托或者指示”,进而因第 iv 段的规定而受 SCM 协定的约束。“委托或者指示”是指在一定程度和范围内对某一具体事情的“控制”方式。专家组引入“控制”这个法律标准,丝毫没有必要性可言。而从 WTO 反补贴争端解决实践来看,上诉机构对用法律标准来取代条约措辞一直持谨慎态度。[③] 根据《关于争端解决规则与程序的谅解》第 3 条第 2 款“争端解决机构的裁决不得增加或减少各涵盖协议规定的权利与义务”的规定,专家组和上诉机构无权引入法律标准代替条约措辞。

专家组的“政府控制论”没有得到上诉机构的支持。尽管“各公共机构的外部形态和内在特征各不相同,也会因国家、因案情而异”,[④]而“同一实体可能既有公共机构的特征,也有私人机构的特征”,[⑤]在判定某实体是否为公共机构时,上诉机构认为关键看该实体是否被赋予了某种政府权力以履行政府职能,至于该实体是通过受政府控制、还是其他方式来实现这一点的,却不重要。除非在法律文件中有明确授权,否则,即便是该实体与政府之间存在形式上的联系,如政府是某实体的大股东,也不能认定政府

---

① 上诉机构报告也提到了这一点:“这会成为调查机关摒弃委托和指示分析、转而把任何跟政府有关的实体都认为是公共机构的通行证。”Appellate Body Report on US – Anti – Dumping and Countervailing Duties, WT/DS379/AB/R, para. 303.

② Panel Report on US – Export Restraints, WT/DS194/R, para. 8.29.

③ 例如,美国外国销售公司案中涉及对“本应征收”(otherwise due)的解释,上诉机构就曾明确反对用“如果没有”(but for)等法律标准来取代条约措辞。Appellate Body Report on US – FSC, WT/DS108/AB/R, para. 91. Appellate Body Report on US – FSC(Article 21.5 – EC), WT/DS108/AB/RW, para. 91.

④ Appellate Body Report on US – Anti – Dumping and Countervailing Duties, WT/DS379/AB/R, para. 317.

⑤ Appellate Body Report on US – Anti – Dumping and Countervailing Duties, WT/DS379/AB/R, footnote 230 to para. 318.

实际控制(meaningfully control)了该实体。[①] 上诉机构认为,专家组的解释结论缺乏条约解释理论的支持。专家组虽然认为政府是否拥有所有权与判定政府控制与否紧密相关,甚至具有潜在的决定意义,却只参照适用了关于公司的“控制利益”这一日常财务概念,故应予以纠正。最终,上诉机构指出,“不能仅仅依据政府对某实体的控制,就将该实体认定为公共机构”。[②]

简言之,不能仅仅依据政府拥有某实体的大部分所有权或股权,就认定政府实际控制了该实体;也不能仅仅依据政府对某实体的实际控制,就将该实体认定为公共机构。“控制”和“政府拥有所有权”的事实,虽有助于公共机构判定,但专家组过分夸大了这种影响,因而陷入了程式化的误区。[③] 公共机构是“被赋予了某种政府责任,或行使某种政府权力的实体”。[④] 上诉机构关于公共机构释义所确立的“政府权力论”,在后来的美国碳钢案中得到重申。[⑤]

综上,WTO 将组织机构区分为政府、公共机构和私人机构三种类型。政府和公共机构是受约束的补贴提供者。反补贴语境下,私人机构代表完全的商业属性,只有受政府和公共机构的委托和指示时,才纳入补贴提供者的约束范围。公共机构是介于政府和私人企业之间的组织。公共机构

① Appellate Body Report on US – Anti – Dumping and Countervailing Duties, WT/DS379/AB/R, para. 318.

② Appellate Body Report on US – Anti – Dumping and Countervailing Duties, WT/DS379/AB/R, para. 320.

③ 上诉机构指出,证明政府实际控制某个实体及其行为的证据,在某些情况下,也可以成为证明该实体拥有政府权力及其为履行政府职能而行使这些权力的证据。例如,在非公路用轮胎调查案中,关于国有商业银行是否构成公共机构的问题上,美国商务部所考虑的所有权和政府控制方面的证据,以及所考虑的其他证据,上诉机构认为它们不仅能证明国有银行受政府控制,而且证明了国有银行有效地行使了某些政府职能。因此,上诉机构在认定标准钢管、矩形钢管、复合编织袋和非公路用轮胎调查中美国商务部关于中国国有企业构成公共机构的结论有悖 SCM 协定的同时,肯定了非公路用轮胎调查案中美国商务部关于中国国有商业银行构成公共机构的结论。See Appellate Body Report on US – Anti – Dumping and Countervailing Duties, WT/DS379/AB/R, paras. 318, 347 – 356.

④ Appellate Body Report on US – Anti – Dumping and Countervailing Duties, WT/DS379/AB/R, para. 318.

⑤ Appellate Body Report on US – Carbon Steel, WT/DS436/AB/R, para. 4.20.

释义之争,核心是国有企业是否构成公共机构的问题,本质则是国有企业商业属性之争。

第三节 国有企业

如前所述,SCM 协定定义的补贴,只源于政府和公共机构;要认定国有企业向其他企业提供了补贴,必须首先证明该国有企业构成公共机构,或者它基于政府或者公共机构的委托或指示行事。上诉机构否定美国主张的公共机构"政府控制论",而采纳了中国提出的"政府权力论"。这样的解释结论,显然不能满足美国将国有企业概括定性为补贴提供者的需求。因此,美国在 CPTPP 第 17 章中,创造了"国有单位"(state enterprises)一词,来代替 SCM 协定的公共机构,明确将国有企业纳入补贴提供者的约束范围。①

一、国有企业适格与否的意义

国有企业是否可以被认定为向其他企业提供了补贴,体现了对国有企业商业属性的不同认识。国有企业商业属性之争,是中美等国在多边经贸规则的立法和司法层面进行反复博弈的问题。美国力主对国有企业贴上"非商业机构"的标签,进而利用国际法的制度力量,全面限制国有企业的商业活动。将国有企业概括定性为公共机构,进而纳入补贴提供者的约束范围,就是其中一个重要方面。通过娴熟运用甚至歪曲条约解释规则,美国把国有企业受政府所有与控制的特征,转变为公共机构的认定标准,并据此在国内反补贴调查中,将中国的国有企业概括认定为公共机构,借用

---

① 本节的讨论角度,不是国有企业作为补贴受益人,受 CPTPP 非商业援助制度的歧视性规制,而是从国有企业是否构成适格补贴提供者的角度来展开。

反补贴措施来压缩国有企业商业活动空间。[1] 同时，美国还意图利用 WTO 争端解决程序中的条约解释机制，将上述做法上升成为多边规则，但最终未获成功。

如果将国有企业纳入补贴提供者的约束范围，那么，这不仅构成对国有企业的制度性歧视，也会困扰中国的私有企业：任何一家中国私有企业，从任何一家国有企业购得的产品、或销售所得的货款、或获得的投资款与贷款，都会被认定为 SCM 协定第 1 条第 1 款意义上的、公共机构提供的财政资助，进而成为反补贴措施的潜在打击对象。由于《中国入世议定书》第 15 条第 b 款允许他国反补贴调查机构采用国外市场价格，作为财政资助是否构成补贴的判定基准，故中国私有企业与任何国有企业发生的商业交易，很容易被认定为补贴，进而被课征反补贴税。[2]

由于 WTO 持所有制中立态度，上诉机构对公共机构的解释结论不能

---

① 上述做法始于2007 年对华首起（铜版纸）反补贴调查案，参见 Issues and Decision Memorandum for the Final Determination in the Countervailing Duty Investigation of Coated Free Sheet from the People's Republic of China, United States Department of Commerce（"USDOC"）, C – 570 – 907, Oct. 17, 2007, p. 55。在厨房架案中，美国商务部首次评析中国国有企业的性质，参见 Issues and Decision Memorandum for the Final Determination in the Countervailing Duty Investigation of Certain Kitchen Appliance Shelving and Racks from the People's Republic of China（"Kitchen Shelving IDM"）, USDOC, C – 570 – 942, July 20, 2009, p. 43。

② 《中国入世议定书》第 15 条第 b 款规定了针对中国产品的利益判定基准："在根据 SCM 协定第二、三及五部分规定进行的程序中，在处理第 14 条 a 项、b 项、c 项和 d 项所涉补贴时，应适用 SCM 协定的有关规定；但是，如果适用 SCM 协定遇有特殊困难（special difficulties），则作为 WTO 成员的进口方可以使用符合以下要求的方法来确定（identifying）和衡量（measuring）补贴利益：该方法应考虑到这样的可能性，即中国国内当前（prevailing）条件（terms）与行情（conditions）作为比较基准并不合适。在适用此类方法时，只要可行，进口方就应当在考虑采用中国国外当前的条件与行情作为比较基准之前，对这些条件与行情做出调整（adjust）。"换言之，当中国产品遭遇其他 WTO 成员方反补贴调查时，调查主管机关可依据上述条款，采用国外价格来判定补贴利益。而采用国外价格作为基准，由于还要受到各种市场环境因素以及其他因素的影响，在实践中往往难以得出的"中国国内交易价格系未被任何非市场因素扭曲的公平市场价格（fair market value）"结论。这一点也可以在针对中国出口产品发起的反倾销调查中得到一定程度的佐证：采用参照国标准确定正常价值时，结论往往对中国非常不利。此外，上诉机关在美国针叶木材（四）案中也指出，"如果国内同类货物主要由政府提供，且政府的行为扭曲了市场价格，那么，调查机关可以根据 d 项采用其他的比较基准"，即"卖方或者买方国内市场价格，并不必然成为比较基准"。参见 Appellate Body Report on US – Softwood Lumber Ⅳ, WT/DS257/AB/R, paras. 90 – 92, 96。

满足美国通过反补贴制度打压国有企业的需求,因此,美国在起草 CPTPP 约文时,弃用公共机构的提法,创造了"国有单位"一词,以此将国有企业纳入补贴提供者的约束范围。

二、CPTPP 相关条款评述

CPTPP 第 17 章规定,国有企业在从事商业活动时,应遵循商业规则以保持中立(第 17.4 条),国有企业之间也不得互相给予补贴以增强竞争优势(第 17.6 条第 2 款),政府(第 17.6 条第 1 款)和国有单位(第 17.6 条第 2 款)不得直接给予国有企业补贴,也不得委托或者指示私人机构(第 1 款脚注 18)间接给予补贴。简言之,CPTPP 禁止政府、国有企业、国有单位、"受委托或指示"私人机构向国有企业提供补贴。

CPTPP 上述条款中的国有企业(state - owned enterprises),有别于我们通常理解的国有企业。根据 CPTPP 第 17 章第 17.1 条的定义,国有企业是指"国家拥有 50% 以上股本,或基于所有者权益控制了 50% 以上投票权,或拥有多数董事任免权的营利性机构"。可见,上述定义大致对应我国的国有独资企业与国有控股企业,故其外延小于我们通常理解的国有企业。

同时,CPTPP 用"国有单位"一词,对国有企业的范围作了兜底。国有单位的原文是 state enterprises,它的字面翻译是"国家企业"或者"国营企业"。根据 CPTPP 第 1 章第 1.3 条的定义,enterprises 指根据法律组建或组织的任何实体,无论是否以营利为目的,也无论是由私人或政府所有或控制,包括任何公司、信托、合伙企业、个人独资企业、合资企业、协会或类似组织;而 state enterprises 指缔约方拥有的或通过所有者权益控制的实体。[①] 可见,state enterprises 实际上是指缔约方所有的或通过所有者权益控制的、

---

① CPTPP 第 1 章第 1.3 条的原文是:"Enterprise means any entity constituted or organised under applicable law, whether or not for profit, and whether privately or governmentally owned or controlled, including any corporation, trust, partnership, sole proprietorship, joint venture, association or similar organization"; "state enterprise means an enterprise that is owned, or controlled through ownership interests, by a Party"。

依法建立的营利性机构与非营利性机构。它既不同于我们国内传统意义上的国营企业，也与 GATT 1994 第 17 条中的“国营贸易企业”有较大区别。[①] state enterprises 的外延不仅涵盖了 CPTPP 定义的国有企业，也包括不符合该定义、在一定程度上归国家所有或者受到国家控制的国有参股企业。此外，state enterprises 还包括国有的非营利性机构，可大致对应我国的事业法人。因此，笔者认为将之译为“国有单位”更为妥帖。CPTPP 创造的“国有单位”，实际上延续和强化了美国用于判定公共机构的“控制标准”。[②] 这个“强化”体现在，国有单位与公共机构在认定标准上的变化，即仅仅凭借政府所有与控制的事实，不足以认定为公共机构，但已满足国有单位的认定标准。

综上，CPTPP 绕过了 SCM 协定项下国有企业是否构成公共机构、进而成为补贴提供者的争议，构建了更为清晰严苛的约束边界，即使用外延更宽、边界更清的新术语“国有单位”，将之作为补贴提供者之一，来代替公共机构、涵盖国有企业、并“兜底”不符 CPTPP 国有企业定义的国有参股企业。考虑到 CPTPP 定义下的国有单位已经涵盖了国有企业，CPTPP 实际上是用国有单位这个新概念来代替公共机构，目的在于扩大受约束的补贴提供者范围，避免 WTO 框架下有关国有企业能否提供补贴的争论。同时，

---

① GATT 1994 第 17 条规定：“每一缔约方承诺，如其设立或维持一国营贸易企业，无论其位于何处，或在形式上或事实上给予任何企业专有权或特权，此类企业在其涉及进口或出口的购买和销售方面，应以符合本协定对影响私人贸易商进出口的政府措施所规定的非歧视待遇的一般原则行事。”依乌拉圭回合达成的《关于解释 GATT 1994 第 17 条的谅解》，这里的“国营贸易企业”，是一个与“私人贸易商”（private trader）相对的概念，其主要包括两类：一是由缔约方设立或维持的、被授予专有权、特殊权利或特权的国家企业（state enterprise）；二是获得了政府授予的“形式上或事实上的专有权或特权”（formally or in effect exclusive or special privileges）的私人企业，即 CPTPP 意义上的政府指定垄断的私人企业，以及被政府授予其他特权的私人企业。

② 美国在 WTO 框架之内履行美国反倾销反补贴税案裁决时，发布了《关于中国“公共机构”的分析报告》，从中国通过国资委、党组织、高级管理人员任命等途径控制国有企业，来阐述其对“控制”标准的扩大化理解，实际上放宽将中国国有企业被认定为公共机构的标准和范围。上述报告全称是：“Section 129 Determination of the Countervailing Duty Investigation of Circular Welded Carbon Quality Steel Pipe; Light – Walled Rectangular Pipe and Tube; Laminated Woven Sacks; and Off – the Road Tires from the People's Republic of China: An Analysis of Public Bodies in the People's Republic of China in Accordance with the WTO Appellate Body's Finding in WTO DS379”, Office of Policy, Import Administration, Department of Commerce, May 18, 2012。

此举将国有单位与国有企业之间，特别是国有企业之间的正常商业交易，全部纳入补贴规制范围，有助于实现抑制国有企业商业活动的意图，其本质是所有制歧视，故带有明显的“制度非中立”特征和国际政治手段色彩。

【本章小结】

本章对 WTO 反补贴制度与 CPTPP 第 17 章“国有企业和指定垄断”约束的补贴提供者的范围，进行了比较研究。在 WTO 反补贴制度中，约束范围只涵盖政府、公共机构以及其委托与指示的私人机构；国有企业只有构成公共机构时，才能成为补贴提供者而受到约束。根据 WTO 反补贴案件的争端解决实践，政府是指通过行使合法的权力，来管制、控制或监督个体，或限制个体行为的组织，既包括一国的中央政府，也包括各级地方政府。而私人机构基于政府的委托或指示提供补贴的行为，也应视为政府补贴加以约束。政府对私人机构的委托与指示，须有明确具体的对象与内容。就公共机构的认定方面，上诉机构否定了美国主张的“政府控制论”，而采纳了中国提出的“政府权力论”，故美国将国有企业定性为补贴提供者的意图，不能得以概括实现。CPTPP 延续了 WTO 反补贴制度对政府与受委托私人机构的约束，但同时又将 WTO 对公共机构的约束，变更为对国有单位与国有企业的约束。此举一能扩大约束范围，使之外延更宽、边界更清；二能将国有单位与国有企业之间的正常商业交易，全部纳入补贴规制范围。

第四章 判定基准的比较研究

第一节 概　　述

WTO反补贴制度中针对财政资助是否构成补贴的判定基准，与CPTPP关于非商业援助是否成立的判定基准，是基本相同的。判定基准的主要作用，是甄别财政资助或者非商业援助，对市场交易规则的扭曲程度。

一、判定基准的内容

（一）SCM协定的判定基准

SCM协定适用于政府的财政资助行为。它同时规定，只有当财政资助存在"利益"（benefit）时，才构成补贴，WTO成员方可实施反补贴措施。SCM协定中"利益"的重要程度较《东京回合反补贴守则》中的advantage有明显提升。[①]"利益与财政资助的效果有关"，[②]独立于"财政资助"，是决定财政资助是否构成补贴的标准。关于补贴利益的判定，WTO专家组和上诉机构曾指出：

> "利益"一词，意味着某种比较。应当这样理解［利益］，即在获得财政资助的情况下，接受者的状况要比没有财政资助的情况

---

① Petros C. Mavroidis, Patrick A. Messerlin and Jasper M. Wauters, The Law and Economics of Contingent Protection in the WTO, Cheltenham, UK; Northampton, Massachusetts, USA: Edward Elgar, 2008, p. 325.

② Panel Report on Canada – Aircraft Credits and Guarantees, WT/DS222/R, para. 7. 396.

更好,反之接受者就没有[获得]利益。在我们看来,在确定[财政资助]是否授予利益时,市场提供了适宜的比较基础,因为只有通过审查接受者是否以优越于市场提供的条件获得财政资助,才能判断财政资助是否可能扭曲贸易。①

利益存在与否,取决于潜在的接受者或者受益人……对 GATT 1994 第 6 条第 3 款和 SCM 协定第 10 条的脚注 36 的整体考察,使我们得出这样的结论,即在反补贴调查的背景下,判定"利益"的存在,应参考商品生产者能够在市场上获得的……[与]"财政资助"[同类的商品或者服务],所需要支付的市场对价。②

笔者将判定补贴利益的市场基准,简称为"判定基准"。SCM 协定第 14 条构成对判定基准的示例性阐述。"利益一词所暗含的比较是以市场为基础。事实上,SCM 协定第 14 条中所有的比较基准,都和市场条件(market conditions)相关。③ 第 14 条的标题为"根据接受者所获利益来计算补贴金额",包含了"私人投资基准"(第 a 款)、"商业利率基准"(第 b 款与第 c 款)、"市场价格基准"(第 d 款)三项判定基准:

(a)政府提供股本不得视为授予利益,除非投资决定可被视为与该成员领土内私营投资者的通常投资做法(包括提供风险资金)不一致;

(b)政府提供贷款不得视为授予利益,除非接受贷款的公司支付政府贷款的金额不同于公司支付可实际从市场上获得的可比商业贷款的金额。在这种情况下,利益为两金额之差;

(c)政府提供贷款担保不得视为授予利益,除非获得担保的

---

① Appellate Body Report on Canada – Aircraft, WT/DS70/AB/R, para. 157.

② Panel Report on US – Lead and Bismuth Ⅱ, WT/DS138/R, paras. 6.66, 6.69. 美国铅铋钢(二)案专家组上述观点,得到了上诉机构的肯定。Appellate Body Report on US – Lead and Bismuth Ⅱ, WT/DS138/AB/R, para. 58.

③ Panel Report on US – Countervailing Measures on Certain EC Product, WT/DS212/R, para. 7.58.

公司支付政府担保贷款的金额不同于公司支付无政府担保的可比商业贷款的金额。在这种情况下,利益为在调整任何费用差别后的两金额之差;

(d)政府提供货物或服务或购买货物不得视为授予利益,除非提供所得低于适当的报酬,或购买所付高于适当的报酬。报酬是否适当应与所涉货物或服务在提供国或购买国现行市场情况相比较后确定(包括价格、质量、可获性、适销性、运输和其他购销条件)。

SCM 协定通过私人投资基准、商业利率基准与市场价格基准,来"分析企业能否从政府手中获得原本不可能从正常市场条件中得到的经济利益。这被称为'市场投资者'或者'市场债权人'基准,适用于政府扮演市场交易者时的补贴利益判定"。[①] 通过分析财政资助是否存在补贴利益,可以过滤符合商业交易规则的政府行为。

(二)CPTPP 的判定基准

CPTPP 第 17 章专门约束国有企业获得的非商业援助。在 CPTPP 第 17.1 条对"非商业援助"的定义中,如果国有企业的股权投资有悖于私人投资者的通常投资做法(包括风险投资),就构成非商业援助;向国有企业提供的贷款、贷款担保和其他形式的融资,若比该企业可获得的商业贷款更为优惠时,构成非商业援助;向国有企业提供货物与服务,若其价格比该企业可获得的商业价格更为优惠时,构成非商业援助。

简言之,CPTPP 第 17 章使用了与 SCM 协定基本相同的判定基准,即私人投资基准、商业利率基准、市场价格基准,来甄别与相关投资、融资、购销行为是否构成对国有企业的非商业援助。区别在于,在 SCM 协定中,上

① Kelyn Bacon, *State Aids in the English Courts*: *Definition and Other Problems* in Andrea Biondi, Piet Eeckhout and James Flynn (ed.), The Law of State Aid in the European Union, New York: Oxford University Press, 2004, p. 346.

述判定基准独立于"财政资助";[①]而在 CPTPP 中,上述判定基准构成"非商业援助"定义的组成部分。

CPTPP 继承或者说是复制了 WTO 关于判定基准的规定。由于 CPTPP 的规则没有争端解决实践的支持,因此,对于判定基准的理解,还需要结合 WTO 反补贴案件的司法实践。

二、判定基准的制度逻辑

补贴利益本质上是种不公平的竞争优势,受益人的竞争地位并非通过市场竞争而获得改善。"在获得财政资助前后,企业竞争地位得到多大程度的改善,这是在唯一符合协定目的与宗旨下,对 SCM 协定第 1 条第 1 款'利益'一词的解释。"[②]因此,判定补贴利益存在与否的逻辑起点,是"企业在获得财政资助之前,相对于其他竞争者的竞争地位"[③],或者是"假设企业没有获得补贴,它相对于同行,在竞争中所处的市场地位"[④]。笔者将之简称为"受益人的初始竞争地位"。

财政资助要起到改善受益人初始竞争地位的效果,须"以其他竞争者

---

① 这是 WTO 反补贴争端解决实践中反复强调的问题。例如,巴西飞机出口融资项目案中,上诉机构也强调,财政资助和利益是彼此独立的两个法定要件。参见 Appellate Body Report on Brazil – Aircraft, para. 157。在韩国商船案中,韩国主张,一个机构可以既是公共机构也是私人机构,今天它可以作为私人机构并以市场标准提供融资服务,明天它可以公共机构的身份提供财政资助。专家组认为,这使得"私人机构"与"公共机构"之间的区别,完全取决于"利益"授予与否。这有悖于 SCM 协定第 1 条第 1 款对"财政资助"和"利益"的区分。参见 Panel Report on Korea – Commercial Vessels, paras. 7.39,7.49。在加拿大飞机信贷和担保案中,巴西主张加拿大魁北克投资公司(IQ)的贷款担保使相关的航空公司依据魁北克政府的信贷等级得到贷款,所以必然授予利益。专家组认为,巴西的观点无异于任何政府贷款担保必然授予利益,实质就是忽视了"财政资助"和"利益"的区别。参见 Panel Report on Canada – Aircraft Credits and Guarantees, para. 7.396。

② Grossman, Gene M and Petros C. Mavroidis, *Recurring Misunderstanding of Non – recurring Subsidies*, in Henrik Horn and Petros C. Mavroidis(eds.), The WTO Case – Law of 2002: The American Law Institute Reporters' Studies, Cambridge: Cambridge University Press, 2005, p. 86.

③ Conor Quigley, Anthony M. Collins, EC State Aid Law and Policy, Portland: Hart Publishing, 2003, p. 19.

④ Phedon Nicolaides, Mihalis Kekelekis, Maria Kleis, *State Aid Policy in the European Community: Principles and Practice*, Alphen aan den Rijn: Kluwer Law International, 2008, p. 40.

无法在类似情形下获得相同利益为前提"①。该前提具体包括:第一,其他竞争者无法与政府发生相同交易,即政府的财政资助具有专向性;第二,其他竞争者无法通过可比的正常商业交易,从追逐回报的私人企业手中获取相同的利益。

若上述前提得以满足,则分析财政资助是否改善受益人初始竞争地位的问题,就转变为"分析企业能否从政府手中获得原本不可能从正常市场条件中得到的经济利益。这被称为'市场投资者'或者'市场债权人'基准,适用于政府扮演市场交易者时的补贴利益判定"。② 换言之,基准的原始形态即受益人的初始竞争地位,就转变成了"正常市场条件",即市场价格基准;财政资助对受益人初始竞争地位的改善幅度,就可以通过"企业因补贴而实际获取的、本无法从正常市场条件中获得的经济上的好处"③来定量。这是反补贴语境下判定基准的产生逻辑。

事实上,关于补贴利益的判定基准,学界一直存在诸多分歧。"有的观点主张用'商业基准'予以解释,也有观点主张从'政府支出'角度来理解,还有主张从'补贴接受者'角度来分析。"④此外,也有学者认为,政府对经济领域的干预,并非出于商业考虑,而是为了追求公共利益,故应基于政府

---

① Conor Quigley, Anthony M. Collins, *EC State Aid Law and Policy*, Portland: Hart Publishing, 2003, p. 20.

② Kelyn Bacon, *State Aids in the English Courts: Definition and Other Problems*, in Andrea Biondi, Piet Eeckhout and James Flynn (ed.), The Law of State Aid in the European Union, New York: Oxford University Press, 2004, p. 346.

③ Kelyn Bacon, *State Aids in the English Courts: Definition and Other Problems*, in Andrea Biondi, Piet Eeckhout and James Flynn (ed.), The Law of State Aid in the European Union, New York: Oxford University Press, 2004, p. 346.

④ Luca Rubini, *The International Context of EC State Aid Law and Policy: The Regulation of Subsidies in the WTO*, in Andrea Biondi, Piet Eeckhout and James Flynn (ed.), The Law of State Aid in the European Union, New York: Oxford University Press, 2004, p. 164.

公共角色而设计出“公共投资者基准”，来衡量和判定补贴利益。[①] 但最终，WTO 基于上述逻辑，选择了市场作为判定基准，来甄别财政资助或者非商业援助对市场交易规则的扭曲程度。

三、判定基准的变通

（一）变通的必要性

SCM 协定第 14 条对判定基准的示例性阐述，逻辑上并不周延。究其原因，“市场决策本质上是主观判断，天生包含自由裁量，而不是数学计算，而“法律条文并不能完全包裹住市场决策涵盖面广、灵活多变的复杂性……任何标准，无论其措辞多么精准，都不及于实践来得丰富”。[②] 市场行为复杂性与法律规范抽象性之间的矛盾，完全可能导致这样的情况，即个案中不存在符合 SCM 协定第 14 条要求的私人投资基准、商业利率基准、市场价格基准。此时应该如何判定补贴利益呢？SCM 协定付之阙如。由于《关于争端解决的规则与程序的谅解》不允许专家组和上诉机构以

---

① Luca Rubini, *The International Context of EC State Aid Law and Policy*: *The Regulation of Subsidies in the WTO*, in Andrea Biondi, Piet Eeckhout and James Flynn (ed.), The Law of State Aid in the European Union, New York: Oxford University Press, 2004, p. 168. 但“公共投资者基准”的观点也受到很多批评。例如，欧盟法院佐审官（Advocate General）Van Gerven 认为，在公共投资者（public investor）和私人投资者之间，不存在根本性的区分。他认为，私人投资者不可能彻底不受社会、区域或产业政策的影响。在混合经济中，私人和公共行业的利益紧密交织，而工人的利益会得到有效维护。即便是大型的私人控股企业，都不能毫不关心营业地的就业和经济发展情况。这些企业也可能会经常将资金从一家子公司转移到另一家以弥补短期亏损。但是，如果企业在没有慎重的重组计划情况下，就为在生产能力过剩（over - capacity）行业中的子公司承担巨大损失，企业就违背了它向股东、债权人和员工所负的义务。理性投资者需要这样的重组计划，以说明真正存在挽回损失可能性、重新注入资金将会起到效果的。参见 Case C - 303/88, Italy v. Commission [1991] ECR I - 1433, per Advocate General Van Gerven, p. 1459; Case C - 305/89, Italy v. Commission [1991] ECR I - 1603, per Advocate General Van Gerven, p. 1626。也可参见 Conor Quigley, Anthony M. Collins, *EC State Aid Law and Policy*, Portland: Hart Publishing, 2003, p. 35 - 36。

② Luca Rubini, *The Definition of Subsidy and State Aid*: *WTO and EC Law in Comparative Perspective*, New York: Oxford University Press, 2009, p. 220 - 222.

WTO条约内容不够详尽而拒绝裁判,[①]故“要求调查机关认定不存在基准,并作出无法确定利益金额的决定,是不合理的”。[②]

WTO反补贴案件的司法实践已经明确,“在无法落实利益基准的案件中,直接适用第14条会有难度,故成员方调查机关可对判定基准作相当程度的变通”。[③] 除了前述个案中无法获得判定基准的情况外,还有可能发生第14条没有规定的补贴利益判定情形,如政府股权担保(equity guarantees)。[④] 在加拿大飞机信贷和担保案中,专家组提出:

> 加拿大质疑第14条第c款与本案的关联性,因为第c款规定的是贷款担保是否存在补贴利益的问题,而非股权担保。我们认为,尽管第14条第c款明确规定其适用于贷款担保,但是,贷款担保和股权担保在操作上的类似程度,使之在特定情况下也可用于判定股权担保是否存在补贴利益。[⑤]

(二)变通的可行性

理论上,WTO各涵盖协议中的条款可以分为强制性规则与指导性规范两种,后者包含相当范围的自由幅度。[⑥] SCM协定第14条序言规定:“就第五部分而言,调查机关为计算根据第1条第1款受益人获得的补贴

---

① Isabelle Van Damme, *Treaty Interpretation by the WTO Appellate Body*, New York: Oxford University Press, 2009, p. 119.

② Appellate Body Report on US – Anti – Dumping and Countervailing Duties, WT/DS379/AB/R, para. 485.

③ Panel Report on EC – Countervailing Measures on DRAM Chips, WT/DS299/R, para. 7.213.

④ 加拿大飞机信贷和担保案中,魁北克省政府的魁北克投资计划(IQ)中的股权担保(equity guarantee),也有学者翻译成“财产担保”。该案专家组报告的第7.115段、第7.317段和第7.322段提到,此种担保是向购买航空公司股票的投资者(equity investors)提供,能降低投资者在股票市场中的风险,使航空公司相对廉价获得入股资金,以便采购飞机。因此,笔者主张将equity guarantee翻译成“股权担保”更为妥当。

⑤ Panel Report on Canada – Aircraft Credits and Guarantees, WT/DS222/R, para. 7.345.

⑥ Amin Alavi, *Legalization of Development in the WTO: Between Law and Politics*, Kluwer Law International, 2009, p. 56.

利益而使用的任何方法,应在有关成员方国内立法或实施细则中作出规定,个案中这些方法的适用,应保持透明并作充分释明。而且,任何此类方法,都应符合下述指导性规则(guidelines)。”可见,SCM 协定第 14 条对判定基准的示例性阐述,属于指导性规范,而不是没有任何伸缩余地和可能的刚性规则。在美国针叶木材(四)案中,上诉机构指出:

> 专家组认为,第 14 条引言最后一句中“应当”(shall)一词,说明须在符合指导性准则的前提下衡量补贴利益,且该条属于强制性要求。我们同意这个观点。同时我们也认为,“指导性规则”(guidelines)一词说明,尽管具体详细的计算方法尚未明确,但第 14 条对补贴利益的判定作了框架性规定。综上,将这些措辞合到一起,就构成衡量补贴利益的法定考量因素。不过,这并不代表用于判定政府提供货物所得报酬是否适当的具体方法只有一种。因此,第 a 项至第 d 项不能理解为“已经涵盖了所有可能情况的刚性规则”。①

综上,SCM 协定第 14 条的属性,为市场价格基准的合理变通提供了法理依据。而前述判定基准的产生逻辑,也支持了这一点。无论是 SCM 协定第 14 条规定的判定基准,还是其他基准,只要能够准确衡量补贴带来的不公平竞争优势,都可以作为判定基准。加拿大飞机案中,上诉机构也曾将专家组关于市场是“唯一合乎逻辑的基准”的观点,②纠正为“一个适宜的比较基础”。③

（三）变通的边界

欧共体 DRAM 芯片反补贴措施案专家组所称的、对第 14 条“可作相

---

① Appellate Body Report on US – Softwood Lumber IV, WT/DS257/AB/R, para. 92.

② Panel Report on Canada – Aircraft, WT/DS70/R, para. 9.112.

③ Appellate Body Report on Canada – Aircraft, WT/DS70/AB/R, para. 157.

当程度的变通"①中的"相当程度",应当怎么理解？换言之,判定基准变通的边界,又在哪里？

第一,判定基准的变通,应符合 SCM 协定第 14 条的三项要求。日本 DRAMS(韩国)案中,上诉机关指出:

> 第 14 条序言规定了三项要求。第一项要求,是调查机关计算受益人的补贴利益的方法,都应有国内的明文规定。第二项要求,是每一个案件中,上述方法的适用应保持透明并作充分释明。第三项要求,是上述方法应与第 14 条第 a 款至第 d 款的指导性规则相一致。……在我们看来,第 14 条并没有要求上述方法应[在国内立法或实施细则中]详细列出。个案中使用的方法,只要能从国内立法或实施细则中推导出来,或者分析出来,就可以认为是满足了序言的要求。②

该案中,上诉机构进一步指出,任何变通都不可违背 SCM 协定第 1 条第 1 款第 b 项的基本框架,即应在财政资助与市场基准之间进行比较,并据此否定了韩国提出的"内部投资者标准"。韩国认为基于公司外部投资者(新投资者)和内部投资者(原投资者)的不同心理期望,在公司濒临破产之情势下,外部(新)投资者只有在能够全额收回投资的情况下才愿意投资,而公司内部(原)投资者已经明知他们不可能全额受偿,因此可以根据内部投资者的标准计算利益。鉴于各方都同意内部投资者标准是适合本案案情的合理市场基准,专家组没有审查内部投资者标准是否符合 SCM 协定第 1 条第 1 款第 b 项和第 14 条。③ 但上诉机构认为,不能从区分内外部投资者的角度来设定比较基准,而应当将获得财政资助的对价,与自由市场交易时应支付的对价进行比较。虽然有的情况下市场远未成熟,有的

---

① Panel Report on EC – Countervailing Measures on DRAM Chips, WT/DS299/R, para. 7. 213.

② Appellate Body Report on Japan – DRAMs(Korea), WT/DS336/AB/R, paras. 190, 192.

③ Panel Report on Japan – DRAMs(Korea), WT/DS336/R, paras. 7. 305, 7. 310, footnote 512.

情况下设置市场基准并进而作出比较确有难度，但这都不能改变基本的分析框架。上诉机构认为没有必要去分析内外部投资者的区别标准，判定基准只有一个，即理性投资者所采用的市场标准。上诉机构指出，SCM 协定第 14 条第 a 款的私人投资基准，以及第 b 款的商业利率基准，都没有对“内部”或“外部”投资者作出区分，而是建议主管机关通过对比财政资助的条款和相关市场——包括内部、外部、或可能兼属内外部的理性投资者——提供的条款，来计算受益人所获利益。①

值得一提的是，SCM 协定第 14 条序言里的“方法”，是指根据判定基准的变通，而展开的新的比较方法，如日本 DRAMS（韩国）案专家组和上诉机构认可的、对私人投资基准的变通，以及相应的比较方法：

> 调查机关可以搜集有关市场价格的证据，将之与获得财政资助所需要支付的对价作比较，并在此基础上作出利益判定，这是本案韩国所主张的方法。除此之外，调查机关还可以根据证明财政资助是否基于商业目的的证据，来判定利益是否存在，这是本案日本调查机关所采用的方法。我们认为，两种证据都可用于判定补贴利益：第一种方法中关于市场价格的证据，支持了市场基准的设立，故可据此判定财政资助的条件是否较市场价格更为优惠；第二种方法假设市场基于商业目的运作，所以证明财政资助并非基于商业目的的证据，也一并证明了获得财政资助的条件优于市场价格。根据案件的具体情况，调查主管机关还可以采信有同等证明力的其他证据。[475]
>
> ---
>
> [475] 调查机关可能同时面对上述两种证据，且两种证据的结论可能相左。例如，财政资助虽然不是基于商业目的而提供，却符合市场惯例。这种情形下，主管调查机关必须权衡证据的证明力。但本案情

① Appellate Body Report on Japan – DRAMs (Korea), WT/DS336/AB/R, paras. 172 – 174.

况并非如此。①

在该案中，日本调查机关采用的两个数学公式，是否构成第 14 条序言中的“方法”，争议双方产生了分析，专家组的结论最终也被上诉机构否定。日本调查机关采用的公式一是 $ib = (1 + if)[(1 - qn)/(1 - pn)]1/n - 1$，其中 n 为贷款偿还期，ib 为信用不可靠公司的利率（标准利率），if 为信用可靠公司的利率，pn 为 n 年中信用不可靠公司的拖欠率，qn 为 n 年中信用可靠公司的拖欠率。公式二是 $Ak = \{y/n + [y - (y/n)(k - 1)]d\}/(1 + d)$，$Ak$ 为在 k 年中累计得到的补贴额，y 为补贴总额，n 为有效期，d 为贴现年率，k 为补贴分配的年份，收到补贴的年份为 1，且 $1 \langle k \langle n$。② 专家组认定两个公式是第 14 条引言中的“方法”，而日本调查机关没有将之规定在日本国内立法或者实施细则中，违反了 SCM 协定第 14 条。专家组的上述裁定被上诉机关推翻。上诉机关认为，公式一用于计算基准利率（benchmark interest rate），公式二用于分配利益（allocate benefit over time），故系日本调查机关计算 Hynix 公司获得的补贴利益总量时，所使用方法的组成部分或者要素（components or elements of the methods）。两个公式不构成 SCM 协定第 14 条序言意义上的“方法”。③

第二，判定基准的变通必须是合理的。欧共体 DRAM 芯片反补贴措施案中，欧共体认为，基于韩国现代半导体公司（Hynix）的财务状况，没有投资者愿意向韩国现代半导体公司提供贷款、贷款担保、出资入股等形式的商业融资，因为投资者收回投资的可能性很小。在 SCM 协定第 14 条第 a 款要求作为比较基准的“私营投资者的通常投资做法”，在本案中无法落实。因此，欧共体认为，根据本案的特殊情况，向韩国现代半导体公司提供的融资，无论任何形式，无论具体合同条款，都应等同于风险投资，应当将

---

① Panel Report on Japan – DRAMs（Korea），WT/DS336/R, paras. 7.273 – 7.276, para. 7.276, footnotes 475. Appellate Body Report on Japan – DRAMs（Korea），WT/DS336/AB/R, para. 229.

② Panel Report on Japan – DRAMs（Korea），WT/DS336/R, paras. 7.329, 7.332.

③ Appellate Body Report on Japan – DRAMs（Korea），WT/DS336/AB/R, paras. 194 – 195.

之视为赠款。专家组也同意,在无法落实利益基准的案件中,直接适用第14条的计算方法,的确存在难度;成员方调查主管机关在决定合理计算方法时可作相当程度的变通。但是,专家组同时指出,上述变通必须具备起码的合理性,而本案欧共体提出按赠款计算,不符合此项要求。专家组认为,欧共体必须选定基准并据此来计算利益数额,这个基准可以是韩国国内的,也可以是其他国家的,如垃圾债券或兀鹫基金。但无论欧共体使用什么方法,都必须体现韩国现代半导体公司得到的利益是低于赠款的。[①]

第三,判定基准的变通必须符合"近似性"标准。上诉机构在美国针叶木材(四)案中特别指出,当选择国际市场参考价格或者结构价格而非本国市场价格作为替代基准时,调查机关应保证该基准与卖方当时国内市场行情具有可比性,且必须反映第14条第d款所要求的价格、质量、可获性、适销性、运输和其他购销条件。换言之,在对第d款进行变通即选择其他国家的市场价格作为比较基准时,必须保证变通时的基准与第d款规定基准之间的相似性。[②] 而在美国反倾销反补贴税案中,上诉机构则指出:

> 在美国针叶木材(四)案中,上诉机构指出……第14条第d款的规定"并未要求在每种情况下均使用供货国市场的私营价格"……在特定情况下可允许使用外部基准,但该外部基准需要与第14条第d款规定的条件近似……将第14条第b款解释为一概要求比较与被调查贷款相同币种的贷款,会导致在所有的相同币种贷款均因政府干预而扭曲的情况下,发生与被政府扭曲的贷款之间的比较,从而破坏第14条第b款的宗旨……在某些情况下应允许调查机关在第14条第b款项下使用"公司可实际从市场获得的可比商业贷款"以外的基准。但是,此类基准与"公司

① Panel Report on EC - Countervailing Measures on DRAM Chips, WT/DS299/R, paras. 7.211 - 7.213.

② Appellate Body Report on US - Softwood Lumber Ⅳ, WT/DS257/AB/R, paras. 106, 108, 109.

可实际从市场获得的可比商业贷款”近似。①

上诉机构进一步指出，为了保证变通后的基准与第 14 条规定基准“近似性”，应对变通基准进行调整：

> 我们特别强调，对第 14 条第 b 款项下基准的选择也具有一定的灵活度，从而确保在利益判定时所作的比较是有意义的。同时，当调查机关使用以其他币种提供的贷款作为基准或替代基准时，调查机关必须确保此类基准已经经过调整并接近于“可比商业贷款”。此外，根据第 14 条引言，调查机关还必须对任何此类方法，及其如何使其他币种贷款或替代基准接近于“公司可实际从市场上获得的可比商业贷款”，作出透明且充分的说明。②

可见，“调整”首先是为了确保市场基准（如基准贷款）与财政资助（如被调查贷款）两者具有可比性。在美国反倾销反补贴税案中，上诉机构还揭示了“调整”的另一层意义，即在对 SCM 协定第 14 条作必要变通时，确保调查机关变通后的基准和 SCM 协定第 14 条所规定的理想基准之间的“近似性”：

> 我们还认为，离相同或基本相同的理想贷款基准越远，调查机关所需作出的调整就越多，才能保证基准贷款与第 14 条第 b 款规定的“可实际从市场上获得的可比商业贷款”近似。正如前述讨论的那样，我们认为这符合且类似于上诉机构在美国针叶木材（四）案中所确认的第 14 条第 d 款之要求，即当调查机关未使用买卖交易发生地国内市场的私有价格时，所选择的利益计算方法，仍然与买卖交易发生地当时国内市场行情有关、有涉或有联系。③

---

① Appellate Body Report on US – Anti – Dumping and Countervailing Duties, WT/DS379/AB/R, paras. 483 – 484.

② Appellate Body Report on US – Anti – Dumping and Countervailing Duties, WT/DS379/AB/R, para. 489.

③ Appellate Body Report on US – Anti – Dumping and Countervailing Duties, WT/DS379/AB/R, para. 488.

换言之,判定基准的变通,既要符合 SCM 协定第 14 条的三项要求,又要符合欧共体 DRAM 芯片反补贴措施案中提出的“起码合理性标准”,与美国反倾销反补贴税案中提出的“近似性”标准。这是变通判定基准的边界。

综上,SCM 协定与 CPTPP 第 17 章规定了基本相同的补贴利益判定基准。基准的作用,是衡量政府的财政行为或者援助行为,是否给予了受益企业不公平的竞争优势,进而判定相关机构的行为是否构成政府补贴或者非商业援助。SCM 协定与 CPTPP 对判定基准的示例性阐述,在逻辑上都是不周延的,故其存在变通的必要性;同时,由于其性质属指导性规范而非强制性规则,故存在变通可行性。对判定基准的变通,存在合理性边界,且须符合近似性标准。由于 CPTPP 没有争端解决实践,故对于判定基准的理解,需结合 WTO 专家组与上诉机构在反补贴案件中的法律解释。

第二节　私人投资基准

政府或者其他相关机构向企业投资入股(以下简称政府投资),[①]属于 SCM 协定所定义的财政资助,也构成 CPTPP 意义上的援助。这里的政府投资,指政府“直接向企业注资入股”,而非“从第三方手中购买股权”。[②]政府或者其他相关机构直接向企业注资入股的情况下,财政资助的接受者是被注资的企业,判定是否授予利益时,比较的是相同情境下政府与私人投资者的投资决定,在 SCM 协定框架内应适用第 14 条第 a 款;而政府或者其他相关机构从第三方手中购买股权的情况下,财政资助的接受者是股权交易的卖方即原股东,判定是否授予利益时,比较的是实际的股权交易价格与市场价格,而应适用第 14 条第 d 款。上述理解也可以美国商务部《反补贴税最终法规》第 351 部分第 507 节第 a 小节第 2 段第 i 款中得到印

---

① 受 SCM 协定约束的补贴提供者,以及 CPTPP 非商业援助的提供者,都不限于政府。为行文简洁,本章统称为“政府”。

② SCM 协定用的表述是“equity infusion”(第 1 条)与“government provision of equity capital”(第 14 条),CPTPP 第 17.1 条中的表述是“direct transfers of equity capital”。

证。[①] 该条款是关于政府投资(equity infusion)是否构成补贴的规定。它将政府投资解释为“政府为新股支付的价格”(newly issued shares)。美国商务部还特别说明,二级市场价格不能作为它的比较基准。[②] 可见,“直接向企业注资入股”与“从第三方手中购买股权”存在较大差别。这里讨论的政府投资仅指前者。

一、私人投资基准的基本框架

根据 SCM 协定第 14 条第 a 款,有悖于“私人投资者的通常投资做法”的政府投资,构成政府补贴;根据 CPTPP 第 17.1 条,国有企业获得的、有悖于“私人投资者的通常投资做法”的政府投资,构成非商业援助。笔者将“私人投资者的通常投资做法”简称为“私人投资基准”。私人投资基准总体上可以区分政府投资是否异于私人投资,及投资目标是追求商业利润最大化,还是追求社会福利最大化,故成为关于政府投资是否构成补贴或非商业援助的判定基准。政府投资是应对市场失灵的手段之一,为世界各国普遍采用。以私人投资基准判定补贴利益,被视为“最复杂的反补贴法适用问题之一”。[③]

如何确定私人投资基准,SCM 协定与 CPTPP 协定都语焉不详。由于此项基准的主体即私人投资者是不特定的,加之投资决策在很大程度上取决于对未来的主观判断,因此,相对于其他两项基准,即商业贷款利率和市场价格基准而言,私人投资基准更为抽象、主观,且涉及经济学角度的考量甚于法律层面的逻辑推理。投资行为的复杂性决定了私人投资基准应具备相当程度的灵活性,但作为法律规范,私人投资基准则应当概念明确、边界清晰,可预见性大于灵活性。如何解决这个矛盾,以约束调查机关的自

---

① 19 C. F. R. §351.507.

② 事实上,美国商务部《反补贴税最终法规》1997 年草案将二级市场价格作为政府为新股所支付价格的比较基准。但最终美国商务部还是删除了这个规定,明确仅一级市场的“私人投资价格”才可作为比较基准。参见 *Explanation of the Final Rules*, Federal Register, Vol. 63, No. 227(1998), p. 65348 - 65418, at 65373。

③ Explanation of the Final Rules, Federal Register, Vol. 63, No. 227(1998), p. 65348 - 65418, at 65373.

由裁量范围并避免同案不同判的窘境,已经越来越受到 WTO 成员方的关注。多哈回合也有关于细化与澄清“私人投资基准”的议案,但没有进展。①

另外,WTO 争端解决机构从法解释学角度,建立了“私人投资基准”的基本框架。在日本 DRAMS(韩国)案中,专家组和上诉机构认可两种证据可以代表“私人投资基准”。一是投资市场中的同类交易价格;二是关于政府投资动机的证据,若证明政府投资并非基于商业动机,则说明企业所接受的政府投资,较正常商业投资更为优惠。②

> 调查机关可以搜集有关市场价格的证据,将之与获得财政资助所需要支付的对价作比较,并在此基础上作出利益判定,这是本案韩国所主张的方法。除此之外,调查机关还可以根据证明财政资助是否基于商业目的的证据,来判定利益是否存在,这是本案日本调查机关所采用的方法。我们认为,两种证据都可用于判定补贴利益,第一种方法中关于市场价格的证据,支持了市场基准的设立,故可据此判定财政资助的条件是否较市场价格更为优惠;第二种方法假设市场基于商业目的运作,所以证明财政资助并非基于商业目的的证据,也一并证明了获得财政资助的条件优于市场价格。根据案件的具体情况,调查主管机关还可以采信有

---

① 在多哈回合的谈判中,美国提出第 14 条第 a 款并未明确下列问题,即“一国政府可以对私营企业进行投资吗?投资的前提条件是什么?如果说某些欠发达国家中,政府投资私营企业的原因,是资本市场的特质,那么,在资本市场充分发展的国家,原因又是什么?在资本市场充分发展的国家里,如果有合理理由相信公司具有盈利能力,那么,这样的公司不可能无法获得商业投资”。参见美国提案“Subsidies Disciplines Requiring Clarification and Improvement”,Communication from the United States ,TN/RL/W/78,19 March 2003;For similar US statements, see US Communication, TN/RL/W/27, 22 October 2002; and “Special and Differential Treatment and the Subsidies Agreement”, TN/RL/W/33, 2 December 2002, available at http://docsonline. wto. org, visited on 20th February 2015。

② Panel Report on Japan – DRAMs(Korea), WT/DS336/R, paras. 7. 273 – 7. 276, para. 7. 276, footnotes 475. Appellate Body Report on Japan – DRAMs(Korea), WT/DS336/AB/R, para. 229. 在此之前,韩国商船案专家组也曾通过审查国有银行“债转股”式的投资入股,是否基于商业动机来完成利益判定。Panel Report on Korea – Commercial Vessels, WT/DS273/R, paras. 7. 428, 7. 493.

同等证明力的其他类别证据。[475]

[475] 调查机关可能同时面对上述两种证据，且两种证据的结论可能相左。例如，财政资助虽然不是基于商业目的而提供，却符合市场惯例。这种情形下，主管调查机关必须权衡证据的证明力。但本案情况并非如此。

曾对多边贸易规则的形成产生过重要影响的美国与欧盟，在其悠久的反补贴历史中有着关于私人投资基准的丰富实践。美国《1930 年关税法》第 771(5)(E)(i)节、美国商务部《反补贴税最终法规》第 351 部分第 507 节、欧盟《2009 年 6 月 11 日关于抵制来自非欧共体成员方补贴产品进口的第 597/2009 号理事会条例》(以下简称《第 597/2009 号理事会条例》)第 6 条第 a 款、《指导规范》第 E(f)节都有着较 SCM 协定第 14 条第 a 款更为详尽的规定。此外，欧盟竞争法中有个部门法称为国家资助法(State Aid Law)。它以《欧共体条约》第 87 条和第 88 条为核心，旨在规制影响欧盟内部贸易的各成员国补贴政策。① 在国家资助法(State Aid Law)的司法实践中，"为了评估政府的财政措施或者投资是否授予特定企业以利益，进而构成国家资助，实践中逐渐形成了'私人投资者'原则"②：如果能证明"与提供财政资助的公共部门同等规模的私人投资者"，③"根据市场规则，愿意作出与政府相同的入股决策，那么，政府入股就不能视为国家资助"。④

① 王晓晔：《市场失灵时的国家干预——欧盟竞争法中的国家援助》，载《国际贸易》2000 年第 3 期。欧盟国家资助法有别于欧盟反补贴法，后者以《第 597/2009 号理事会条例》与欧委会《指导规范》为核心，适用于针对非欧盟国家进口到欧盟产品的反补贴调查。参见 Konstantinos Adamantopoulos, María J Pereyra - Friedrichsen, *EU Anti - subsidy Law & Practice*, Bembridge: Palladian Law Publishing Ltd, 2001, p. 106。

② Phedon Nicolaides, Mihalis Kekelekis, Maria Kleis, *State Aid Policy in the European Community: Principles and Practice*, Alphen aan den Rijn: Kluwer Law International, 2008, p. 23.

③ Case C - 278 - 280/92, Spain v. Commission ECR I - 4103, para. 21.

④ Case C - 303/88 Italy v. Commission ECR I - 1433, paras. 20 - 24; Case T - 358/94 Air France v. Commission ECR Ⅱ - 2109, para. 70.

这些实践有助于充实与丰富“私人投资基准”的基本框架。[①]

二、私人投资价格

(一)概述

上诉机构在加拿大飞机案中指出,“在确定财政资助是否授予利益时,市场提供了比较的适当基础”。[②] 当政府与私人投资者合资,以相同的条件向企业共同入股,就不能认定政府行为有悖于私人投资基准。[③] 因此,投资市场中私人投资者获得相同或类似新股所需要支付的价格(以下简称私人投资价格),是最直观、最有效的判定基准。

专家组和上诉机构在日本 DRAMS(韩国)案中所建立的上述框架,将私人投资价格作为首选的判定基准。美国商务部《反补贴税最终法规》第351 部分第 507 节第 a 小节第 2 段进一步明确,私人投资价格应与政府投资同时发生。[④] 欧委会《指导规范》第 E(f)(iii)节有类似规定。在韩国商船案中,就债务人大宇造船与海上工程公司(Daewoo Shipbuilding and Marine Engineering)重组过程中,债转股是否存在补贴利益这个问题,专家组指出,应当以债转股发生时的私人投资价格作为基准。债转股发生时,大宇公司的股份已经不能在资本市场上公开交易了,所以欧共体主张的资本市场中的私人投资价格不能作为判定基准。[⑤]

(二)股权比例限制

用作基准的私人投资价格,是否须以该投资者的全部股权占总股本一定比例为前提?为保证私人投资价格的代表性和可信度,美国商务部《反

---

① 欧盟国家资助法虽不属于反补贴法的范畴,但其有关“私人投资者原则”的实践,也是有益参考。欧委会《指导规范》第 E(f)(ii)节亦主张“应同时考虑欧委会有关国家资助政策的实践”。

② Appellate Body Report on Canada - Aircraft, WT/DS70/AB/R, para. 157.

③ Phedon Nicolaides, Mihalis Kekelekis, *Maria Kleis*, *State Aid Policy in the European Community: Principles and Practice*, Alphen aan den Rijn: Kluwer Law International, 2008, p. 27 - 29.

④ 19 C. F. R. § 351. 507.

⑤ Panel Report on Korea - Commercial Vessels, WT/DS273/R, paras. 7. 488, 7. 491.

补贴税最终法规》第 351 部分第 507 节第 a 小节第 2 段第 iii 款规定了“显著比例”(significant participation)的抽象要求。[①]

WTO 尚未有案件直接讨论这个问题。但韩国商船案曾涉及另一种财政资助,即“贷款担保”项下的类似问题。该案专家组认为,将某个私人银行的利率作为利益判定基准,无须以该银行占有一定比例的市场份额为前提;只要价格是在正常市场交易中形成即可选作基准。[②]

笔者认为,在多个私人价格之中选取私人投资基准时,同等条件下入股比例较高的私人投资价格,可以被认为更具代表性而优先选为基准;但不宜设置入股比例的最低标准,来拒绝部分私人价格成为适格基准。首先,入股比例的高低,与私人投资价格能否真正代表市场价格之间没有必然因果关系。入股比例高,并不等于所对应的投资价格未被扭曲,反之亦然。仅以入股比例较低为由,就推定该私人投资价格已被扭曲,进而采用更为主观的比较基准,如结构价格,会为调查机关滥用自由裁量权、实现贸易保护主义目的大开方便之门。其次,以入股比例设限,错误地倒置了举证责任。根据“理性经济人”的经济学基本假设,私人投资者在接受某个投资入股价格时,是基于自身利润最大化考量的,投资市场中的其他主体亦同。上述形成价格的市场机制正常运行,是讨论的逻辑起点。事实上,美国商务部《反补贴税最终法规》第 351 部分第 507 节第 a 小节第 4 段第 ii 款也承认,除非相反证据,否则理性私人投资者的投资决定都有客观充分的依据。如果某个具体的低比例私人价格受到扭曲而不宜作为私人投资基准,那么,应当由调查机关或者反对该私人价格的当事方承担举证责任,而不应要求提供私人投资价格的当事方,提供额外的补强证据,更不该笼统否定部分低比例的私人价格。

---

① 美国商务部有关“显著比例”的代表案件,是 *Small Diameter Circular Seamless Carbon and Alloy Steel Standard*, *Line and Pressure Pipe from Italy*, Federal Register, Vol. 60, No. 221 (1995), p. 31992 - 32105, at 31994。

② Panel Report on Korea - Commercial Vessels, WT/DS273/R, paras. 7. 139, 7. 141, 7. 153, 7. 155.

(三)外部投资者标准

作为基准的私人投资价格,应当是内部投资者(即政府投资之前已成为股东的私人投资者)追加投资的股权价格,还是外部投资者的新入股价格?美国商务部和美国国际贸易法院的做法,是选择外部投资者即“尚未与公司有任何关联”的投资者。[①]

在WTO争端解决机构审理的日本DRAMS(韩国)案中,申诉方韩国和该案专家组以财政资助与比较基准之间应当具有可比性为依据,认为应当区分政府是新投资还是追加投资,分别选择外部投资者或内部投资者作为比较基准;当公司濒临破产之时,外部投资者只有在能够全额收回投资的情况下才愿意投资,而公司原投资者已经明知他们不可能全额受偿,两者的投资考量有所不同;考虑到该案中政府本来就是股东,所以应采内部投资者作为比较基准。[②] 这不同于美国所采纳的外部投资者标准。但最终WTO上诉机构并没有采纳韩国和专家组的上述观点:

> 我们不认为区分内外部投资者,有助于建立衡量SCM协定第1条第1款第b项和第14条项下利益总量的合适基准。……尤其针对“政府提供股本金”,第14条第a款规定,此类投资入股“不得视为授予利益,除非投资决定可以被视为有悖于该成员领土内私人投资者的通常投资做法”……据此,第14条第a款项下的比较基准是“私人投资者的通常投资做法”……上述基准没有对内部或外部投资者进行区分。而且,我们建议调查机关通过比较接受财政资助的条件与相关市场中的价格——该市场由理性投资者组成,他们可以是内部投资者,也可以是外部投资者,或者

① 如果找不到这样的外部投资者,美国商务部会进行“投资价值判定”,其中包括采用“预期效用模型”(Expected Utility Model),从理性投资者角度判定公司的预期盈利可能性,但不考虑该投资者曾经对公司的投资。

② Panel Report on Japan – DRAMs(Korea),WT/DS336/R, paras. 7.305,7.307,7.312.

两者都有——来计算受益人获得的利益金额。[①]

对 SCM 协定第 14 条第 a 项的上述解释中，上诉机构强调了“理性投资者”的概念。何为“理性”？微观经济学提供了非常合理的答案：“经济学家通常假设人们是理性的。理性的人，会有步骤、有目的地将事情做到最优。”[②]投资者如果陷入了沉没成本效应，因顾及已经投入的股本，而罔顾被投资企业亏损的事实，继续追加投入，则显然不是“理性投资者”，故不能成为私人投资基准。除了沉没成本之外，内部投资者与外部投资者的投资考量基本一致。据此，笔者认为上诉机构所谓“理性投资者”标准，实质是外部投资者标准。

（四）私人投资的结构价格

若无合适的私人投资价格，有些国家允许采用“私人价格构造法”，即人为构造或者推测一个私人投资的结构价格。结构价格在反倾销调查中多用于计算正常价值，[③]也常用作补贴利益的判定基准。例如，在美国反倾销反补贴税案中，上诉机构曾明确接受结构价格作为衡量政府贷款的判定基准：

> 我们认为，第 14 条第 b 款并未排除这样的可能性，即把不是实际在企业住所地市场中获得的商业贷款的利率，如其他市场中的贷款或者结构价格，作为比较基准。[④]

笔者反对采用结构价格作为私人投资基准。第一，投资行为的复杂性

---

① Appellate Body Report on Japan – DRAMs (Korea), WT/DS336/AB/R, paras. 172 – 173.

② N. Gregory Mankiw, *Principles of Microeconomics*, Mason: South – Western Cengage Learning, 2008, p. 6.

③ Van Bael & Bellis, *Anti – dumping and Other Trade Protection Laws of the EC*, Hague: Kluwer Law International, 2004, p. 64. Wolfgang Müller, Nicholas Khan, Tibor Scharf, *EC and WTO Anti – dumping Law: A Handbook*, New York: Oxford University Press, 2009, p. 110.

④ Appellate Body Report on US – Anti – Dumping and Countervailing Duties, WT/DS379/AB/R, para. 480.

决定了私人投资价格较其他基准更为抽象、主观,且涉及经济学角度的考量甚于法律层面的逻辑推理。准确计算私人投资的结构价格,既需要财务管理、投资学等诸多专业知识,又需要准确、完整地还原政府投资时的市场信息,以及对上述知识与信息娴熟运用和计算的能力与经验。而反补贴调查程序存在时间、空间、信息等诸多限制,难以达到上述要求;最佳可得信息规则明显无助于上述知识与信息的全面整合。因此,在反补贴调查程序中准确计算私人投资结构价格的难度很大。考虑到反补贴调查是基于国内产业的申请、由进口国政府来进行的,"私人价格构造法"很容易异化为贸易保护主义工具。第二,政府投资的公司或者项目未同时吸纳私人资本,最有可能发生的情况是所投资的公司或者项目缺乏可预见的商业前景,尤其在资本市场充分发育的国家更是如此。结构价格的合理性依据,是推定投资者以低价购买无可预见前景的公司所发行的新股,是可能获得股息和股本增值等回报。但实际上,由于公司并无可预见前景,很少有外部投资者愿意购买这样的新股;同时,当公司经营状况恶化到被视为无可预见前景的时候,公司所发行的新股,通常较之公司创立时发行的股份,价格必然更为低廉,再加上新股会稀释原股权与潜在收益,因此原股东就发行与购买新股的意愿也不可能强烈。① 简言之,投资者购买无可预见前景的公司新股,是低概率事件,人为构造这样的投资价格并无必要。综上,无论从可行性还是必要性角度,结构价格都不应当被用作私人投资基准。

三、投资入股的商业动机

(一)概述

"当公共机构和私人投资者同时以相同的条件做了类似的投资,则可以推定公共机构是理性行事以赚取合理回报,即便最终所投资的企业遭受

① *Explanation of the Final Rules*, Federal Register, Vol. 63, No. 227 (1998), p. 65348 - 65418, at 65348, 65372 - 65374.

了亏损也是如此。”[①]但是,若政府投资入股的企业并未吸收私人资本,或者投资市场中很难获得同类项目的私人投资价格,或者在某些特殊情况下难以寻找私人投资价格,[②]那么,根据前述“私人投资基准”的基本框架,调查机关还可以通过审查政府投资是否基于商业动机,来判定是否存在补贴利益。

何为“商业动机”? 美国商务部《反补贴税最终法规》第 351 部分第 507 节第 a 小节规定:“原则上,如果不能获得本节第 a 小节第 2 段项下的具体私人价格,商务部将判定政府入股的公司,在入股时是否具有投资价值……如果理性的私人投资者认为,投资政府投资入股的公司或者具体项目,有望在合理的期限内,获得合理的回报,那么,该公司或者具体项目,才能被认定为有投资价值。”[③]类似地,欧委会《指导规范》第 E(f)(iv)节也将考察“政府对投资回报的实际期望”,作为判定商业动机的核心。欧盟国家资助法的实践亦同:“公司的财务状况,尤其是债务结构和数量,决定了在合理期间内不可能产生正常投资回报,但政府仍然入股,构成国家资助。”[④]从欧美的实践中不难发现,商业动机的内涵应指投资者主观上存在

---

① Phedon Nicolaides, Mihalis Kekelekis, Maria Kleis, *State Aid Policy in the European Community: Principles and Practice*, Alphen aan den Rijn: Kluwer Law International, 2008, p. 24.

② 政府“债转股”是一个典型的例子。在开放的市场条件下,寻找私人投资价格相对容易些。但债务人重组时的“债转股”,却是一个相对封闭的情境,调查机关很难在资本市场中找到相应的股价作为私人投资基准。更何况,基于债务人重组的特殊情况,债转股作价很有可能背离资本市场的股价。此外,债权人还有可能都是政府或者公共机构。如果债务人重组的背景越特殊、越复杂,外部模拟就越困难,基于“对于投资回报的合理预期”“该投资计划的记录”“接受政府入股的企业的经济情况”等信息,对“私人投资者的通常投资做法”的推测,也愈加不可靠。因此,通过审查政府“债转股”这种特殊的投资方式是否基于商业动机,来判定政府行为是否构成补贴,是兼具可行性与合理性的做法。

③ 但是,即便认定政府入股的公司或者具体项目具有投资价值,也不表示政府的投资行为就一定符合“私人通常投资做法”。根据美国商务部《反补贴税最终法规》第 351 部分第 507 节第 a 小节第 5 段规定,在作出肯定的投资价值认定之后,美国商务部会审查政府投资后获得的股份是否存在特殊限制。若政府股份的权利内容,与私人股份完全一致,美国商务部才会最终认定政府的投资行为符合“私人通常投资做法”。参见 *Explanation of the Final Rules*, Federal Register, Vol. 63, No. 227(1998), p. 65348 – 65418, at 65371, 65374。

④ Conor Quigley, Anthony M. Collins, *EC State Aid Law and Policy*, Portland: Hart Publishing, 2003, p. 33.

“投资回报的合理期望”。

（二）投资回报

根据欧委会《指导规范》第 E(f)(ii) 节与美国商务部《反补贴税最终法规》第 351 部分第 507 节第 a 小节第 4 段第 i 款的规定，政府期望的投资回报是否合理，应从私人投资者的角度来判定。“经济学家通常假设人们是理性的。理性的人，会有步骤、有目的地将事情做到最优……企业为使利润最大化，要决定雇用工人数量以及决定生产和销售的产品数量……个人为实现最高水平的满足程度，要决定工作时间的长短，以及决定使用工作收入购买哪些商品和服务。”①根据上述“理性经济人”假设，作为利益判定基准的私人投资者只考虑获得经济回报的可能性，而不考虑所有的社会、区域和产业政策，②“不在意自己在提供就业岗位、提高生产力、员工培训、拓展研发、提高区域投资、保护环境等方面做得多么值得赞美或多么有价值”。③

而单纯挽救被投资的公司免于破产，或追逐社会福利的最大化，不属于“投资回报”的范畴。例如，在西班牙诉欧委会案中，欧盟法院认为，西班牙政府对其持股的纺织和鞋类企业注入资金，且金额大于这些公司清算后的价值，说明西班牙政府支持企业继续经营下去的目的，是在不裁汰冗员的情况下保证员工福利。这不构成对投资回报的合理期望，因而有悖于私人投资基准。④

除了投资利润之外，减免损失也可以成为投资回报的内容，尤其“债转股”式的投资。正如欧盟法院所阐述，“公司债转股重组计划，实际上减免了其向（国有）银行所负的债务，但这些国有银行的行为并不构成国家资

---

① N. Gregory Mankiw, Principles of Microeconomics, Mason: South – Western Cengage Learning, 2008, p. 6.

② Case C – 278 – 280/92, Spain v. Commission ECR I – 4103, para. 21; Case C – 482/99, France v. Commission ECR I – nyr, para. 70; Case T – 296/97, Alitalia v. Commission ECR Ⅱ – 3871, para. 81.

③ Case T – 358/94 Air France v. Commission ECR Ⅱ – 2109, para. 55.

④ Case C – 278 – 280/92, Spain v. Commission [1994] ECR I – 4103, para. 22.

助，因为其行为是有商业理由的：如果这家公司破产的话，银行的损失会更大”；[1]“由于债务人深陷债务之中，已经不可能归还了，国有银行因此将债权转变成对债务人的股份，这并未向企业授予任何利益”。[2] 韩国商船案专家组也曾提出，应通过分析每项“债转股”决策是否有助于债权人挽回损失，来判定政府“债转股”这种特殊的投资行为是否构成补贴。[3] 当然，如果政府或者国有银行此时还追加股本金投入或发放新的贷款，则另当别论。

（三）合理期望

1. 期望值的计算

“投资回报的合理期望”并不等于期望利润的实际获得，而是指政府在投资入股时，依据当下的信息，有理由产生对投资利润的合理期望。在欧共体及其若干成员国大型民用飞机案中，上诉机构指出：

> 投资者基于未来收益预期而投入资源。在决定是否就某特定项目投入资源时，投资者会考虑其他投资机会。投资者的投资决策，基于投资时有关市场条件、未来经济走势预期（如产品的未来需求和价格、未来成本）等信息。在多数情况下，投资者获得的信息是不完备的。投资者不可能拥有完美的预见能力……商业合理性判定应当基于投资时投资者可以获得的信息来进行，而不能基于投资的后续结果，后者对投资决策实际没有帮助。[4]

这一点在欧美反补贴规则也相当明确。美国商务部《反补贴税最终法

---

① Case T - 123/97, Salomon SA v. Commission ECR Ⅰ - 2925, para. 68.

② Case T - 110/97, Kneissl Dachstein Sportartikel AG v. Commission ECR Ⅱ - 2881, paras. 119 - 121, CaseT - 123/97, Salomon SA v. Commission ECRII - 2925, paras. 63 - 65. See also Conor Quigley, Anthony M. Collins, *EC State Aid Law and Policy*, Portland: Hart Publishing, 2003, p. 22.

③ Panel Report on Korea - Commercial Vessels, WT/DS273/R, paras. 7.428, 7.493.

④ Appellate Body Report on EC and certain member States - Large Civil Aircraft, WT/DS316/AB/R, para. 836.

规》第351部分第507节第a小节第3段第i款的“投资价值判定法”要求分析被投资的公司,在政府投资之时,是否表现出其将来可能盈利。欧委会《指导规范》第E(f)(vi)节也规定:“判定补贴是否存在,应根据当事方做出入股行为之时的可获得信息来判定。因此,如果受调查的入股行为是在几年以前发生的,并且根据做出入股行为当时可获得的信息,期望获得合理回报是合理的,那么,公司业绩较预期更差的事实,并不表示就一定构成补贴。”①而“在所有涉及国家资助的案件中,欧委会都是根据政府采取受审查措施之时的事实,来判定政府行为是否与私人投资者相同。投资最终是否有利润,与上述判定无关。受审查的措施是否构成国家资助,并非根据事后获得利益与否的结果来评价”。② 换言之,即便政府投资“产生了合理回报,并不表示政府入股就一定不构成补贴”。③

从经济学角度来讲,“期望值是所有可能性概率乘以其收益价值的总和”。④ 期望值的计算“应基于投资者可获得的所有信息,尽可能采用客观的标准,同时权衡投资存在的潜在风险与预期回报,并比较其他同等风险的投资方式的预期回报”。⑤ 假设政府投资存在三种可能的预期回报,我们分别用O_1到O_3表示。对于潜在风险即亏损,我们可以用负值来表示。假设这三种情况发生的概率独立,我们分别用P_1、P_2、P_3来表示:

$$P_1 + P_2 + P_3 = 1$$

根据经济学理论,期望值(EV)可按照以下公式计算得出:

$$EV = P_1O_1 + P_2O_2 + P_3O_3$$

---

① 学者对此的批评态度,可参见 Pierre Didier, *WTO Trade Instruments in EU Law*, London: Cameron May, 1999, p. 225。

② Phedon Nicolaides, Mihalis Kekelekis, Maria Kleis, *State Aid Policy in the European Community: Principles and Practice*, Alphen aan den Rijn : Kluwer Law International, 2008, p. 24 – 25.

③ Van Bael & Bellis, *Anti – dumping and Other Trade Protection Laws of the EC*, Hague: Kluwer Law International, 2004, p. 551.

④ [美]罗伯特·考特、托马斯·尤伦:《法和经济学》,史晋川、董雪兵等译,格致出版社、上海三联书店、上海人民出版社2010年版,第40页。

⑤ *Explanation of the Final Rules*, Federal Register, Vol. 63, No. 227 (1998), p. 65348 – 65418, at 65373.

“私人投资者可以用自己的资金碰运气,但政府用公共财政,应基于适当审慎行事”①,投资决策的依据不可能只是投机与直觉。因此,对投资回报期望值的计算,应当根据上述公式,或者符合经济学理论的其他方式。而且,上述公式中的 P 与 O 等数值,根据美国商务部《反补贴税最终法规》第 351 部分第 507 节第 a 小节第 4 段第 i 款和欧委会《指导规范》第 E(f)(v)节的规定及实践,应当基于以下两个方面的信息获得:一是当前与过去的财务数据,及公司财务健康状况的分析;二是公司当前的资本回报率、市场调研、宏观经济形势预测以及项目可行性评估。②

2. 期望的合理范围

政府对投资回报的预期,达到怎样的标准才符合私人投资者的合理期望?

笔者认为,政府投资无须追逐利润最大化,投资期望与所投资行业的平均收益率大体相当即可。第一,政府投资无须基于利润最大化的期望。“在未来不确定的条件下,将利润最大化作为具体行为的指引是毫无意义的。”③高利润往往伴随着高风险,而企业对风险的偏好未必相同。在面对不确定性问题时,人们是否一定会最大化期望值呢?经济学上可以通过效用与收入之间的函数关系来分析这个问题,并用“边际效用递减的风险规避者”“边际效用不变的风险中性者”“边际效用递增的风险偏好者”来分别表述对风险态度迥异的三种人。他们的效用收入函数关系,在图 1 中自上而下依次用三条线来表示④。如图 1 所示,“通常人的效用随着收入的提高而增加,但增长速度却在变慢。……一个具有收入边际效用递减的人被称为风险规避。……如果一个人具有不变的边际效用,则其是一个风险中

① Phedon Nicolaides, Mihalis Kekelekis, Maria Kleis, *State Aid Policy in the European Community: Principles and Practice*, Alphen aan den Rijn: Kluwer Law International, 2008, p. 24 – 25.

② Konstantinos Adamantopoulos and María J Pereyra – Friedrichsen, *EU Anti – subsidy Law & Practice*, Bembridge: Palladian Law Publishing Ltd, 2001, p. 105.

③ [美]阿门 · 阿尔钦:《不确定性、演化和经济理论》,载罗卫东主编:《经济学基础文献选读》,浙江大学出版社 2007 年版,第 35 页。

④ 图内线条仅用于表示大致趋势,线条曲度与斜度并无精确的对比意义。

性者，即相同期望值的确定性收入和不确定收入对其而言无差异……故其是一条直线。……风险偏好者具有递增的边际效用”。[①]

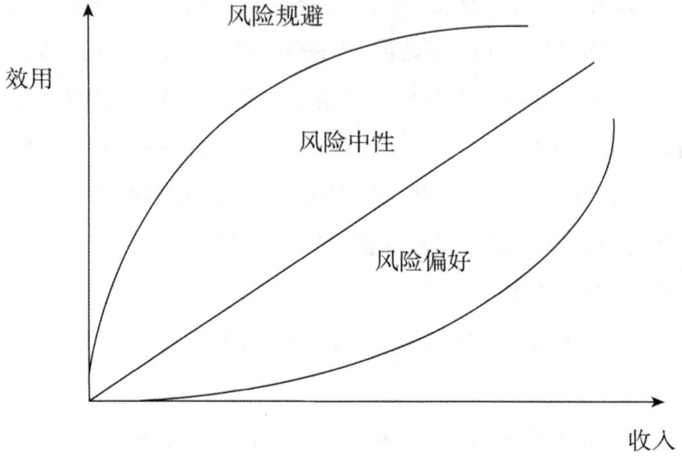

图1　风险规避、风险中性、风险偏好（依次自上而下）的效用收入函数关系

在经济学家眼里，风险偏好者是极少数，“大多数人都是风险规避者……经济学家及金融学家很少把人归为风险中性。但是，他们通常假设商业组织是风险中性”。[②] 因此，作为基准的“私人投资者的通常投资做法”，并不要求“追求投资利润或收益的最大化。利润或收益率与所投资行业的平均水平大体相当即可，且无须像类似情况下的个别私人投资者那样，为了获得高额收益而过分承受风险”。[③] 当然，这并不表示政府投资不可以追求利润最大化。SCM 协定第 14 条第 a 款特别明确了私人投资基准“包括提供风险资金”。笔者认为，政府因高期望而承担高风险的投资，必

---

① ［美］罗伯特·考特、托马斯·尤伦：《法和经济学》，史晋川、董雪兵等译，格致出版社、上海三联书店、上海人民出版社 2010 年版，第 40～43 页。

② ［美］罗伯特·考特、托马斯·尤伦：《法和经济学》，史晋川、董雪兵等译，格致出版社、上海三联书店、上海人民出版社 2010 年版，第 42 页。

③ Phedon Nicolaides, Mihalis Kekelekis, Maria Kleis, *State Aid Policy in the European Community: Principles and Practice*, Alphen aan den Rijn: Kluwer Law International, 2008, p. 24 - 25.

须符合以下两个前提才符合私人投资基准:其一,存在使政府产生高期望的合理依据;其二,回报期望值与风险程度须大体相称,参考欧共体 DRAM 芯片反补贴措施案专家组的观点,具体可采用诸如垃圾债券或兀鹫基金的私人风险投资实践来衡量。[①]

第二,上述"利润或收益率与所投资行业的平均水平大体相当",即采用了被投资行业的平均资本收益率作为标准。这种做法不乏学者支持,[②]却未得各国立法采纳。笔者认为,可以采用政府投资时、被投资行业的平均收益率,来衡量政府的期望值是否符合私人投资者的合理期望;但同时要注意,被投资行业的平均收益率是个动态的概念——"当某个行业的收益率超过社会的平均收益率时,其他厂商就会进入该行业(假设不存在进入壁垒)。随着新厂商的进入,整个行业产量上升,商品市场价格降低,导致厂商的收益降低。同时,激烈的竞争提高了投入品价格,导致厂商成本上升。两者结合导致厂商的总利润下降。当利润等于平均利润率时,不再有新的厂商进入"。[③] 反补贴调查中所需要的,是政府投资时的平均收益率;而用于计算平均的周期,应参考会计准则的一般做法。

理论上而言,长期均衡中任何完全竞争行业的平均收益率,将会等于整个社会的平均资本收益率。但是,将后者作为基准却是不现实的。一方面,长期均衡、完全竞争等条件在现实中很难满足;另一方面,这过滤了投资对象选择的主观偏好、行业准入壁垒、信息是否对称等本应考虑的复杂因素。

附带一提,合理的投资回报,可以是短期的,也可以是远期的。私人投资者"不是一定要追求短期利润……例如,母公司容忍其中一家子公司短

---

① Panel Report on EC – Countervailing Measures on DRAM Chips, WT/DS299/R, paras. 7.211 – 7.213.

② Luca Rubini, *The International Context of EC State Aid Law and Policy: The Regulation of Subsidies in the WTO* in Andrea Biondi, Piet Eeckhout, James Flynn(ed.), The Law of State Aid in the European Union, New York: Oxford University Press, 2004, p. 167 – 168.

③ [美]罗伯特·考特、托马斯·尤伦:《法和经济学》,史晋川、董雪兵等译,格致出版社、上海三联书店、上海人民出版社 2010 年版,第 27 页。

期内的亏损,以获得整个集团的长期收益”,[①],或者“使其子公司能在可能获得的最佳条件下退出市场。这样决定的动机,不仅是类似于间接的利润,而且可以是其他方面的考虑,如希望保护集团形象或者改变业务方向”。[②] 简言之,“这个私人投资者可以不以短期收益为目的,但须有投资战略或追求整体结构优化,并以获得长远利润为目的”。[③]

四、商业动机的证明

(一)商业动机的举证责任

政府投资入股是否基于商业动机的问题,应当由反补贴调查机构搜集证据查明,还是应当由被调查方举证证明?美国商务部《反补贴税最终法规》第351部分第507节第a小节第4段第ii款与欧委会《指导规范》第E(f)(iv)节都将举证责任分配给被调查方,或者利用“最佳可得证据”规则达到相同效果。这实际上包含了一个推定,即政府的投资入股,在没有证据能够证明其基于商业动机之前,应认定为不符合“私人投资者的通常投资做法”。客观上,这有利于调查机关判定存在补贴利益。

在WTO反补贴争端解决实践中,上述做法也得到了认可与支持。在日本DRAMS(韩国)案中,专家组和上诉机构明确指出,日本调查机关没有义务搜集被调查方的政府行为符合市场惯例的证据,这项举证义务应由被调查方承担。[④] 而在欧共体DRAM芯片反补贴措施案中,韩国国有银行向现代半导体公司投资入股之前,参考了安达信会计师事务所的报告。在这份长达二百多页的报告中,安达信具体核算现代半导体公司的清算价值,将之与公司继续经营的价值进行了比较,进而得出继续经营的价值大

---

① Phedon Nicolaides, Mihalis Kekelekis, Maria Kleis, *State Aid Policy in the European Community: Principles and Practice*, Alphen aan den Rijn: Kluwer Law International, 2008, p. 24.

② Conor Quigley, Anthony M. Collins, *EC State Aid Law and Policy*, Portland: Hart Publishing, 2003, p. 35.

③ Case C – 305/89, Italy v. Commission ECR I – 1603, para. 36.

④ Panel Report on Japan – DRAMs(Korea), WT/DS336/R, paras. 7.273 – 7.276, footnotes 475 to para. 7.276. Appellate Body Report on Japan – DRAMs(Korea), WT/DS336/AB/R, para. 229.

于清算价值、持续注资将会获得合理回报的结论。但韩方基于保密理由，仅向日本调查机关递交了上述报告中的一页。专家组认为这不足以证明韩国国有银行投资的商业动机，因此支持了日本调查机关的补贴利益认定。①

将举证责任分配给被调查方，是因为"私人投资者可以用自己的资金碰运气，但政府用公共财政，应基于适当审慎行事"。② 这反过来说明，如果政府的投资入股决定是基于商业动机，那么，就一定有让政府对于投资回报产生合理预期的客观证据，而非仅仅是投机与直觉。此外，既然分析的对象是被调查方政府的主观动机，那么，从举证能力和举证成本的角度，将举证责任赋予被调查方以外的其他人都是不经济的。

（二）商业动机的首选证据

该如何证明政府主观上存在投资回报的合理期望呢？根据欧委会《指导规范》第 E(f)(v) 节的规定，如果在政府投资之前，公司已经产生合理利润，那么，政府入股该公司，可以推定为符合"私人投资基准"。但在政府投资入股之前，被投资的公司或者项目尚未开始运营，或已经运营但尚未开始盈利的情况，实际上会更加普遍。

如果政府事先参考了某个专业机构，如会计师事务所独立作出的分析和结论性意见（以下简称专业报告），并据此作出的入股决定，那么，通常就会认定政府投资是基于商业动机的。独立银行、投资公司、咨询公司或其他经济专家的专业报告也有相同的效果。③ 美国商务部《反补贴税最终法规》第 351 部分第 507 节第 a 小节第 4 段第 ii 款与欧委会《指导规范》第 E(f)(iv) 节都有类似规定，前者用的是"客观评估"，后者用的是"独立研究

---

① Panel Report on EC – Countervailing Measures on DRAM Chips, WT/DS299/R, paras. 7.205 – 7.208.

② Phedon Nicolaides, Mihalis Kekelekis, Maria Kleis, *State Aid Policy in the European Community: Principles and Practice*, Alphen aan den Rijn: Kluwer Law International, 2008, p. 24 – 25.

③ Phedon Nicolaides, Mihalis Kekelekis, Maria Kleis, *State Aid Policy in the European Community: Principles and Practice*, Alphen aan den Rijn: Kluwer Law International, 2008, p. 25.

报告”。

以专业报告来证明存在“投资回报的合理预期”,这样的惯例甚至形成于上述规则实施之前。事实上,早在 1985 年的 ALZ 案中,美国法院依据独立会计报告来判定比利时政府对 ALZ 公司投资的商业动机。① 专业报告的证明力,在韩国商船案、欧共体 DRAM 芯片反补贴措施案中得到了 WTO 争端解决机构的认可。② 一方面,案件双方就专业报告证明力产生争议时,讨论的起点是推定专业报告是合理可信的。③ 另一方面,要从内容角度论证一份专业报告依据不充分、分析不可靠、结论不准确,进而不足以使理性投资者产生对于投资回报的合理预期。这非常困难,仅提出质疑是不够的。考虑到专业报告难免会有起草者的主观倾向,其分析与结论性意见未必会被其他专业机构认同,即便反驳方提供了另一份结论迥异的专业报告,都并不必然说明受质疑的专业报告是错误的或不可信的。④ 在韩国商船案中,欧共体提供了普华永道会计师事务所的报告,用以质疑韩国所依据的安进会计报告在计算大宇重工的剩余价值时采用过高不变息税前利润率的做法。欧共体认为安进报告所采用的利润率不可持续,并提供了替代计算方案。但该案专家组并没有接受欧共体的意见,理由是欧共体并未证明普华永道的报告必然更为合理,或者安进会计报告的数值一定错误。⑤

当然,并非所有的专业报告都有证明力,韩国商船案专家组提出了取舍的标准:“一个理性的市场主体,是否会基于这份报告,作出相同的投资决定?”⑥换言之,专业报告应当能够说服其他理性的市场主体,方有证明

---

① ALZ N. V., Plaintiff, v. United States, Defendant, and Zanesville Armco Independent Organization, et al., Defendant – Intervenors, 27 C. I. T. 1265, p. 1271; 283 F. Supp. 2d 1302, p. 1309.

② Panel Report on Korea – Commercial Vessels, WT/DS273/R, paras. 7.428, 7.493. Panel Report on EC – Countervailing Measures on DRAM Chips, WT/DS299/R, paras. 7.205 – 7.208.

③ Panel Report on Korea – Commercial Vessels, WT/DS273/R, para. 7.437.

④ Panel Report on Korea – Commercial Vessels, WT/DS273/R, para. 7.483.

⑤ Panel Report on Korea – Commercial Vessels, WT/DS273/R, paras. 7.439, 7.462, 7.468.

⑥ Panel Report on Korea – Commercial Vessels, WT/DS273/R, para. 7.437.

力。[①] 具体而言，专业报告除了围绕前述投资回报的内容、回报期限、回报的期望值等问题展开之外，同时应当符合以下四点要求。

第一，报告的关联性。专业报告必须是政府赖以作出入股决定的重要参考。如果专业报告是在政府决定投资之后才完成的，即便报告得出支持投资的结论，那也没有证明力可言。欧委会《指导规范》第E(f)(v)节也认为，政府决定入股之后发生的事实，不能作为有关政府投资商业动机的证据。WTO反补贴争端实践也支持了这一点。在欧共体DRAM芯片反补贴措施案中，六家韩国国有银行对债务人现代半导体公司实施"债转股"的重组计划是在2001年10月决定的，但韩国提供的摩立特报告与安达信报告，却分别是在2001年11月与12月才定稿的，晚于银行作出入股决定的时间，因此专家组认定韩国未能证明重组计划基于商业动机。[②]

第二，报告的中立性。如果反补贴调查机关查明专业机构受到了不正当的影响，那么报告可信度就会受到质疑，甚至彻底否定。在这方面，WTO反补贴争端解决实践非常有限，仅在韩国商船案专家组报告中提及，作为"债转股"重组依据的安进会计报告由债务人大宇重工和最大债权人国有银行共同委托而完成且专业报告的费用由债务人支付的两个事实，都不能证明专业机构受到了不正当影响。[③] 笔者认为，如果专业机构系国企，或者被认定为公共机构，WTO专家组和上诉机构很有可能认为报告不符合中立性要求。

第三，报告的逻辑性。专业报告应当依据充分、论证严谨、结论准确而不可模棱两可、语意不清或者似是而非。例如，在WTO争端解决机构审理的欧共体DRAM芯片反补贴措施案中，专家组认为摩立特报告只有薄薄十页，内容只是泛泛而谈且没有具体准确的结论，因此不能成为支持"对于

---

① Phedon Nicolaides, Mihalis Kekelekis, Maria Kleis, *State Aid Policy in the European Community: Principles and Practice*, Alphen aan den Rijn: Kluwer Law International, 2008, p. 25.

② Panel Report on EC – Countervailing Measures on DRAM Chips, WT/DS299/R, paras. 7.205 – 7.208.

③ Panel Report on Korea – Commercial Vessels, WT/DS273/R, paras. 7.440 – 7.444. Panel Report on Korea – Commercial Vessels, WT/DS273/R, para. 7.449.

投资回报的合理预期”判定的证据。①

第四,报告的专业性。专业报告必须遵循通行会计准则与财务分析规范,且不应与该专业机构曾经作出的其他报告相矛盾。如果报告结论系附条件,则所附条件是否成就亦关系到报告的可信度。②

综上,私人投资基准是衡量政府投资入股是否构成补贴或者非商业援助的判定基准。在具体选择私人投资基准时,不宜设置股权比例的限制,也不可选择囿于沉没成本效应的内部投资者价格,更不应采用容易异化为贸易保护的结构价格。若无私人投资价格,可转而审查政府投资是否基于商业动机作出,但投资动机的举证责任由被调查方承担。符合关联性、中立性、逻辑性、专业性四项要求以及由会计师事务所等专业机构出具的报告,是商业动机的首选证据。基于此类报告所作的政府投资,通常被视为符合“私人投资基准”。我们政府在投资之前,也应当参考符合关联性、中立性、逻辑性、专业性四项要求和由会计师事务所等专业机构出具的报告,用以证明投资的商业动机,即存在对投资收益或者损失减免的期望。

第三节　商业利率基准

政府或者其他相关机构向企业提供的贷款与贷款担保(以下分别简称政府贷款、政府担保),属于 SCM 协定所定义的财政资助,也构成 CPTPP 意义上的援助。根据 SCM 协定第 14 条第 b 款,有悖于“商业利率基准”的政府贷款与政府担保构成政府补贴;根据 CPTPP 第 17.1 条,国有企业获得的、有悖于“商业利率基准”的政府贷款与政府担保,构成非商业援助。但 CPTPP 第 17.1 条的表述较 SCM 协定更为原则化,且无相应的司法实践来支撑,故需要参照 SCM 协定以及欧美国内法的相关规定与实践,来理解商业利率基准。

---

① Panel Report on EC – Countervailing Measures on DRAM Chips, WT/DS299/R, paras. 7.205 – 7.208.

② Explanation of the Final Rules, Federal Register, Vol. 63, No. 227 (1998), p. 65348 – 65418, at 65374.

SCM 协定第 14 条第 b 款规定:“政府提供贷款不得视为授予利益,除非接受贷款的企业支付政府贷款的金额,不同于企业支付可以实际从市场上获得的可比商业贷款的金额。在这种情况下,利益为两金额之差额。”“以贷款担保形式提供的资助,衡量方法与无担保的贷款相同,即通过在市场利率和实际支付的贷款利率之间进行比较。因为,提供贷款或担保等财政资助的政府,通常无力准确判定风险因素并进而确定适当的市场利率。”[①]简言之,贷款担保可以降低贷款人的风险,从而使借款人更廉价地获得贷款,因此,判定“政府担保”是否构成补贴,通常要求比较政府担保贷款的利息和无政府担保贷款的利息。SCM 协定第 14 条第 c 款规定:“政府提供贷款担保不得视为授予利益,除非获得担保的企业支付政府担保贷款的金额,不同于企业支付无政府担保的可比商业贷款的金额。在这种情况下,利益为在调整任何费用差别后的两金额之差。”美国《1930 年关税法》第 771(5)(E)节、美国商务部《反补贴最终法规》第 351 部分第 505 节、欧盟《第 597/2009 号理事会条例》第 6 条、欧委会《指导规范》第 E(b)(i)节的规定,以及欧盟有关国家资助法的司法实践,[②]基本与 SCM 协定第 14 条第 b 款和第 c 款相一致。比较和参照上述规则,商业利率基准可以表述为“企业可以实际从市场上获得的可比商业贷款利率”。接下来分析其中“可以实际……获得”“市场”“商业”“无政府担保”的具体含义。

一、商业利率基准的内涵

(一)可以实际获得的含义

商业利率基准所对应的商业贷款,应该是企业“可以”获得的,还是“已经”获得的?在美国反倾销反补贴税案中,上诉机构认为:

> 第 14 条第 b 款项下的……过去式“可以”一词表示这里用的是条件句,说明第 14 条第 b 款项下的基准贷款,不必是在各个案

---

① Conor Quigley, Anthony M. Collins, *EC State Aid Law and Policy*, Portland: Hart Publishing, 2003, p. 40.

② Pierre Didier, *WTO Trade Instruments in EU Law*, London: Cameron May, 1999, p. 222.

> 件中都存在于市场之中的贷款或者说事实上可从市场上获得的贷款。对此,我们同意专家组的观点:这首先涉及对借款人的风险评估,即接受了被调查的政府贷款的借款人,能否获得基准贷款。①

可见,"企业可以实际从市场获得的贷款"中"可以"一词的意义,在于"对借款人的风险评估",即表示借款人的资信状况须符合获得基准贷款的条件,而不要求基准贷款必须是借款人"已经"获得的贷款。

欧美在这个问题上的规定略进一步。美国商务部《反补贴税最终法规》第 351 部分第 505 节第 a 小节第 3 段要求与企业实际获得的贷款相比较。欧委会《指导规范》第 E(b)(iii)节也规定受益人"已经"获得的可比商业贷款是首选的比较基准,而"可以"获得的可比商业贷款是次选的比较基准。"这里的商业利率最好是基于企业向私人银行实际已经支付的可比商业贷款的利率。如果这不可能,调查时应考虑类似财务状况、相同行业里的企业就可比的、私人提供的贷款,所支付的利息。"实践中后者通常是"配合调查的其他出口商,为相似金额和贷款期间的商业贷款,所支付的平均利率"。②

"在政府提供贷款担保的情况下,第 14 条第 c 款并未像第 b 款那样,要求与企业可以实际从市场上获得的贷款进行比较。"③那么,判定政府担保是否构成补贴或者非商业援助的商业利率基准,是否也应当以"企业可以实际从市场上获得"为前提呢? 从 WTO 反补贴案件中条约解释的实践来看,专家组和上诉机构在解释 SCM 协定时是不可以随意添加或者删除词语的。但是,在美国反倾销反补贴税案中,上诉机构认为,"(企业)可以

---

① Appellate Body Report on US – Anti – Dumping and Countervailing Duties, WT/DS379/AB/R, para. 480.

② Van Bael & Bellis, *Anti – dumping and Other Trade Protection Laws of the EC*, Hague: Kluwer Law International, 2004, p. 548.

③ Petros C. Mavroidis, Patrick A. Messerlin and Jasper M. Wauters, *The Law and Economics of Contingent Protection in the WTO*, Cheltenham, UK; Northampton, Massachusetts, USA: Edward Elgar, 2008, footnote 68, p. 325.

实际从市场上获得的"仅表示"对借款人的风险评估",即表示借款人的资信状况须符合获得基准贷款的条件,而不要求基准贷款必须是受益人"已经"获得的贷款。① 而如果某项贷款是借款人没有资格获得的,那么将此项贷款作为衡量借款人是否因政府担保而获益的基准贷款,显然是不合理的。美国商务部《反补贴最终法规》第351部分第506节明确要求基准贷款需为"(企业)可以实际从市场上获得的"。因此,笔者认为,虽然第c款与第b款在措辞上略有差别,但是两者都要求基准贷款必须是"企业可以实际从市场上获得"。

(二)市场的边界

作为判定基准的商业贷款,应该从多大的市场范围内选择?这个"市场",是否仅指借款人住所地的国内市场?

欧委会《指导规范》第E(b)(ii)节要求将国内市场的商业贷款,作为衡量政府贷款利益的基准。但是,上诉机构在美国反倾销反补贴税案中明确否定了这个标准:

> 我们认为第14条第b款并未排除这样的可能性,即把不是实际在企业住所地市场中获得的商业贷款的利率,如其他市场中的贷款……作为比较基准。……与第14条第d款明确将相关"市场"与"买卖交易发生地国家"联系起来的做法不同,第14条第b款在认定可比商业贷款时,并未将相关"市场"明确限定在某个地域概念或某个国家的范围之内。[449]
>
> ---
>
> [449] 我们认为,在任何特定情况下,第14条第b款都[有足够的弹性来]完全适应相关市场的界定,[这里的]市场范围是根据具体产品或服务(贷款)来界定的,就像基于地域概念来界定的那样。在某些情况下,产品[或服务]的市场可能是全国市场,如以特定币种发放

---

① Appellate Body Report on US – Anti – Dumping and Countervailing Duties, WT/DS379/AB/R, para. 480.

> 的贷款，只存在于某个特定国家。在我们看来，“可比”一词，以及专家组认定为可比性指标的一些因素——时间、结构、期限和贷款币种——似乎同样也可以是与界定贷款市场有关的因素，就像基于地域概念界定产品[或服务]的市场那样。①

可见，贷款市场的边界，并非国家与地区的边境，SCM 协定没有对基准贷款施以任何地域上的限制。

(三)商业的定义

国有银行的贷款是否为商业贷款，可否作为比较基准？欧委会《指导规范》第 E(b)(ii)节规定，商业贷款通常应由“有代表性的私人银行”所提供。美国商务部《反补贴税最终法规》第 351 部分第 505 节第 a 小节第 2 段第 ii 款也规定通常应选择商业贷款。国有专门性银行的贷款不能作为比较基准。美国反倾销反补贴税案中，专家组也认为国有参股银行发放的贷款不是“商业”贷款。但上诉机构否定了上述观点：

> 我们注意到，“商业”一词被解释为“对经济回报而非艺术性感兴趣；可能会带来利润；被视作单纯的商业问题”。因此，“商业”一词并不涉及贷款提供人的身份。……在我们看来，政府(或政府主导市场中的私有贷款人)提供的任何贷款，照其事实均不构成“商业贷款”的结论是不正确的。我们没有看到任何显示“商业”这一概念本身与政府提供的金融服务不相容的证据。因此，政府提供贷款这一事实本身，不足以得出此类贷款不是“商业”贷款、且不能成为 SCM 协定第 14 条第 b 款项下基准的结论。②

在补贴问题上，WTO 持所有制中立态度，并没有给国有企业贴上“非

① Appellate Body Report on US – Anti – Dumping and Countervailing Duties, WT/DS379/AB/R, paras. 480, 482.

② Appellate Body Report on US – Anti – Dumping and Countervailing Duties, WT/DS379/AB/R, paras. 478, 479.

商业”的标签。因此，国有银行提供的贷款，原则上应视为商业贷款，除非存在政府委托等不宜认定为商业行为的特殊情况。

(四) 无政府担保的含义

SCM 协定第 14 条第 c 款将商业利率基准加上了“无政府担保”这个定语。那么，这究竟是指“无任何担保”，还是指“无政府担保”却可以有“商业担保”？在欧共体 DRAM 芯片反补贴措施案中，专家组提出：

> 我们认为，政府担保情形下的利益判定问题，可以根据个案情形，从不止一个的角度进行分析……根据我们就 SCM 协定第 1 条第 1 款的利益应放在市场中来判定的一般理解，我们看到了其中一个可能的利益判定方法，即比较政府担保与可比的商业担保。结合个案具体情况，如果政府因提供担保所收取的费用，低于市场价格，那就存在补贴利益。①

换言之，还应当将企业获得政府担保的成本，与企业获得商业担保的成本进行比较。政府担保，即便没有影响贷款利率，也可能构成补贴。② 欧委会《指导规范》第 E(c) 节也规定，如果获得政府担保，对于企业而言是很困难，不现实的，那么企业是否获得利益，按以下两种方式衡量，而利益数额以较低者为准：(1) 企业为获得担保本应支付的费用和实际支付的费用之间的差额；(2) 企业支付的政府担保贷款的利息和无政府担保贷款的利息之间的差额。当企业以零成本获得政府担保时，利益的数额是企业支付政府担保贷款和无政府担保贷款的利息差额。③ 美国商务部《反补贴最终法规》第 351 部分第 506 节的态度也类似，即“贷款担保带给企业的利益，

---

① Panel Report on EC – Countervailing Measures on DRAM Chips, WT/DS299/R, para. 7.189.

② 例如，在挪威三文鱼案(Norwegian Salmon)中，政府提供担保虽然没有影响商业银行贷款给公司所收取的利息，但节约了公司本应支付给担保人的很低，故欧委会判定构成国家资助。参见 Pierre Didier, *WTO Trade Instruments in EU Law*, London: Cameron May, 1999, p. 223。

③ Van Bael & Bellis, *Anti – dumping and Other Trade Protection Laws of the EC*, Hague: Kluwer Law International, 2004, p. 549.

是指企业因贷款担保而实际节省的开支”。[①] 加拿大飞机信贷和担保案专家组对此阐述得十分清晰：

> 在我们看来，以及考虑到第 14 条第 c 款提供的上下文指导，当企业获得魁北克投资计划项下贷款担保时为获得贷款所支付的成本，与企业在没有魁北克投资计划项下贷款担保时为获得可比商业贷款所需要支付的成本存在差异时，我们认为魁北克投资计划项下贷款担保授予了“利益”。在这种情况下，利益数额应为调整［获得各项担保所需要支付的］费用差异后，上述两个成本的差额。[②]

因此，在分析担保是否存在补贴利益时，需要同时关注企业为了获得担保而支付的成本。

二、商业利率基准的可比性

（一）概述

上诉机构在加拿大飞机案中指出，“利益”一词意味着某种比较。[③] 而科学比较的前提是，比较对象存在可比性。在美国反倾销反补贴税案中，上诉机构提出了商业利率基准的可比性要求：

> 第 14 条第 b 款项下的基准贷款，必须具有与被调查的政府贷款的“可比性”。可比是指“可以进行比较”“值得进行比较”及“适合进行比较”。在我们看来，这意味着拟比较的对象之间，相似之处足够多，从而值得进行比较，或者说比较有意义，才能认为它们是“可比的”。因此，第 14 条第 b 款项下的基准贷款，应尽可能多地具备与拟比较的被调查贷款相同的要素。专家组注意到，

---

① Gregory W. Bowman, Nick Covelli, David A. Gantz, Ihn Ho Uhm, *Trade Remedies in North America*, Alphen aan den Rijn : Kluwer Law International, 2010, p. 121.

② Panel Report on Canada – Aircraft Credits and Guarantees, WT/DS222/R, para. 7. 398.

③ Appellate Body Report on Canada – Aircraft, WT/DS70/AB/R, para. 157.

> 理想状况下，调查机关应使用相同借款人在同一时间、与政府贷款的结构相同、期限相同、金额相同、币种相同的贷款作为基准。但专家组还认为，在实际操作中，此类理想基准贷款极为少见，因此与相似程度更低的其他贷款进行比较，应当也是可以的。我们同意专家组的上述两个观点。①

可比性构成商业利率基准的选取标准。商业贷款与政府贷款的相似度越高，就越具有可比性。该案中，上诉机构还指出：

> 在第14条第b款项下对恰当基准的确定可被视作"若干同心圆"，其中调查机关应首先寻找向相同借款人提供的、与被调查贷款相同或基本相同的商业贷款……没有相同或基本相同的贷款时，调查机关应寻找相同借款人获得的其他相似商业贷款，随后寻找向与被调查借款人风险状况相似的其他借款人提供的相似商业贷款。……我们同意，对第14条第b款项下基准的挑选，应当是可比商业贷款的渐进式搜索，即从最接近被调查贷款的商业贷款（提供给相同借款人的、与被调查贷款在时间、结构、期限、金额和币种方面基本相同的贷款）开始，然后转向相似程度更低的商业贷款。②

在欧共体及其若干成员国大型民用飞机案中，上诉机构进一步补充道：

> ［政府贷款］存在利益，就构成补贴，即当企业因政府贷款的支出，少于企业因其本可以在市场上获得的可比商业贷款而支付的金额；［政府贷款］不存在利益，就不构成补贴，即当企业因政府贷款的支出，等于甚至高于企业因其本可以在市场上获得的可比

---

① Appellate Body Report on US – Anti – Dumping and Countervailing Duties, WT/DS379/AB/R, para. 476.

② Appellate Body Report on US – Anti – Dumping and Countervailing Duties, WT/DS379/AB/R, paras. 485 – 486.

> 商业贷款而支付的金额。企业因商业贷款而支付的金额,是根据贷款规模、利率、期间、其他交易条款而确定的变量……以及还款风险如何在条款中体现,这些都是必须要考察的因素。①

美国商务部《反补贴税最终法规》第 351 部分第 505 节第 a 小节第 2 段第 i 款规定:“具备政府贷款可比性的贷款,商务部主要从以下几个方面加以考察:贷款结构、贷款期限(如短期贷款或者长期贷款)、贷款币种。”欧委会《指导规范》第 E(b)(ii)节规定:“可比贷款,应为企业从国内市场中有代表性的私人银行那里实际获得的、在金额、贷款期间方面都接近的贷款。”可见,商业利率基准的可比性,主要体现与风险有关的贷款条件上,包括贷款起始日期、贷款期限、贷款金额、贷款币种、担保情况等方面。

值得一提的是,贷款发放后是否发生逾期,提供担保后是否实际承担担保责任,不属于上述可比性考察范围之内的事宜。在欧共体及其若干成员国大型民用飞机案中,上诉机构指出:

> 审查的是贷款人和借款人对[贷款]交易形成合意的当下……而非之后贷款合同是否得到遵守……而且,从实际的角度来看,如果要求实际审查贷款合同将来是否实际得到遵守,意味着在贷款还本付息之前,不能完成政府贷款是否构成补贴的审查。若是长期贷款,则意味着对类似措施的审查,都会被搁置很多年。要求 WTO 成员方等待长久,才能去针对此类政府贷款采取措施,会限制 SCM 协定第二部分和第三部分的有效性。②

换言之,贷款最终是否存在违约,还是能依约还本付息,不是判定政府贷款是否构成补贴的理由,也不属于可比性审查的范围。同理,在分析政府担保是否构成补贴时,也不需要关注政府是否最终承担了担保责任。在美国陆地棉案中,上诉机构还指出,在分析某项政府担保项目是否构成出

---

① Appellate Body Report on EC and certain member States – Large Civil Aircraft, WT/DS316/AB/R, paras. 834, 836.

② Appellate Body Report on EC and certain member States – Large Civil Aircraft, WT/DS316/AB/R, paras. 836, 837.

口补贴时，调查机关应审查该项目以往的业绩数据，以及对它未来的预测，但无须审查该项目将来的实际效果。[①] 欧委会《指导规范》第 E(c) 节规定，如果政府遵循商业规则来提供担保，那么，在企业支付了获得担保的合理费用的情况下，即便最终担保人实际承担了担保责任，也不能据此认为担保构成补贴。欧盟内部国家资助法的实践亦同："如果借款人支付的利息低于市场价格，那么在担保提供时借款人就获得了利益，而不取决于担保人是否实际承担担保责任。"[②]美国商务部《反补贴最终法规》第 351 部分第 506 节则规定，企业从政府担保中获得利益的时间点，是企业本应当支付贷款利息的时间。这也从另一个角度说明，担保人是否实际承担担保责任，与政府担保是否存在补贴利益无关。[③]

（二）起始日期

金融市场行情总是随着时间的推移而起起伏伏。因此，应当选择与政府贷款同时发生的商业贷款利率作为比较基准。涉及贷款担保情况亦同。在韩国商船案中，韩国进出口银行作为担保人，于 2002 年为债务人造船商韩进重工建筑公司(Hanjin Heavy)向债权人船舶买家提供"预付款还款保证"(advance payment refund guarantee)。在判定上述担保是否构成补贴时，韩国提出以 1997 年的同类交易作为比较基准，专家组因发生时间不同而予以否定。[④]

（三）贷款期限

贷款期间是决定利率的重要因素。因此，如果作为比较基准的商业贷款，期限不同于财政资助贷款，那么这样的比较是不科学的，结果也是不可

---

① Appellate Body Report on US – Upland Cotton (Article 21.5 – Brazil), WT/DS267/AB/RW, para. 278.

② OJ 2000 L71/14. Conor Quigley, Anthony M. Collins, *EC State Aid Law and Policy*, Portland: Hart Publishing, 2003, p. 39.

③ 19 C.F.R. § 351.506(b).

④ Panel Report on Korea – Commercial Vessels, WT/DS273/R, para. 7.185.

信的。例如,如果财政贷款的期限为10年,就应以10年期的商业贷款为比较基准。假设商业银行提供的贷款,期限至多为5年,就应当参考有关因素,将贷款利率调整至10年水平。

在选择贷款的比较基准时,贷款期间是一定要查明的。韩国商船案中,韩国主张将造船商获得的其他融资,包括远期信用证、设备贷款、短期贷款等,作为判定其接受的政府贷款是否构成补贴的判定基准,遭到专家组的拒绝。专家组指出,除了远期信用证之外,其余的融资方式韩国只是提到通常期限或者大致期限,而非确切期限。① 而专家组否定韩国提出以三湖重工公司(Samho Heavy)、大东造船公司(Daedong)、韩进重工建筑公司(Hanjin Heavy)的公司债券作为判定基准,原因在于三家企业的债券期限分别为2~3年不等,而其接受的政府贷款的贷款期间只有6个月。②

(四)币种和金额

如果银行用外币提供贷款,那么企业偿付债务也需要用外币,而非本国货币。如果企业所在国并未实行外汇的完全自由兑换,那么企业以本国货币兑换外币,就存在货币兑换风险。因此,外币贷款的利率,不能直接作为本国货币贷款的比较基准。如果用本国货币的贷款,都受政府干预而扭曲,那么在采用外国货币贷款作为市场基准时,比较之前必须进行调整。贷款担保所用币种差异亦同。

韩国商船案中,韩国提出将韩进重工建筑公司(Hanjin Heavy)获得的远期信用证融资,作为判定该公司获得的政府贷款是否构成补贴的判定基准。专家组认为,本案中的远期信用证融资采用的货币是美元,而政府贷款用的是韩元,故不适宜直接进行比较。该案中,韩国还提出用大东造船公司(Daedong)发行的日元债券,作为判定基准,也被专家组以相同理由否定。③

---

① Panel Report on Korea – Commercial Vessels, WT/DS273/R, para. 7. 247.

② Panel Report on Korea – Commercial Vessels, WT/DS273/R, para. 7. 243.

③ Panel Report on Korea – Commercial Vessels, WT/DS273/R, paras. 7. 247, 7. 236 – 7. 237.

需要指出的是，此项区别是货币的区别，而非金融机构的区别。换言之，同是本国银行，一家提供本国货币贷款，另一家提供外国货币贷款，两种贷款的利息通过汇率换算以后仍然不能简单相比；而外国银行和本国银行，都用本国货币发放贷款，或者都用外国货币发放贷款，是可以直接进行比较的。韩国商船案中，韩国反对将外国银行"预付款还款保证"的利率，作为韩国国有银行提供"预付款还款保证"是否构成补贴的判定基准。韩国认为，外国银行利率，包含了因货币兑换风险而加收的国别风险附加费，而韩国国有银行的利率并不包含这部分费用。但是，专家组提出，韩国国有银行的预付款还款保证业务，多数也是以外币形式向韩国企业提供的，所以货币兑换风险与银行住所地在国内还是国外并无关联；韩国银行用外币提供预付款还款保证时，与外国银行同样面临货币兑换风险，故其收取的利息也应当包含这方面的考虑。因此，外国银行的预付款还款保证的利率可以作为判定基准。[①]

此外，贷款金额通常也会影响利率。在来自韩国的不锈钢丝反补贴调查案（Stainless Steel Wires）中，欧委会根据金额大小，将韩国政府贷款区分为本金不超过2亿韩元的、超过2亿韩元且不足4亿韩元的、超过4亿韩元且不足6亿韩元的、超过6亿韩元且不足8亿韩元的、超过8亿韩元的五类，来分别确定相应的商业利率基准。[②]

（五）担保状况

贷款是否存在担保，以及担保物的不同价值、担保人的不同信用等级，都会直接影响还款风险，进而影响贷款利率。在分析政府贷款是否构成补贴时，不能将担保状况存在差异的商业贷款作为判定基准。例如，韩国商船案中，韩国提出将三湖重工公司（Samho Heavy）的公司债券利率，作为判定该企业所获政府贷款是否构成补贴的基准。但专家组认为，三湖重工

---

① Panel Report on Korea – Commercial Vessels, WT/DS273/R, paras. 7.142 – 7.152.

② Van Bael & Bellis, *Anti – dumping and Other Trade Protection Laws of the EC*, Hague: Kluwer Law International, 2004, p.548.

的公司债券有其他公司作担保，而债务人和担保人的信用等级又有差别，因此，三湖重工公司的公司债券利率并不完全取决于该公司的信用等级，债券利率和政府贷款不具有可比性。① 同样道理，如果担保物的价值不同，或者担保物的种类不同，也会影响商业利率基准和政府贷款利率之间的可比性。例如，在上述案件中，由于大东造船公司（Daedong）将整个造船厂作为公司债券的抵押物，却没有将之作为政府贷款的抵押，因此专家组拒绝将公司债券利率作为政府贷款的基准。②

在 WTO 反补贴案件中，对于拟选择为商业利率基准的可比贷款，其担保情况是必须要查明的，其举证责任在支持该利率作为基准的一方。韩国商船案中，韩国提出将大宇重工（Daewoo Heavy）、大宇造船与海上工程（Daewoo Shipbuilding and Marine Engineering）、现代尾浦公司（Hyundai Mipo）发行的公司债券，作为这些企业获得政府贷款是否构成补贴的判定基准。但韩国没有提供有关债券担保的详细信息，最终专家组因无法确定债券利率的可比性，而拒绝了韩国的要求。③

上述规则同样适用于政府担保。韩国商船案中，韩国进出口银行作为担保人，为三湖重工（Samho Heavy）向债权人即船舶买家提供预付款还款保证，欧共体提出以其他商业银行的预付款还款保证为比较基准。但是，韩国进出口银行的预付款还款保证是需要三湖重工提供反担保的，而欧共体没有证明作为基准的预付款还款保证也同样设置了反担保。专家组据此拒绝采纳欧共体的比较基准。④ 而韩国进出口银行为韩进重工建筑公司（Hanjin Heavy）提供的预付款还款保证情况也类似。韩国进出口银行的预付款还款保证设置了反担保，而欧共体提出的、作为基准的预付款还款保证却不需要反担保。专家组据此否定了欧共体的比较基准。⑤

① Panel Report on Korea – Commercial Vessels, WT/DS273/R, paras. 7.233 – 7.234.
② Panel Report on Korea – Commercial Vessels, WT/DS273/R, paras. 7.236 – 7.237.
③ Panel Report on Korea – Commercial Vessels, WT/DS273/R, paras. 7.229, 7.240.
④ Panel Report on Korea – Commercial Vessels, WT/DS273/R, para. 7.175.
⑤ Panel Report on Korea – Commercial Vessels, WT/DS273/R, para. 7.184.

三、商业利率基准的调整

（一）调整的意义

某项商业贷款利率，若可比性方面存在瑕疵，并不必然导致此项利率不能作为判定基准。在某些情况下，可以对商业利率进行调整，将之调整到符合“可比性”要求的程度。实际上，商业利率基准与政府贷款、政府担保之间的差异，并不等于基准“不具可比性”。只要信息有效、充分，这个差异就要通过“调整”来解决。为了确保商业利率基准与政府贷款的可比性，对商业利率基准作适当调整是必须的：

> 在第 14 条第 b 款项下对恰当基准的确定可被视作“若干同心圆”，其中调查机关应首先寻找向相同借款人提供的、与被调查贷款相同或基本相同的商业贷款……没有相同或基本相同的贷款时，调查机关应寻找相同借款人获得的其他相似商业贷款，随后寻找向与被调查借款人风险状况相似的其他借款人提供的相似商业贷款。在这一过程中，调查机关将需要作出调整来处理[基准贷款与]被调查[的政府]贷款的差异，如贷款起始日期、金额、期限、币种、结构或借款人的信贷风险。……我们同意，对第 14 条第 b 款项下基准的挑选……在这一过程中同时进行必要的调整，以确保[基准贷款与]被调查[的政府]贷款的可比性。①

值得注意的是，“不具可比性”与“可比但需先作调整”是完全不同的两个概念，也会导致截然不同的两种结果。前者导致某项商业利率不能作为判定基准；后者导致某项商业利率在调整之后可以作为判定基准，除非调整所需信息不够充分。韩国商船案中，对于具备“投资等级”的造船商，即欧共体认可的信用评估机构评定的信用等级不低于 BBB 的造船商，欧共体反补贴调查机关将韩国券商协会（Korea Stock Dealers Association,

---

① Appellate Body Report on US – Anti – Dumping and Countervailing Duties, WT/DS379/AB/R, paras. 485 – 486.

KSDA)六月期公司债券价格总索引(general index of six - month corporate bond prices)进行借款期限和担保状况方面调整后,作为判定韩国进出口银行向相同信用等级的造船商提供完工前贷款,是否构成补贴的商业利率基准。韩国认为欧共体调查机关选择的判定基准不具有可比性,理由是韩国进出口银行的信用评级体系与公司债券的信用评级体系,针对的是不同层面的潜在信用风险。具体而言,韩国进出口银行的信用评估是种"债项评级"(facility rating),既体现债务人信用风险也体现诸如担保等在整个债项体系中能够降低风险的若干因素;而公司债券的信用评级,并不考虑降低债券风险的因素。因此,同等数值的评定结果所体现的风险(即对应的违约率),银行信用评级低于公司债券信用评级。韩国具体提出,银行评定信用等级时,有三个法定考虑因素:违约概率、违约损失率和预计损失程度。而公司债券信用评级,主要针对无担保、长期高级债券,故一般不考虑"违约损失率"。但最终专家组没有接受韩国的观点。专家组认为,欧共体反补贴调查机关已就利率作了合适的调整,调整之后该利率可以作为判定基准。专家组指出,韩国认为其进出口银行与信用评估机构的评级做法的区别,主要体现在担保和借款期方面,即韩国进出口银行的完工前贷款通常都是有担保的,而公司债券没有;而且,韩国进出口银行完工前贷款的借款期通常短于公司债券。但欧共体调查机关扣减了信用风险差价(credit risk spread),已经妥善处理了上述差别。而关于借款期限方面的差异,专家组认为鉴于完工前贷款的借款期一般不少于6个月,那么欧共体采用六月期公司债券价格作为基准,是合适的。①

(二)调整的依据

对商业利率的调整,必须遵循两项原则。首先,调整必须有充分、有效的信息作为客观依据。在韩国商船案中,韩国提出的许多基准未被采纳,

① Panel Report on Korea - Commercial Vessels, WT/DS273/R, paras. 7. 249 - 7. 252, 7. 260 - 7. 265.

原因之一是韩国提供的信息太少,不足以专家组完成调整。① 例如,韩国一方面认为,欧共体在判定韩国进出口银行给三湖重工公司(Samho Heavy)的贷款是否构成补贴时,没有基于担保情况的差异对商业利率基准作出调整;另外,却以“韩国进出口银行不保存有关担保的审查文件”为由,拒绝向专家组提供有关三湖重工公司向进出口银行贷款提供担保以及银行监控担保的相关证据。专家组最终拒绝了韩国的抗辩,并指出,即便韩国所称的调整是必要的,在缺乏相应证据资料的情况下,专家组也无法决定如何调整。②

其次,支撑调整的客观依据,必须是可量化的。在韩国商船案中,韩国认为,同为债权人,韩国进出口银行比公司债券持有人拥有更强的风险控制能力。韩国进出口银行向被调查企业提供的完工前贷款,是根据造船进程分期发放的。韩国进出口银行可以随时监督造船商的资信状况,必要时可立即停止贷款发放并采取措施,包括处分抵押物,来收回贷款。因此,将韩国进出口银行的贷款和公司债券直接进行比较是不妥当的。但最终,因为韩国没有量化韩国进出口银行风险控制能力对利率中信用风险差价(credit spread)的影响,专家组没有支持韩国的意见。③

如果市场中存在的商业利率,通过调整都不足以满足“可比性”要求,或者没有足够的数据来支持调整,那么,调查机关只能够对商业利率基准作一定程度的变通。

---

① 例如,“现在尾浦”的公司债券,韩国甚至没有提供有关债券利率的详细数据(如季度平均利率),也没有告知该债券是否附担保。Panel Report on Korea – Commercial Vessels, WT/DS273/R, para. 7.240. 大宇重工与“大宇造船与海上工程”两个造船商发行的公司债券,部分是附担保的,但韩国没有阐明担保内容。Panel Report on Korea – Commercial Vessels, WT/DS273/R, para. 7.229.

② Panel Report on Korea – Commercial Vessels, WT/DS273/R, paras. 7.288 – 7.289, 7.292.

③ Panel Report on Korea – Commercial Vessels, WT/DS273/R, paras. 7.273 – 7.276.

四、结构利率基准

(一)结构利率基准的必要性

关于政府贷款是否构成补贴的商业利率基准,日本 DRAMS(韩国)案专家组提出:

> [SCM 协定]第 14 条第 b 款并未指出,如果不存在“企业能在市场上实际获得的可比商业贷款”的情况下,调查机关如何判定[政府]贷款是否存在[补贴]利益。①

上诉机构同意专家组的上述观点,②并在美国反倾销反补贴税案中进一步明确:

> 当不存在各方面都具备可比性的商业贷款时,要求调查机关认定不存在判定基准,进而作出无法确定补贴利益的决定,这是不合理的。③
>
> 我们主张,基于第 14 条第 b 款选择判定基准时,应保有一定程度的灵活性,这样所选出的基准,能保障补贴利益判定时比较的可靠性。④

在政府担保是否构成补贴的分析中,也存在相同问题。换言之,如果没有私人企业愿意作出与政府担保相类似的担保,或者市场上不存在与政府担保的贷款相类似的可比商业贷款,那么,该如何判定政府担保是否构成补贴呢?在加拿大飞机信贷和担保案中,专家组认为:

> 首先需要分析,魁北克投资计划中的担保(又称为“首期损失差额担保”),是否因为其不能通过商业渠道获得,而构成存在补

---

① Panel Report on Japan – DRAMs(Korea), WT/DS336/R, para. 7.275.

② Appellate Body Report on Japan – DRAMs(Korea), WT/DS336/AB/R, para. 229.

③ Appellate Body Report on US – Anti – Dumping and Countervailing Duties, WT/DS379/AB/R, para. 485.

④ Appellate Body Report on US – Anti – Dumping and Countervailing Duties, WT/DS379/AB/R, para. 489.

贴利益的典型情形。……我们应从事实层面，审查此项担保（又称为“首期损失差额担保”）是否能够通过商业渠道获得。只有确定它不存在于商业市场中时，我们再从法律层面，审查政府提供了市场所不能提供的支持，是否必然存在补贴利益。①

后来，加拿大证明市场中存在类似的商业担保，可以将之作为判定政府担保是否构成补贴的基准。于是，专家组基于司法经济原则，没有对这个问题下结论。

专家组提出的上述问题，即“从法律层面，政府提供了市场所不能提供的支持，是否必然存在补贴利益”，在欧共体 DRAM 芯片反补贴措施案和欧共体及其若干成员国大型民用飞机案中得到了回应。在欧共体 DRAM 芯片反补贴措施案中，专家组提出：

没有任何当事方向调查机关，或者在专家组程序中表示，有私人企业本来会像韩国出口保险公司那样提供类似的出口担保，并可据此进行比较。这意味着（implies），如果倾向于通过审查［获得］政府财政资助和市场同类资源的［成本］区别，来作出利益判定，且既然连私人企业会提供类似担保的意愿，各方都没有提及，那么，可以很明确地判定利益的授予。②

在欧共体及其若干成员国大型民用飞机案中，上诉机构也表达了类似观点：

SCM 协定第 14 条第 b 款规定，应对比借款人可以实际从市场上获得的可比商业贷款［来进行补贴利益的判定］。这意味着（suggests），如果借款人原本不能获得商业贷款，那么，无论政府贷款的条件是什么，借款人都从所获政府贷款之中获得了［补贴］

---

① Panel Report on Canada – Aircraft Credits and Guarantees, WT/DS222/R, paras. 7.331, 7.332.

② Panel Report on EC – Countervailing Measures on DRAM Chips, WT/DS299/R, para. 7.189.

利益。[1]

简言之,上述案件的专家组和上诉机构认为,如果不存在可比的商业贷款或者担保,可以直接判定政府贷款与政府担保存在补贴利益,进而构成补贴。

但上述观点值得商榷。上诉机构在加拿大飞机案中曾指出,“利益”一词意味着某种比较。[2] 在日本 DRAMS(韩国)案中,上诉机构进一步指出,对判定基准的任何变通,都不可违背 SCM 协定第 1 条第 1 款第 b 项的基本框架,即财政资助与市场基准之间的比较。[3] 不进行比较,直接判定政府贷款、政府担保存在补贴利益,不仅有悖于上诉机构对补贴利益的解释,也无法计算补贴利益——将政府贷款和政府担保的总额都视为补贴利益,显然是不合理的。

笔者认为,必须寻找一个适当的市场基准,将之与政府财政行为进行比较,方可判定政府行为是否构成补贴。当市场中找不到可比的商业利率基准,调查机关可以构造诸如“结构利率”的替代基准,或者使用其他币种贷款作为基准,来对商业利率基准进行合理变通。实际上,在美国反倾销反补贴税案中,上诉机构也曾提出:

> 可能存在这样的情况,即无论何种当前的商业贷款,与被调查的政府贷款之间,都存在显著差别,以至于通过调整的方式来消除差别,不具有现实的可能性。在这样的情况下,专家组认为应允许调查机关使用替代基准(proxies)。……综上,专家组对 SCM 协定第 14 条第 b 款的解释,即“与第 14 条第 d 款相同,第 14 条第 b 款内含足够的灵活性,在相关方无法获取商业[利率]

---

① Appellate Body Report on EC and certain member States - Large Civil Aircraft, WT/DS316/AB/R, footnote 1893.

② Appellate Body Report on Canada - Aircraft, WT/DS70/AB/R, para. 157.

③ Appellate Body Report on Japan - DRAMs (Korea), WT/DS336/AB/R, paras. 172 - 174.

基准时，允许使用替代基准”并无不当。①

事实上，WTO 成员方在内部反补贴规则中也有类似规定。欧委会《指导规范》第 E(b)(iv)节规定，如果不能获得实际的可比商业贷款利率，那么，先应考虑类似财务状况、其他行业里的公司获得的任何可比的私人贷款。如果连这样的贷款都不存在，那么，欧委会可以基于当前经济状况（尤其是通胀率）和公司状况，对商业贷款利率进行估算(estimate)。美国商务部《反补贴税最终法规》第 351 部分第 505 节第 a 小节第 3 段第 ii 款规定，当企业在受调查的政府贷款的贷款期限内，没有实际的可比商业贷款时，除非企业完全丧失信用，否则商务部可以使用商业贷款的全国平均利率，或者采用包括“基于人均国民总收入和机构质量的多币种回归模型”(a multi - currency regression model based on per capita GNI and institutional quality)等模型，来构造一个结构利率。

（二）结构利率基准的依据

上诉机构将商业利率基准的变通，与市场价格基准的变通作了类比，指出两者本质相同，美国针叶木材（四）案中关于市场价格基准变通的说理，同样适用于商业利率基准的变通，但对商业利率基准的变通，不再是以“外部基准”来代替“内部基准”：

> 第 14 条第 b 款下的相关问题，不是调查机关能否使用“外部”基准还是“内部”基准，而是在多大程度上，第 14 条第 b 款要求该款明确的所有条件，在形式上得以严格遵守，即便这样有损该条款的宗旨并有碍于利益的计算。因此，相关的问题是，第 14 条第 b 款是否与上诉机构解读的第 14 条第 d 款同样有足够的灵活性，允许偏离“公司可实际从市场获得的可比商业贷款”的基准。②

---

① Appellate Body Report on US - Anti - Dumping and Countervailing Duties, WT/DS379/AB/R, paras. 485, 490.

② Appellate Body Report on US - Anti - Dumping and Countervailing Duties, WT/DS379/AB/R, para. 482.

> 在美国针叶木材(四)案中,上诉机构指出……第14条第d款的规定"并未要求在每种情况下均使用供货国市场的私营价格"……在特定情况下可允许使用外部基准,但该外部基准需要与第14条第d款规定的条件近似。……尽管第14条第b款与第14条第d款间存在差异,但由于过度形式主义地解释第14条第b款,而有损该条款的宗旨并有碍于利益计算的情况,也可能存在。将第14条第b款解释为一概要求比较与被调查贷款相同币种的贷款,当所有相同币种的贷款,均因政府干预而扭曲的情况下,会导致比较在被调查贷款与被政府所扭曲的贷款之间进行。这会破坏第14条第b款的宗旨。如果在特定市场以特定币种提供的贷款受到政府干预的扭曲,在某些情况下应允许调查机关在第14条第b款项下使用"公司可实际从市场获得的可比商业贷款"以外的基准。但是,此类基准与"公司可实际从市场获得的可比商业贷款"近似。①

此外,上诉机构还从SCM协定第14条的条约措辞中,为商业利率基准的变通,找到了文本上的支持,即"公司可以实际从市场获得的贷款"中"可以"一词,表示基准可以是事后人为构造出来的,并不实际存在:

> 第14条第b款项下的……过去式"可以"一词表示这里用的是条件句,说明第14条第b款项下的基准贷款,不必是在各个案件中都存在于市场之中的贷款、或者说事实上可从市场上获得的贷款。……我们认为第14条第b款并未排除这样的可能性,即把不是实际在企业住所地市场中获得的商业贷款的利率,如其他币种的贷款,或者结构利率(constructed proxies),作为比较基准。②

---

① Appellate Body Report on US – Anti – Dumping and Countervailing Duties, WT/DS379/AB/R, paras. 483 – 484.

② Appellate Body Report on US – Anti – Dumping and Countervailing Duties, WT/DS379/AB/R, para. 480.

> 当与被调查贷款相同币种的贷款利率受到扭曲而不能用作基准时，第14条第b款并没有隐含这样的限制，即阻止调查机关使用……结构利率取代现有利率，来作为基准利率。事实上，将第14条第b款解读为就基准选择规定了上述限制，可能会破坏该条款的宗旨，因为政府对市场的参与或影响，扭曲了某种币种贷款的利率，而其他市场上又不存在该种币种的贷款，在这样的情况下，[在该种币种的贷款中]将无法选定合适的基准。……我们进一步注意到，正如前面已经讨论过的那样，根据第14条第b款，是有可能使用替代贷款的，这样的理解符合这里使用的条件句："将支付"及"可以实际从市场上获得"。当可比商业贷款实际上不存在于市场之中时，应当允许调查机关使用替代利率，即为"本可"从市场上获得的可比商业贷款而"本应"支付的金额。①

可见，若不存在现实可行的商业利率基准，或者虽然存在商业贷款，但它与政府贷款的差异之大，即便通过调整也无法保障"可比性"时，调查机关可以对商业利率基准作变通，即构造"结构利率"作为替代基准，或者使用其他币种贷款利率作为基准，来判定政府行为是否构成补贴。这个结构利率，"可以选择市场中的最高利率并加上风险附加费(a risk premium)，来作为判定债务人信誉扫地时获得的政府贷款的比较基准"。②

(三)结构利率基准的约束

对商业利率基准的变通，尤其是采用结构利率时，调查机关拥有更大的自由裁量权。相对于市场中实际存在的可比商业贷款利率而言，结构利率更容易被异化为贸易保护主义工具。例如，调查机关有可能为了采用结构价格，而故意忽视可以通过调整来满足可比性要求的、实际存在的商业利率；调查机关也可能就被调查企业提出满足可比性要求的、实际存在的

① Appellate Body Report on US – Anti – Dumping and Countervailing Duties, WT/DS379/AB/R, para. 487.

② Pierre Didier, WTO Trade Instruments in EU Law, London: Cameron May, 1999, p. 221.

市场价格,指定很短的期限,或就被调查企业就结构价格的合宜性指定很短的抗辩期限,使被调查企业没有机会寻找一个合适的市场基准价格。[①]因此,如何限制调查机关在构造结构利率过程中的自由裁量权,是个非常值得探讨的问题。

在美国反倾销反补贴税案中,上诉机构就曾指出,专家组对美国商务部采用的变通方式,即"基于人均国民总收入和机构质量的多币种回归模型"的审查,不够严谨、彻底,应以纠正:

> 专家组似乎暗示其无须仔细审查所选基准的合宜性,或考虑是否存在能更好满足必要标准的其他基准。这是因为,专家组认为在案证据中没有参照点,可用于判断所使用基准的绝对价值。……有两方面我们不同意专家组的陈述。首先,在考虑表面依据充分的其他基准的情况下,专家组有责任就美国商务部所提出的、支持其结构基准正当性的理由,进行严谨而又有深度的审查。如专家组注意到的,即使当中国没有未被扭曲的人民币利率来作为基准,导致在案证据中没有参照点可用于判断所选基准的绝对价值时,专家组的上述责任仍然存在。例如,专家组可按中国向美国商务部所主张的,根据国民储蓄率而非国民总收入,或根据第三方替代国家利率基准来考察美国商务部使用的替代基

---

① 关于这一点,在中国应对反倾销调查时已现端倪。在其他 WTO 成员方对华反倾销调查中,如果中国出口企业未能争取到市场经济地位,则调查机关会选择一个参照国,根据参照国企业的有关数据计算正常价值,来作为与出口价格相比较的基准,并在比较的基础上计算出倾销幅度。反倾销调查中根据参照国企业数据计算出来的正常价值,就类似于反补贴调查中的市场基准价格。在欧盟对华反倾销调查中,欧委会会在立案公告中列明提议的参照国国名,并要求应诉的中国企业或者其他利益方对提议中的"参照国"进行评议,评议的法定期限为自立案之日起 10 天内。虽然在这个程序中,应诉企业有权利书面评议参照国的合理性以及替代是否合理等问题,应诉企业也有权利提出自己认为合理、适意的参照国,但是事实上,在短短的 10 天内要求中国应诉企业对欧委会或申诉方提议的参照国作出有效的合理判断几乎是不可能的,中国企业无法将"参照国"企业的价格成本是否适意以及适意于中国企业的程度作出合理的量化,因为国与国之间的产业结构等差异不可能存在一个合理的参照标准或者计算模式,中国应诉企业根本不可能掌握参照国相关企业的成本数据,也就是说,只能凭借有限的信息来推测某一参照国的适意程度。参见蒲凌尘:《应诉欧共体反倾销律师业务》,法律出版社 2007 年版,第 10 页。

> 准。……我们认为,中国在专家组面前提出的这些主张,足以要求专家组就美国商务部回归模型是否与 SCM 协定第 14 条第 b 款相符,作出有力且有意义的审查。①

总体而言,如果调查机关采用其他货币贷款的利率,或者结构利率作为替代基准,则必须根据第 14 条序言的要求,就替代基准近似于可比商业贷款的利率,作出清晰充分的解释。若调查机关所构造的结构利率,必须有充分合理的依据,包括若干市场要素,以及受益人的实际资信状况。调查机关所作的变通及依据,必须接受专家组和上诉机构的实质审查。而案件的其他当事方所提出的"表面合理的不同意见",都应得到专家组的充分考虑。②

第四节 市场价格基准

政府或者其他相关机构向企业提供除一般基础设施以外的货物或者服务,或者购买货物(以下简称政府购销),属于 SCM 协定所定义的财政资助;若政府购销的条件,优于"基于政府购销行为发生时当地市场行情来确定的适当报酬",则构成 SCM 协定意义上的补贴。③ 根据 CPTPP 第 17.1 条,国有企业以优于市场价获得的、除一般基础设施外的货物或者服务,构成 CPTPP 意义上的非商业援助。两者的区别在于,政府向企业购买货物,属于 SCM 协定约束的财政资助范围,但不属于 CPTPP 非商业援助的范围,后者只包含政府向企业提供货物或者服务。无论 SCM 协定第 14 条第 d 款中的"基于政府购销行为发生时当地市场行情来确定的适当报酬",还

---

① Appellate Body Report on US – Anti – Dumping and Countervailing Duties, WT/DS379/AB/R, paras. 510 – 512, 522 – 524, 526 – 527.

② Appellate Body Report on US – Anti – Dumping and Countervailing Duties, WT/DS379/AB/R, paras. 489, 526.

③ SCM 协定第 14 条第 d 项规定:"政府提供货物或服务,或购买货物,不得视为授予利益,除非政府销售所得低于适当报酬,或购买所付高于适当报酬。判定报酬是否适当,应参考卖方或者买方国内当前市场行情(包括价格、质量、可获性、适销性、运输和其他购销条件)。"

是 CPTPP 第 17.1 条中的“该企业能通过商业途径获得的交易条件”，实际都是指财政资助发生之时的市场价格。笔者将之统称为市场价格基准。不难发现，CPTPP 第 17.1 条的表述较 SCM 协定更为原则化，加之无相应的实践来支撑，故需要参照 SCM 协定的相关规定与实践来理解。而对于市场价格基准的全称，即“基于政府购销行为发生时当地市场行情来确定的适当报酬”中，“何为适当报酬，这个问题意味着对正常市场交易中企业定价所考虑因素，进行全面的经济学的分析”。[①] 因此，本节基于法经济学与法解释学视角，梳理、补充与检讨 WTO 争端解决机构关于市场价格基准的解释，围绕应当从怎样的市场中、选择谁的价格作为市场价格基准问题，来阐述市场价格基准的内涵。

一、经济人假设：基准的价格选择标准

（一）政府的价格

SCM 协定第 14 条第 d 款“基于政府购销行为发生时当地市场行情来确定的适当报酬”之措辞，说明市场价格基准原则上指国内市场价格。微观层面而言，国内市场中谁的价格可以代表市场价格、进而作为判定补贴利益的比较基准？笔者认为，政府定价不宜作为基准价格，除非有证据证明政府定价符合商业规则。原因在于：第一，由于存在“市场失灵”，各国政府通常采用以下四种手段来干预市场：“一是对私有企业的合规性监管；二是对私有企业的税费征收……三是对私有企业的扶持，如补贴；四是通过国有企业的垄断方式或与私有企业相竞争的方式，参与经济活动。”[②]调控市场是政府参与市场交易的主要目的；作为实施公共政策的组织，政府不构成“理性经济人”。第二，反补贴调查中使用市场价格基准，旨在将之与政府购销行为进行比较，进而判断政府行为是否以及在多大程度上偏离

---

① Conor Quigley, Anthony M. Collins, *EC State Aid Law and Policy*, Portland: Hart Publishing, 2003, p. 31.

② Michel Fromont, *State Aids: Their Field of Operation and Legal Regime*, in Terence Daintith(ed), Law as An Instrument of Economic Policy: Comparative and Critical Approaches, Berlin and New York: Walter de Gruyter, 1987, p. 153.

市场价格、扭曲市场竞争。如允许政府价格作为比较基准，无异于自己比自己，让比较陷入循环而失去意义。

（二）国有企业的价格

国有企业的价格原则上应纳入基准价格的备选范围，除非国有企业被认定为公共机构，或存在受政府委托行事等有悖于"经济人假设"的其他情形。

在韩国商船案中，专家组拒绝采用国有企业的价格作为基准，提出"只有百分之百私有的企业，才不存在违反商业规则定价的可能性"。① 笔者不赞同专家组的上述观点。在补贴问题上，WTO 持"所有制中立"态度，并没有对国有企业贴上"非商业"的标签。事实上，私人机构也可能基于政府委托而从事补贴行为。专家组的观点本质上是所有制歧视，国有企业只要符合商业规则，其价格作为基准并无不可。国有企业是否遵循商业规则，需要结合个案案情作具体分析，其商业属性不应受到概括性否定。

（三）私人企业的价格

基准价格的主体，须以追求经济利益最大化为其行为目的。② 因此，私人企业的价格，通常可作为首选的基准价格；但价格形成于关联交易除外，包括交易双方存在母子公司关系、兄弟公司关系或合资设立子公司等股权方面的关联，或者交易伙伴并非自愿选择而是由政府、股东或债权人指定，或者存在补偿安排等有碍于自由交易、有悖于"经济人假设"情形。非关联交易（at arm's – length transactions）、自由交易（unconstrained exchange）、正常贸易交易过程（ordinary course of trade）等措辞，都包含了相同的要求。欧委会《指导规范》第 E（d）（ii）节还进一步规定，应将被调查的公司向私人供货商进行类似采购中的最低价格，作为市场价格基准；如果被调查的

① Panel Report on Korea – Commercial Vessels, WT/DS273/R, para. 7. 179.

② 关于"经济人假设"理论，参见 N. Gregory Mankiw, Principles of Microeconomics, South – Western Cengage Learning, 2008, p. 6。

公司,没有向私人购货商进行类似采购,那么,应根据同一行业内的其他公司(首选)或者其他行业内的公司(次选),就类似采购所支付的价格,来确定市场价格基准。

二、竞争程度:基准的市场选择标准

(一)作为外部基准适用前提的市场选择标准

如果国内市场中没有符合"经济人假设"的微观价格,如政府是唯一供货商,那么,市场价格基准又该如何确定呢? 换言之,从宏观角度来看,基准价格应该从怎样的市场中选取?

补贴的效果是扭曲国际贸易的竞争秩序,而判定基准的作用是量化扭曲程度,并以之作为反补贴税率的计算依据。因此,理论上,"假设没有任何政府干预的市场均衡"是最佳的基准市场。① 但现实中任何市场都或多或少存在政府干预,前述"自然基准"只存在于理论假设之中。那么,个案中被具体选作基准的市场,在多大程度上允许存在政府干预呢?

在美国针叶木材(四)案中,各方关于外部基准的讨论,就是围绕上述问题来展开的。被申诉方美国认为,加拿大政府的干预已经扭曲了国内私营木材价格,故不能采用加拿大的国内价格,而应当转而采纳美国的价格作为判定基准。专家组认为,SCM 协定第 14 条第 d 款中的"in relation to"应解释为"in comparison with",并据此认为,判定报酬是否适当必须与买卖交易发生地国内当时市场行情作比较。专家组认为,SCM 协定第 14 条第 d 款没有规定"未被政府干预扭曲的市场"才能作为比较基准,故拒绝了

① 该观点由 Sykes 教授提出,他将之称为"自然基准"(natural benchmark)。笔者认为,其中的"市场均衡"(market equilibrium)应从经济学角度来理解,以充分竞争为前提。因此,Sykes 教授提的自然基准,既排斥政府干预,也体现了对竞争程度的要求。Alan O. Sykes, *The Economics of WTO Rules on Subsidies and Countervailing Measures*, Chicago M John. Olin Law and Economics Working Paper No. 186 (2nd Series), May 2003, 3. 转引自 Luca Rubini, *The Definition of Subsidy and State Aid: WTO and EC Law in Comparative Perspective*, New York: Oxford University Press, 2009, p. 204.

美国的观点。[①] 之前的美国针叶木材(三)案专家组也持相同观点。[②]

但"上诉机构推翻了专家组裁决,这表示并非所有的市场都可以作为衡量利益的适当基准。如果这个市场被政府财政资助严重扭曲,将之作为比较基准,不能反映补贴对贸易的真实扭曲程度"。[③] 上诉机构认为,美国将第 14 条第 d 款的"市场行情"解释为"未被政府财政资助扭曲的市场"是不准确的,第 d 款条文并没有对基准市场提出任何要求,也没有以任何方式限定"市场行情"的内涵。协定的法文文本和西班牙文本也印证了这一点。[④] 但是,上诉机构紧接着纠正了专家组对"in relation to"的解释。上诉机构认为,"in relation to"这个短语隐含"对比"之意,但其意义却不限于专家组理解的机械对比,还包含 as regards(关于)、with respect to(至于)、relation(关系)、connection(联系)、reference(涉及)等含义。对第 d 款中"in relation to"的文本解释,说明起草者并没有摒弃除买卖交易发生地国内私营价格以外的比较基准。当然,这并不表示买卖交易发生地国内私营价格可以被忽视。之后,上诉机构又对"in relation to"进行了上下文解释。上诉机构认为,第一,与第 b 项和第 c 项不同,第 a 项明确要求"该成员方领土内",第 d 款也明确规定"买卖交易发生地国内",说明国内的私营机构在非关联交易中出售同类产品的售价,是衡量报酬是否适当的首要基准和出发点。当然,如果买卖交易发生地国内同类货物主要由政府提供,且政府的行为扭曲了市场价格,那么,调查机关可以根据第 d 款采用其他的比较基准。第二,专家组的解释中还有一个错误,就是没有充分考虑第 14 条第 d 款的直接上下文,特别是第 14 条开头的概括性陈述。第 14 条的引言,要求调查机关为计算利益而采用的"任何"一种方法,都应当符合特定要求。这清楚地表明,在符合第 14 条第 d 款的前提下,调查机关可以使用

---

① Panel Report on US – Softwood Lumber Ⅳ, WT/DS257/R, para. 7. 64.

② Panel Report on US – Softwood Lumber Ⅲ, WT/DS236/R, para. 7. 59.

③ Petros C. Mavroidis, Patrick A. Messerlin and Jasper M. Wauters, *The Law and Economics of Contingent Protection in the WTO*, Cheltenham, UK; Northampton, Massachusetts, USA: Edward Elgar, 2008. p. 344.

④ Appellate Body Report on US – Softwood Lumber IV, WT/DS257/AB/R, para. 87.

的计算利益方法不止一种。而专家组的解释结论是将私营价格视为唯一基准,未得到第14条引言的支持。第三,第14条引言最后一句中“应当”(shall)一词,说明须在符合指导性准则的前提下衡量补贴利益,且该条属于强制性要求。我们同意这个观点,同时我们认为,“指导性规则”(guidelines)一词说明,尽管具体详细的计算方法尚未明确,但第14条对补贴利益的判定作了框架性规定。综上,将这些措辞合到一起,就构成衡量补贴利益的法定考量因素。不过,这并不代表用于,判定政府提供货物所得报酬是否适当的具体方法只有一种。因此,第14条第d项不能理解为“没有任何伸缩余地和可能的刚性规则”。因此,“政府购销行为发生地的国内市场价格,是计算利益首要基准,但非唯一基准。①

上诉机构接着又采用目的解释来支持其上述解释结论。上诉机构认为,专家组的解释并不符合第14条的立法目的。当政府成为同类产品的主要供应者,以至于政府实际决定了私营机构的售价。这种情况下,按照专家组的解释结论,将国内私营机构的售价作为当然的比较基准是行不通的。因此,专家组对第14条第d款的限制性解释不仅与第14条立法目的相悖,而且也有碍于SCM协定的目的和宗旨。SCM协定旨在规范补贴与反补贴措施,并使受补贴产品之害的进口国使用此类救济措施。这是因为,利益判定是成员方采取SCM协定项下的反补贴措施的必要条件。而根据专家组的解释,利益计算结果可能会被人为抵消甚至为零,从而导致成员方使用的反补贴税不能完全抵消补贴影响。②

最终,上诉机构认为,基准市场允许存在政府干预,但不能达到扭曲程度,否则,就应当使用外部基准:

> 就市场扭曲以及对价格的影响而言,政府是作为唯一供货商还是主要供货商,对市场扭曲和价格影响方面,几乎没有什么区别。……政府作为相同或相似货物供货商,在市场中所占据的主

---

① Appellate Body Report on US – Softwood Lumber Ⅳ, WT/DS257/AB/R, paras. 88, 90 – 92, 96 – 97, footnotes 107 – 109.

② Appellate Body Report on US – Softwood Lumber Ⅳ, WT/DS257/AB/R, paras. 83 – 95.

> 导地位,扭曲了买卖交易发生地国内的私人价格,那么调查机关可使用国外的价格作为基准。①

换言之,"并非所有的市场都适宜作为基准市场。如果整个市场都被政府的财政资助扭曲,将这样的市场作为比较基准,就不能揭示出补贴对贸易的扭曲程度"。② 根据上诉机构的观点,当政府是某种货物的国内唯一供货商,或者是主要供货商时,国内市场不能作为基准市场。③ 依笔者愚见,若国外市场存在上述情况,自然也不能作为外部基准。对于国内、国外市场应一视同仁,这个标准不仅是外部基准的适用前提,而且应构成基准市场的选择标准。

但上述情况以外的市场,可否都作为适格的基准市场?囿于美国针叶木材(四)案的案情,上诉机构并未就此作进一步的讨论。而在之前的加拿大飞机案中,上诉机构只是明确了市场是适宜的比较基准,并没有探究基准市场的选择标准;此后的美国反倾销反补贴税案中,上诉机构也只是作了补充界定,明确"主要(predominant)供货商,既指市场份额,也指市场势力",并提出"政府作为重要(significant)供货商"应与上述情况区别对待。④

(二)竞争程度标准的必要性

补贴利益是种不公平竞争优势,但不公平竞争优势既可以由政府通过补贴等市场干预行为来提供,也可以源于私人垄断与限制竞争行为等"市

① Appellate Body Report on US – Softwood Lumber Ⅳ, WT/DS257/AB/R, paras. 100, 103.

② Petros C. Mavroidis, Patrick A. Messerlin and Jasper M. Wauters, *The Law and Economics of Contingent Protection in the WTO*, Cheltenham, UK; Northampton, Massachusetts, USA: Edward Elgar, 2008, p. 344.

③ Appellate Body Report on US – Softwood Lumber Ⅳ, WT/DS257/AB/R, para. 100.

④ 上诉机构补充道:"政府作为重要供货商,仅仅这个事实本身,不能证明私人价格受到扭曲,所以,当政府作为重要供货商的情况下,调查机关有赖于有关政府市场份额以外其他事实的证据。"参见 Appellate Body Report on US – Anti – Dumping and Countervailing Duties, WT/DS379/AB/R, paras. 443 – 444。

场失灵”情形。

如前所述,上诉机构已经明确,当政府拥有较大市场份额或者市场势力,扭曲国内市场时,该市场内的私人价格都不能作为衡量补贴利益的比较基准。若将上述结论中的“政府”替换为“私人企业”,即市场中若存在占据较大市场份额、拥有较强市场势力的私人企业,那么这个市场中的价格还可以用作基准价格吗?理论上,政府干预与市场竞争程度既有联系更有区别,政府干预可以构成行政垄断或者行政性限制竞争行为,但其并非影响市场竞争程度的唯一因素。即便政府对市场的干预较少,也不能表示该市场的竞争程度很高。

但上诉机构在选择基准市场时,并没有考虑私人垄断或限制竞争行为对价格形成的扭曲效果。在日本对韩国动态随机存取存储器反补贴税案中,上诉机构主张:

> 为实现财政资助所进行的交易,其价格应当和相关市场中的自由交易的价格相比较。前述相关市场可以是比较发达的,也可以是不够发达的,交易主体数量也是可多可少的。例如,在很多经济体中,已建立交易不良债务的成熟市场,大量的金融工具可以在这些市场上完成交易。但有时市场也可以是不够成熟的。①

竞争程度是否充分,是评价整个市场是否成熟的标准之一。根据“不完全竞争理论”,市场可以区分为完全竞争市场、垄断竞争市场、寡头垄断市场与完全垄断市场这四种情形,其竞争程度依次递减。完全垄断市场彻底排除竞争,因而不存在自由交易。但完全垄断市场只是理论假设,现实中的市场或多或少存在基于市场竞争的自由交易。因此,上诉机构实际上允许基准市场存在导致竞争受限的私人垄断或者私人限制竞争行为,并没有对基准市场的竞争程度提出任何要求。

笔者认为,上诉机构的观点值得商榷。通过对 SCM 协定第 14 条的扩大性解释,上诉机构在构建外部基准时,基于政府干预与市场价格关系的

---

① Appellate Body Report on Japan – DRAMs (Korea), WT/DS336/AB/R, para. 172.

视角，明确了基准市场的选择标准。但这个视角，显然受制于贸易法与竞争政策之间的制度藩篱。作为贸易法范畴的反补贴制度，主要着眼于对国内产业的救济，而非整个市场的竞争程度问题。竞争程度属于竞争政策的关注焦点，而反补贴制度“天然地”只对政府干预感兴趣。正如欧共体对韩国进口动态随机存取存储器芯片反补贴措施案的报告中所陈述那样，“只要财政资助不是政府提供的，那就不关我们的事儿”。[①]

笔者认为，上诉机构的分析视角应当有所扩展，其观点亦值得进一步深化。作为衡量补贴对竞争秩序扭曲程度的水平线，基准市场应当符合一定的竞争程度标准。无论是受政府干预而扭曲还是受私人垄断或者私人限制竞争行为而扭曲，市场最终的表现方式都是“价格扭曲”[②]，故两者都不能作为衡量补贴利益的水平线。

此外，忽视基准市场的竞争程度，也可能是因为上诉机构认为使用外部基准的情况“非常有限”。[③] 当调查机关将国内市场作为基准市场时，由于被比较的政府购销价格与基准价格，都源于相同的国内市场，因而不必考虑不同市场的竞争程度差异；但在使用外部基准时，被比较的两个价格源于不同的市场，两个市场之间的竞争程度差异，会影响补贴利益的判定与衡量。竞争程度是经济学角度区分市场的重要标准，而竞争程度越充分，整个市场越接近均衡状态，市场平均价格越低。[④] 竞争程度是否充分，是评价整个市场是否成熟的标准之一，也是产生比较优势的原因之一。若依上诉机构所言，最终选择了未成熟、主体少、竞争程度不够充分的外部市场作为基准，来衡量出口国政府向企业低价提供的货物价格，那么，衡量得出的补贴幅度里面，就包含了基准市场与出口国市场因竞争程度差异而导致的价格差异，而这种差异体现的恰恰是比较优势，是不应该被反补贴措

---

① Panel Report on EC – Countervailing Measures on DRAM Chips, WT/DS299/R, para. 7. 175.

② 上诉机构明确指出，价格扭曲是使用外部基准的原因。参见 Appellate Body Report on US – Anti – Dumping and Countervailing Duties, WT/DS379/AB/R, para. 446。

③ Appellate Body Report on US – Softwood Lumber Ⅳ, WT/DS257/AB/R, para. 102.

④ ［美］罗伯特·考特、托马斯·尤伦：《法和经济学》，史晋川、董雪兵译，格致出版社、上海三联书店、上海人民出版社 2010 年版，第 30 ~ 31 页。

施抵消。[①] 事实上，外部基准当前已经不是种例外情况，而已被广泛应用于美国等国家发起的调查案件之中，[②]成为被调查企业未能获得公平合理对待、反补贴措施异化为贸易保护主义手段的主要原因。

综上，上诉机构构建的基准市场选择标准，存在拓展与深化之必要。竞争程度应当成为基准市场的宏观选择标准；受私人垄断或者私人限制竞争行为而扭曲的市场，不应作为基准市场；在诸多备选的国外市场中，应选择竞争程度最为充分的市场作为外部基准。

三、政府购销定价的商业合理性判定

事实上，并非所有案件中都存在对应的市场价格作为判定基准。鉴于上诉机构也认为"政府购销行为发生地的国内市场价格不是唯一基准"，[③]并据此将之变通为"外部基准"，那么，将第 14 条第 d 款作其他形式的合理变通，亦无损于 SCM 协定缔约目的。笔者主张，可以对 SCM 协定第 14 条第 d 款作合理变通，即通过分析政府购销定价的商业合理性，来判定其行为是否存在补贴利益。这符合 SCM 协定"对扭曲国际贸易的补贴实施多边纪律"的缔约目的。[④] 如前所述，补贴利益本质上是扭曲国际贸易秩序的不公平竞争优势，而"对于补贴利益的判定，实际就是判断财政资助是否会扭曲国际贸易"。[⑤] 因此，商业上的合理行为，既排除了公共财政承担私人成本的可能，也说明其不会扭曲国际贸易秩序，故可判定不存在补贴利益。

如何证明政府购销定价的商业合理性呢？笔者认为，不妨参考反倾销实践中的市场经济地位判定方法。在反倾销调查中，中国企业需要向调查

---

① Appellate Body Report on US – Softwood Lumber Ⅳ, WT/DS257/AB/R, para. 109. 当反补贴措施抵消比较优势时，它就蜕变成为变相的贸易保护主义手段。

② 事实上，美国在使用外部基准时并非完全遵循上诉机构的要求。参见 Gregory W. Bowman, Nick Covelli, David A. Gantz, Ihn Ho Uhm, *Trade Remedies in North America*, Kluwer Law International, 2010, footnot 418, p. 124。

③ Appellate Body Report on US – Softwood Lumber Ⅳ, WT/DS257/AB/R, para. 96.

④ Panel Report on Brazil – Aircraft, para. 7.26.

⑤ Appellate Body Report on Canada – Aircraft, WT/DS70/AB/R, para. 157.

机关证明，公司在产品定价、成本投入、对外投资等方面的决策，是依据反映供求关系的市场预示作出的；公司具有一套清晰的、依照国际财务标准的财务记录；公司的生产成本和资金状况没有因转制造成扭曲等，方能获得市场经济地位的认可，否则就会被强制适用"一国一税"的高额反倾销税。这种做法对中国企业极为不公平。但其中审查企业产品定价是否符合市场规则的做法，可以被借鉴用于政府购销定价的商业合理性判定。根据会计规则，合理的价格构成包括原产地制造成本（固定成本和可变生产）、销售管理费用以及与行业平均水平大致相当的合理利润。针对政府购销定价，也可以按照上述栏目，逐项进行商业合理性分析。若每个栏目都符合市场规则，那么，政府购销定价应当被视为符合商业合理性而不存在补贴利益。

从以下几个方面来看，上述方法也具有可行性。第一，政府所购销产品的市场（即成品市场），因为受到被扭曲而不能用作基准。这是对市场价格基准进行变通的原因。但成品市场的扭曲，并不表示原材料市场的扭曲，故国内的原材料价格可以作为参考依据。第二，上诉机构在美国反倾销反补贴税案中已经明确，"商业"一词不涉及价格主体的身份，政府也可以从事商业行为。[①] 因此，将应用于企业的逐项成本核算方式，来审核政府购销定价的商业合理性，不存在理论或制度上的障碍。第三，这种方法已经是反倾销实践中的成熟做法。

除了实体上的逐项成本核算，程序上而言，如果政府购销行为，包括作为反补贴调查对象的政府购销行为，与政府为组织生产而购买原材料的行为，是通过公开招标采购或者拍卖程序来进行的，只要"交易过程是公开的且公平竞争的，那就不构成对企业授予补贴利益"。[②]

综上，市场价格基准是判定政府或者其他相关机构的购销行为是否构成补贴与非商业援助的判定基准。从怎样的市场中、选择谁的价格，是其

---

① Appellate Body Report on US – Anti – Dumping and Countervailing Duties, WT/DS379/AB/R, paras. 478 – 479.

② Phedon Nicolaides, Mihalis Kekelekis, Maria Kleis, *State Aid Policy in the European Community: Principles and Practice*, Kluwer Law International, 2008, p. 30 – 31.

中的关键问题。从微观层面而言，基准价格的定价主体，必须以追求经济利益最大化为其行为目的，基准价格不应存在任何有悖于“经济人假设”的事实。政府价格与关联交易中的私人价格都不宜作为基准价格，但国有企业价格原则上应纳入基准价格的备选范围。从宏观角度来看，基准市场的竞争秩序，既不能被政府干预扭曲，也不能受私人垄断或私人限制竞争行为的抑制。若个案中不能找到符合上述两方面标准的市场价格基准，调查机关可以通过分析政府购销定价的商业合理性，来判定其行为是否存在补贴利益。由于补贴与反补贴措施都属于政府行为，因此，反补贴制度“在成员方寻求对补贴的更多约束，与寻求对反补贴措施的更多约束之间，维持微妙平衡”。① 它既要阻却成员方通过补贴将利益这种不公平竞争优势传递给企业，又要防止成员方滥用反补贴措施来抵消进口企业的比较优势。市场价格基准是平衡两者的关键，被喻为反补贴案件中的“水平线”。② 采用经济人假设与竞争程度标准来选择市场价格基准，或使用商业合理性判定方法来代替市场价格基准，有助于实现上述两个方面的条约宗旨。

第五节　动态判定基准

“补贴既可以直接给予，也可以通过第三方间接给予接受者。”③这个“间接”，既可以理解为政府委托私人机构提供财政资助并给予补贴利益，也可以指受调查的生产商虽没有直接接受财政资助，却构成补贴最初受益人的特殊情况，④还包括政府财政资助向甲提供的补贴利益通过甲乙之间的交易传递给了乙，即 WTO 争端解决机构所讨论的“因涉案补贴的接受

---

① Appellate Body Report on US – Countervailing Duty Investigation on DRAMS, WT/DS296/AB/R, para. 115.

② Panel Report on Korea – Commercial Vessels, WT/DS273/R, para. 7. 183.

③ Conor Quigley, Anthony M. Collins, *EC State Aid Law and Policy*, Portland: Hart Publishing, 2003, p. 23.

④ 请参见本书第 19 页“受益人与财政资助接受者的区别”部分。但这种情况有别于补贴利益的传递，后者发生在两个独立受益人之间。

者并非受调查产品的生产商，而产生的该产品是否受益于补贴问题”。[①]最后一种情况被称为补贴利益的动态传递。“在财政资助接受者与利益接受者是彼此独立的不同实体时，必须查明，财政资助授予的利益是否从财政资助接受者传递至出口产品生产商。”[②]相关的补贴利益调查与分析，笔者称为利益传递的动态判定，而相应的判定基准，称为动态判定基准。

一、动态判定基准的适用范围

（一）私有化导致的利益传递

作为动态判定基准的适用范围，利益传递包括两种情况：时间上的纵向传递和空间上的横向传递。具体而言，第一种情况是指在国有企业征收的反补贴税的征收期限届满之前，对国有企业进行了私有化，该企业在私有化之前获得的补贴利益，若未被完全抵销，就会传递给后私有化企业。换言之，后私有化企业仍然从私有化之前的财政资助中，获得了补贴利益。这也包括私有企业股权转让的类似情形。在美国铅铋钢（二）案中，专家组和上诉机构一致认为：

> 给予原先公司的无附加条件的、一次性“财政资助”，可以构成间接给予继受公司的“财政资助”。这是因为，无附加条件的、一次性“财政资助”可以被视为对该公司生产设备等已经完成的投资。于是，当这些生产设备等由继受公司受让时，继受公司就间接地获得了这些生产设备中包含的“财政资助”。[③]

---

① Panel Report on US – Softwood Lumber Ⅳ, WT/DS257/R, para. 7.85. 该案涉及上游补贴问题，但这个归纳也可以适用于私有化情形下的补贴利益传递。

② Petros C. Mavroidis, Patrick A. Messerlin and Jasper M. Wauters, *The Law and Economics of Contingent Protection in the WTO*, Cheltenham, UK; Northampton, Massachusetts, USA: Edward Elgar, 2008, p. 340.

③ Panel Report on US – Lead and Bismuth Ⅱ, WT/DS138/R, para. 6.81. Appellate Body on US – Lead and Bismuth Ⅱ, WT/DS138/AB/R, para. 68.

(二)上游补贴的利益传递

第二种情况是指直接接受补贴的上游原料生产商,将所获得的补贴利益传递给下游成品生产商,于是"上游补贴起到降低涉案下游成品价格的效果,使之在外国市场中更具竞争优势"①。在美国针叶木材(四)案中,上诉机构指出:

> 当原料获得补贴,而对成品征收反补贴税时,此项补贴的最初接受者,可能不是最终承担反补贴税的产品的生产商。在此情况下,存在一个利益的直接接受者——原料生产商。当原料随后被加工时,如果能够确定,给予原料的补贴利益,至少其中一部分,已经转移到至成品,那么成品的生产商就成为一个利益的间接接受者。②

在上述两种情况下,当受反补贴调查的出口产品生产商构成"潜在的新受益人"③,它虽然没有直接接受财政资助,却间接获得补贴利益,那么,就应该认定它从原补贴中获得了扭曲国际贸易秩序的竞争优势,并采用反补贴措施加以规制。在美国针叶木材(四)案中,上诉机构指出:

> 我们注意到,[GATT 1994]第6条第3款禁止对某一进口产品课征的反补贴税的"数额大于该产品直接或间接获得的补贴"……

---

① Gregory W. Bowman, Nick Covelli, David A. Gantz, Ihn Ho Uhm, *Trade Remedies in North America*, Alphen aan den Rijn: Kluwer Law International, 2010, p. 127.

② Appellate Body Report on US – Softwood Lumber Ⅳ, WT/DS257/AB/R, para. 143.

③ 首先应当查明的是,新受益人独立于补贴的原受益人。这涉及受益人的外部边界,具体请参见前述"受益人的界定标准"部分的分析。有学者将原受益人称为"直接受益人"(direct recipient of the benefit),将新受益人称为"间接受益人"(indirect recipient of the benefit)。参见Petros C. Mavroidis, Patrick A. Messerlin and Jasper M. Wauters, *The Law and Economics of Contingent Protection in the WTO*, Cheltenham, UK; Northampton, Massachusetts, USA: Edward Elgar, 2008, p. 341。笔者认为,当利益完全传递时,"直接受益人"就不再是受益人。为避免误会,笔者采用"原受益人"与"新的潜在的受益人"的提法,而不用"直接受益人"与"间接受益人"的提法。另外,在得出利益传递与否的结论之前,反补贴调查的出口产品生产商,只是"潜在"的受益人。

第6条第3款中使用的“间接获得的……补贴”说明，受调查产品的生产原料所获得的补贴，原则上应计算在补贴数额之内。①

二、利益传递动态判定的依据

(一)概述

受反补贴调查的出口产品生产商，无论是直接接受财政资助并获得补贴利益，还是通过上述两种传递方式间接获得补贴利益，调查机关都应当分别展开独立的补贴利益分析。调查机关不能因为已经认定财政资助对原受益人存在补贴利益，而直接认定财政资助对新受益人也存在利益。一项独立的、有别于原受益人的补贴利益传递动态判定，是调查机关认定受调查的生产商从原受益人处获得补贴利益的前提。在美国铅铋钢(二)案与美国对欧共体某些产品的反补贴措施案中，专家组和上诉机构指出：

如果直接给予BSC公司[私有化前的国有企业]的“财政资助”，可以被视为间接地给予了UES公司[后私有化企业]和BSplc/BSES公司[UES公司的新名称]的话，那么，这个事实本身也不表示1985年至1986年之前给予BSC公司的、无附加条件的、一次性“财政资助”，必然对UES公司和BSplc/BSES公司授予了“利益”。②

若要[对后私有化企业继续]征收反补贴税，进口国就必须在调查私有化条件的基础上，证明后私有化企业仍然从私有化前的财政资助中受益。③

① Appellate Body Report on US – Softwood Lumber Ⅳ, WT/DS257/AB/R, paras. 139 – 140.

② Panel Report on US – Lead and Bismuth Ⅱ, WT/DS138/R, para. 6. 81. 专家组的意见得到上诉机构的支持。Appellate Body on US – Lead and Bismuth Ⅱ, WT/DS138/AB/R, para. 68.

③ Panel Report on US – Countervailing Measures on Certain EC Products, WT/DS212/R, para. 7. 76. 专家组的意见得到上诉机构的支持。Appellate Body Report on US – Countervailing Measures on Certain EC Products, WT/DS212/AB/R, paras. 121 – 124.

(二)法律依据

最早关于利益传递动态判定必要性的讨论,是在GATT年代的美国—加拿大猪肉案中,该案审查的是美国对产自加拿大的猪肉所采取的、抵销加拿大政府给予生猪饲养商补贴的反补贴措施。[①] 而在WTO时代,涉及利益传递动态判定的案件主要有美国铅铋钢(二)案、美国对欧共体某些产品的反补贴措施案、美国针叶木材(四)案、墨西哥橄榄油案、美国大型民用飞机案等案件。在这些案件中,上诉机构多次阐述了利益传递动态判定的必要性:

> 如果反补贴税旨在抵销给予原料生产商的补贴,但却对成品(非原料)征收,那么对于调查机关而言,仅仅认定存在对原料的财政资助,对原料生产商授予利益,是不够的。……特别是在原料生产商并非成品生产商的时候……调查机关必须认定财政资助的存在,同时还必须认定,补贴带来的利益,至少部分地已经从原料传递到下游,从而间接地惠及被采取反补贴措施的成品。[②]
>
> 如果原料生产商并非成品生产商,那就不能推定给予原料的补贴被传递给了成品。在这样的情况下,有必要分析,成品得到的补贴总额,在多大的程度上能把给予原料的补贴计算在内。……我们认为,给予原料生产商的补贴是否以及在多大程度上传递给加工该原料的下游成品生产商,这个问题如果不能确定的话,那就不可能判定,对成品征收的反补贴税是否超过了该产品获得的补贴总额。因为,第6条第3款允许通过反补贴税抵销不超过"此种产品……的制造[或]生产所直接或间接……给予的补贴",所以,成员方不得通过加工产品征收反补贴税,来抵销那些未被传递的原料补贴数额。只有那些给予原料生产商并传

---

① Report on US – Countervailing Duties on Pork, DS7/R, BISD 38S/30.

② Appellate Body Report on US – Softwood Lumber Ⅳ, WT/DS257/AB/R, para. 142.

递给加工产品的间接补贴数额……才应课征反补贴税。[①]

上诉机构援引了 GATT 时代的"美国—加拿大猪肉案"专家组报告和"美国对欧共体某些产品的反补贴措施案"上诉机构报告之后指出：

> GATT/WTO 争端解决实践与我们的解释相符，并支持了我们的解释……因此，我们同意专家组的意见，即如果未能证明此种从补贴接受者到成品生产商或出口商的补贴传递，就不能认为对成品存在第 10 条、脚注 36 和 GATT 1994 第 6 条第 3 款意义上的补贴。[②]

可见，利益传递动态判定体现了 GATT 1994 第 6 条第 3 款、SCM 协定第 10 条及脚注 36 和第 32 条第 1 款的要求。[③] 美国大型民用飞机案专家组还指出，"[补贴利益]传递分析与补贴金额计算密切相关，目的在于算出受补贴产品从补贴中的获益幅度"[④]，即对所传递的补贴利益进行准确的量化分析与计算，计算出补贴幅度与反补贴税率。

需要注意的是，补贴利益传递判定是在财政资助接受者不同于受益人情况下，成员方采取反补贴措施的前提，这是 SCM 协定第五部分《反补贴措施》给予成员方调查机关的义务。但是，"该要求在 SCM 协定第三部分有关可诉补贴和适当补救条款中找不到任何对应规定。因此，SCM 协定第五部分所要求的传递分析，对于 SCM 协定第三部分第 6 条第 3 款第 c 项项下的大幅度价格抑制的评估而言，并不是必需的"。[⑤] 此外，就 SCM 协定第三部分第 5 条与第 6 条严重损害的认定而言，只有当受调查的产品并非直接受补贴的产品时，才需要利益传递分析来证明受调查的产品间接

---

① Appellate Body Report on US – Softwood Lumber Ⅳ, WT/DS257/AB/R, paras. 140 – 141.

② Appellate Body Report on US – Softwood Lumber Ⅳ, WT/DS257/AB/R, para. 146.

③ Appellate Body Report on US – Softwood Lumber Ⅳ, WT/DS257/AB/R, para. 141. Appellate Body Report on US – Lead and Bismuth Ⅱ, WT/DS138/AB/R, para. 58.

④ Panel Report on US – Large Civil Aircraft (2nd complaint), WT/DS353/R, para. 7.214.

⑤ Appellate Body Report on US – Upland Cotton, WT/DS267/AB/R, para. 472.

获得利益，由此帮助证明补贴与严重损害之间的因果关系。[①]

（三）理论依据

理论上而言，为了查明补贴利益是否传递、受调查的生产商是否间接获得补贴利益，调查机关作出新的利益传递动态判定，还体现了“受益人是利益分析立足点”的要求。原先认定国有企业获得补贴利益的分析，是从原受益人即私有化前国有企业的角度展开的，故不能充当私有化情况下的利益传递动态判定。私有化以后，被调查的对象不再是原国有企业，而是后私有化企业，故应从后私有化企业的角度，来进行利益传递动态判定的分析。在美国铅铋钢（二）案中，专家组和上诉机构指出：

> “利益”存在与否，取决于潜在的接受者或者受益人……在反补贴税的特定背景中，上述理解同样适用于 GATT 1994 第 6 条第 3 款和 SCM 协定第 10 条的脚注 36。[②]
>
> 我们记得，美国主张 UES 公司［后私有化企业］和 BSplc/BSES 公司［UES 公司的新名称］的运营实际上与 BSC 公司［私有化前的国有企业］相同，所以 BSC 公司与 UES 公司和 BSplc/BSES 公司不是“不同的公司”。美国据此认为，美国商务部无须单独审查 UES 公司与 BSplc/BSES 公司是否分别从“财政资助”中受益。然后，我们认为，出于判定“利益”的目的，应对 BSC 公司与 UES 公司和 BSplc/BSES 公司作清晰的区别，这是毫无疑问的。这是因为，导致 UES 公司和 BSplc/BSES 公司设立的所有权转移过程中，涉及 UES 公司和 BSplc/BSES 公司为从 BSC 公司获得生产设备而支付的对价。既然裁定 BSC 公司被授予了“利

① Panel Report on US – Large Civil Aircraft (2nd complaint), WT/DS353/R, paras. 7.286 – 7.287.

② Panel Report on US – Lead and Bismuth Ⅱ, WT/DS138/R, para. 6.66.

益”,是因为 BSC 公司无偿[80]获得这些生产设备,那么,UES 公司和 BSplc/BSES 公司或其股东对这些生产设备提供对价的事实,提高了这样的可能性,即原先对 BSC 公司作出的“利益”判定,分别对 UES 公司和 BSplc/BSES 公司不再有效。[81]基于这个原因,我们认为,导致 UES 公司和 BSplc/BSES 公司设立的所有权转移,本应当导致美国商务部去分别审查 UES 公司和 BSplc/BSES 公司的铅条生产,而非 BSC 公司的铅条生产,是否受到补贴。尤其是,美国商务部本应当审查已经被认定的、1985/86 年前给予 BSC 公司的“财政资助”所授予的“利益”是否继续存在,此项审查应分别从 UES 公司和 BSplc/BSES 公司的角度,而非 BSC 公司角度来进行。

[80] 通过参照市场基准,“利益”一词实际上代表了接受者免费获得的那部分“财政资助”。通过参照市场基准,接受者并未支付这部分“财政资助”[的对价]。在“利益”系由无附加条件的、一次性“财政资助”所授予的情况下,美国推定,通过对生产设备的投资,上述“利益”被用于惠及将来的生产。从这个意义上来说,无附加条件的、一次性“财政资助”的受益人,被认定为“无偿”获得生产设备。欧共体并未在授予 BSC 公司的“利益”问题上就这个方法提出质疑。

[81] 无论是因为不再有任何授予给继受公司的“利益”,还是因为授予给继受公司的“利益”数额小于原先公司的利益,“利益”的初始裁定都可能不再有效。①

值得注意的是,后私有化企业是否受益于私有化之前原补贴的问题,也可以识别为私有化过程中政府是否低于市场价转让国有企业股权,进而构成新补贴的问题。具体而言,政府将所持有的国有企业股份出售给私人

① Panel Report on US – Lead and Bismuth Ⅱ,WT/DS138/R, para. 6. 70. 美国铅铋钢(二)案专家组上述观点,得到了上诉机构的肯定。Appellate Body Report on US – Lead and Bismuth Ⅱ, WT/DS138/AB/R, para. 58.

投资者,构成“财政资助”;如果价格低于市场价格,这可以构成“利益”授予。我们来比较这两种情况所涉及的主体:

表1　国有企业私有化可构成的两种补贴类型对照表

可构成的两种补贴	财政资助提供者	财政资助接受者	原受益人	新受益人
后私有化企业受益于私有化之前的补贴	政府(非以国有企业原股东身份)	国有企业	国有企业与其股东(即政府)的共同体	后私有化企业与新私人股东的共同体
私有化过程中政府低于市场价转让国有企业股权构成的补贴	政府(以国有企业原股东身份)	新的私人股东	新的私人股东	无

如前所述,将公司和股东两者视为“一个受益人”,是在“给予公司的补贴”的情形下。私有化之前,政府给予原国有企业的补贴,符合上述“给予公司的补贴”的条件限定,所以,受益人是“国有企业与其股东(即政府)的共同体”,而与之对应的、利益传递后的新受益人,也是“后私有化企业与新私人股东的共同体”。而“私有化过程中政府低于市场价转让国有企业股权构成的补贴”,其受益人是谁?国有企业股权是交易的对象,而新的私人股东是买方,政府低于市场价,直接受益的是新的私人股东。给予股东的补贴,公司未必受益,即受益人未必是“公司和股东的共同体”。但这种情况下,反补贴税的课征对象,往往还是后私有化企业,而非其股东。这是因为股东与公司之间存在单向的共同利益关系:如前所述,公司受益(损)时,股东必然随之受益(损);但反之未必,股东受益(损)则并不表示公司受益(损)。因此,在股东是受益人的情况下,抵销股东的补贴利益,可以通过对公司征收反补贴税来实现。

由于潜在的新受益人是“后私有化企业与新私人股东的共同体”,潜在的反补贴税课征对象是后私有化企业,因此,它是否间接获得补贴利益问题,必须也只能通过利益传递动态判定来查明。若识别为私有化过程中政府低于市场价转让国有企业股权构成的补贴,那么,潜在的受益人与反补贴税的课征对象就都变成了新的私人股东。而从新的私人股东角度进行的利益分析,不能为后私有化企业是否获得补贴利益问题来提供依据。

三、动态判定基准的内涵

(一)私有化的非关联交易公平价格基准

在什么情况下,私有化前国有企业曾接受的补贴利益,传递给了后私有化企业,导致后私有化企业仍然因私有化前的补贴,而被调查机关征收反补贴税?① 在什么情况下,上游原料生产商所接受的补贴利益,传递到了受反补贴调查的、下游的成品生产商,导致调查机关可以对下游成品征收反补贴税以抵销上游原料补贴?

就第一个问题,美国铅铋钢(二)案专家组曾有过论述,其观点也得到上诉机构的支持:②:

> 美国商务部并未否认,BSC 公司[私有化前的国有企业]的转让是按照公平市场价格进行的。……只有当分别、间接(如通过相关的所有权转移的交易)给予 UES 公司[后私有化企业]和 BSplc/BSES 公司[UES 公司的新名称]的这些"财政资助",较 UES 公司和 BSplc/BSES 公司分别在市场中可获得的[同类商品或服务的]条件更加优惠时,上述判断方才成立。也就是说,只有当 UES 和 BSplc/BSES 公司分别从 BSC 公司处所受让的生产设备等,且其公平市场价格未被完全偿付时,上述判定才能成立。但鉴于生产设备等的公平市场价格已经被完全偿付,故间接给予 UES 公司和 BSplc/BSES 公司的、无附加条件的、一次性"财政资

---

① 在过去很长一段时间里,美国坚持认为通过非关联交易(at arm's - length)中以公平市场价格(fair market value)产生的后私有化企业,仍然受益于原国有企业获得的补贴;并以各种理由来对后私有化企业继续征收反补贴税,其采用的方法有"伽玛法"(gamma methodology)、"归还法"(payback methodology)与"同人法"(same person methodology)。参见蒋奋:《涉及私有化之"利益"授予问题实证研究——基于对美国反补贴规则中若干问题的探析》,载《中国青年政治学院学报》2010 年第 1 期。

② Appellate Body on US - Lead and Bismuth Ⅱ, WT/DS138/AB/R, para. 68.

助”,未对它们授予“利益”。[①]

在美国对欧共体某些产品的反补贴措施案中,专家组也认为,当补贴增强了企业创造利润的能力,财政资助带来的利益就应体现在企业的总体市场价值之中。如果有人以公平市场价格购买企业,价格应当包含了先前的财政资助所授予的利益。换言之,若以公平市场价格受让企业,则私有化之前的补贴不能视为继续对受让人产生利益。以公平市场价格完成的私有化,应视为已经按照市场价格偿还了原补贴的价值。当然,偿还的金额由私有化时的市场价值决定,数额上并不一定等同于财政资助。在以市场标准评定私有化价格时,原国有企业所接受补贴的残留利益的数额已随之确定。据此,该案专家组得出一个结论:一旦确认私有化是在非关联交易中以公平市场价格完成,进口成员方就必须得出这样的结论,即来自先前政府补贴的利益不再继续存在于后私有化企业之中。[②] 专家组认为:

> 非关联交易中以公平市场价格完成的私有化,消灭了后私有化企业曾接受的利益,而这个利益,在市场形成“作为私有化对象的生产企业,应以多少价格完成私有化才算合理”的公平市场价格的同时,也被估算出来了。换言之,非关联交易中以公平市场价格完成的私有化,推翻了这个假定,即一次性财政资助授予的利益会在摊销期内持续对受益人产生利益。若要[对后私有化企业继续]征收反补贴税,进口国就必须在调查私有化条件的基础上,证明后私有化企业仍然从私有化前的财政资助中受益。[③]

但是,这一结论受到上诉机构的修正。上诉机构认为,专家组主张的“绝对没有利益”这一不可反驳的推定,对于适度竞争的市场环境下发生的两个私有者之间的交易而言是可以反证的,因为政府能够通过制定经济政

---

① Panel Report on US – Lead and Bismuth Ⅱ, WT/DS138/R, para. 6. 81.

② Panel Report on US – Countervailing Measures on Certain EC Products, WT/DS212/R, paras. 7. 51, 7. 65, 7. 72, 7. 76, 8. 1(d).

③ Panel Report on US – Countervailing Measures on Certain EC Products, WT/DS212/R, para. 7. 76.

策或者其他政策来改变市场运营的环境和条件，进而获得某些市场结果；而且私有化涉及长期复杂的投资，其中卖方即政府并非只能被动地接受价格，国有企业私有化的公平市场价值并非一定与政府举措无关。[①] 上诉机构认为，如果私有化是在非关联交易中以公平市场价格完成，那么来自先前政府补贴的利益，被推定为不再继续存在于后私有化企业之中，但这个推定允许反证。非关联交易中，公平市场价格私有化的效果只是将利益是否存在的举证责任转移给了调查当局。[②]

上述裁决不乏学者支持，[③]，但也有不少批评。许多学者仍然支持美国的下列观点：即便私有化系非关联交易且以公平市场价格所完成，私有化也没有将补贴利益从企业中"抽走"，原先的补贴利益仍然在生产设备的正常使用年限内存在于企业之中。私有化并不会转移新的固定资产，不会取走工人的知识，不过提高先前的低利率贷款。受私有化之前补贴影响的供求曲线，私有化也没有使之回复到补贴之前的位置。[④] 换言之，"新的私人股东支付了公平市场价格，是否真能消除原补贴的贸易扭曲效果"？[⑤] 学者还提出了与"非关联交易的公平市场价格"不同的判定基准：如果新的私人股东选择不购买原国有企业的所有权或股权，而是选择新设公司，新股

① Appellate Body Report on US – Countervailing Measures on Certain EC Products, WT/DS212/AB/R, paras. 121 – 124.

② Appellate Body Report on US – Countervailing Measures on Certain EC Products, WT/DS212/AB/R, paras. 126 – 127.

③ Gustavo E. Luengo Hernández de Madrid, *Regulation of Subsidies and State Aids in WTO and EC Law: Conflicts in International Trade Law*, Alphen aan den Rijn: Kluwer Law International, 2007, p. 127 – 128.

④ United States' appellant's submission on US – Countervailing Measures on Certain EC Products, WT/DS212, WT/DS212, para. 44, 49. 但当下美国《反补贴最终法规》(Countervailing Duties, Final Rule)的规定已经不再采纳此观点：在判定利益授予与否时，不考虑财政资助行为对公司产品、定价及行为的影响；在计算利益数额时，也不考虑财政资助行为对公司税收方面的影响。See 19 C. F. R. § 351. 503 (c). available at https://www.govinfo.gov/app/details/CFR-2018-title19-vol3/CFR-2018-title19-vol3-sec351-503, visited on 20th February 2018.

⑤ Petros C. Mavroidis, Patrick A. Messerlin and Jasper M. Wauters, *The Law and Economics of Contingent Protection in the WTO*, Cheltenham, UK; Northampton, Massachusetts, USA: Edward Elgar, 2008, p. 336.

东所需要支付的成本。[①] 此外,更有学者从更深层次提出质疑观点:“在获得财政资助前后,企业竞争地位(competitive position)得到多大程度的改善,这是唯一符合协定目的与宗旨的、对 SCM 协定第 1 条第 1 款‘利益’一词的解释。我们注意到 SCM 协定的主要目的,是阻止补贴对进口国生产商产生威胁与损害。从达成这个目的角度来看,从公司股东财务支出的角度来界定‘利益’,是没有意义的。而且,无论何时,只要政府财政资助影响了某个产业的竞争格局(competitive situation),就应认定存在补贴。这才能抵销补贴对进口国生产商的潜在不利影响。所以我们认为,股权转让价格多少,与之后竞争环境(competitive conditions)没有任何关系。”[②]

笔者认为,将非关联交易的公平市场价格,作为衡量私有化时补贴利益动态传递与否的基准,也许不是最完美的比较基准,却符合争端解决机构在加拿大飞机案中所作的解释,同时相对于其他基准而言更为合理。使用价值和价值是有区别的,反补贴制度是从价值角度来考量财政资助对贸易的扭曲效果,反补贴税最初也不是设计用来对付补贴可能引起的所有市场扰乱或者资源的不当分配。[③] 私有化的确不能消除原国有企业因财政资助而得到的设备,后私有化企业也可能继续在同一生产设备上生产同一产品。但这只能说明,私有化以后因补贴而获得的设备的使用价值并没有消除,而后私有化企业获得该设备的使用价值,与确定 SCM 协定项下的“利益”是否继续存在,并没有法律上的关联。不管企业从设备中可能获得多大效用,一旦该设备的公平市场价格被支付,它的价值就已被偿付。因此,

---

① Petros C. Mavroidis, Patrick A. Messerlin and Jasper M. Wauters, *The Law and Economics of Contingent Protection in the WTO*, Cheltenham, UK ; Northampton, Massachusetts, USA: Edward Elgar, 2008, p. 336.

② Grossman, Gene M and Petros C. Mavroidis, *Recurring Misunderstanding of Non – recurring Subsidies*, in Henrik Horn and Petros C. Mavroidis(eds), The WTO Case – Law of 2002: The American Law Institute Reporters' Studies, Cambridge, UK: Cambridge University Press, 2005, p. 86.

③ Panel Report on US – Countervailing Measures on Certain EC Products, WT/DS212/R, para. 7.42.

利益分析应着眼于设备的市场价值而非使用价值。[①] 同时,上述学者所提的“企业竞争地位”(competitive position)标准不具有可操作性。它是需要量化的,而公平市场价格就是量化的合理方式之一。此外,新股东新设公司的成本,与受让原国有企业的所有权或股权,是两种不同的商业行为,不具有可比性,因而也不能作为比较基准。

简言之,非关联交易的公平市场价格,作为衡量私有化时补贴利益动态传递与否的基准。

(二)上游补贴的非关联交易公平价格基准

上述基准可以适用于上游补贴利益传递与否的判定吗?上诉机构在美国针叶木材(四)案中指出:

> 如果原料生产商并非成品生产商,那就不能推定(presumed),给予原料的补贴被传递给了成品。在这样的情况下,有必要分析(analyze),成品得到的补贴总额在多大的程度上能把给予原料的补贴计算在内。[②]
>
> 当原料生产商与成品生产商进行非关联交易时,不能简单地推定(simply be presumed),原料补贴的利益由直接的接受者传递给了下游接受者,这一点必须由调查机关作出认定(established)。在缺乏与作出上述判定有关的分析时,不能认定对成品存在满足第 1 条定义核心要素的补贴。[③]

据此,美国大型民用飞机案专家组认为:

> 与美国对欧共体某些产品的反补贴措施案相同的案情,才可以适用该案所确立的原则。除此之外,都不能对[利益]传递作肯定或者否定的推定。而且,美国针叶木材(四)案也确立了这样的

---

① Appellate Body Report on US – Countervailing Measures on Certain EC Products, WT/DS212/AB/R, para. 102.

② Appellate Body Report on US – Softwood Lumber Ⅳ, WT/DS257/AB/R, para. 140.

③ Appellate Body Report on US – Softwood Lumber Ⅳ, WT/DS257/AB/R, para. 143.

原则,即应当就[利益]传递作出认定(established),而非推定(presumed)。①

换言之,该案专家组认为上诉机构在美国对欧共体某些产品的反补贴措施案中所确立的"非关联交易的公平市场价格"基准,只可以适用于该案中的私有化情形;至于其他种类的补贴利益传递,包括非私有化的股权变更或企业收购、上游补贴等情形,即便是按公平市场价格进行的非关联交易,都不能推定没有利益传递。

笔者不同意美国大型民用飞机案专家组的上述意见。第一,该案专家组忽视了上诉机构在美国针叶木材(四)案中所阐述的"不能简单地推定(simply be presumed)原料补贴的利益由直接的接受者传递给了下游接受者,这一点必须由调查机关作出认定(established)"这句话的前半句"当原料生产商与成品生产商进行非关联交易时"②,即上诉机构这里讨论的补贴利益传递规则,是以受补贴的原料商与受调查的成品商所做的交易是正常市场交易为前提:

> 本上诉仅仅涉及(concerns only)持有木材砍伐权利的砍伐者/锯木厂向锯木厂和木材再加工商进行原木与木材的非关联销售,没有任何一项销售是因共同所有权(common ownership)而成为关联(related)[交易]。因此,我们必须审查成员方是否有义务分析(analyze),对生产链中某些企业[原料]产品的补贴是否通过非关联交易(arm's length transactions),转移给了拟课征反补贴的成品的生产商。③

所以,对上诉机构的"不能简单地推定(simply be presumed)原料补贴的利益由直接的接受者传递给了下游接受者,这一点必须由调查机关作出认定(established)"这句话,应放在原料生产商与成品生产商之间的交易是

---

① Panel Report on US – Large Civil Aircraft (2nd complaint), WT/DS353/R, para. 7. 862.

② Appellate Body Report on US – Softwood Lumber Ⅳ, WT/DS257/AB/R, para. 143.

③ Appellate Body Report on US – Softwood Lumber Ⅳ, WT/DS257/AB/R, para. 124.

关联交易还是非关联交易这个两分法的框架内来理解。如系关联交易,那么,如前所述,成品生产商就不能被视为独立的、潜在的新受益人,调查机关无须进行补贴利益传递判定,即可认为成品生产商受益于原料补贴,而对它征收反补贴税。如系非关联交易,那么,成品生产商就应被视为独立的、潜在的新受益人,调查机关在征收反补贴税之前,有义务进行补贴利益传递判定。可见,上诉机构"不能简单地推定(simply be presumed)原料补贴的利益由直接的接受者传递给了下游接受者,这一点必须由调查机关作出认定(established)"这句话的准确含义,是指不能像"关联交易"那样去推定"成品生产商受益于原料补贴",而应进行补贴利益传递判定来"认定"(established)。再准确一些来说,上诉机构这句话里"推定"(presumed)的准确意义是不需要进行补贴利益传递判定,故不属于补贴利益传递判定范畴;而补贴利益传递判定中存在另一个"推定",即在没有相反证据的情况下,认定补贴利益传递或者没有传递。而上诉机构在美国对欧共体某些产品的反补贴措施案中所确立的"如果私有化是在非关联交易中以公平市场价格完成,那么来自先前政府补贴的利益,被推定为不再继续存在于后私有化企业"这个推定,很明显是属于后者。上诉机构用词未必滴水不漏,因而对于上诉机构报告的理解,也不必局限于字面含义。

第二,美国大型民用飞机案专家组认为上诉机构在美国对欧共体某些产品的反补贴措施案中所确立的上述"推定",不能适用于该案,是因为本案中整个 Wichita 生产部门的收购,是发生在 Boeing 公司与 Spirit 公司这两个私有公司之间,与私有化涉及国有企业的情形不同:

> 鉴于私有化与私人间买卖两者性质迥异,我们还认为本案情况与私有化情形是有区别的。美国对欧共体某些产品的反补贴措施案专家组也曾提到"私有化这种产权变更非常特殊也十分复杂,涉及国有或国营企业从根本上转变为市场主导的私有公司"。私有化涉及相关企业根本性的转变,而在普通私人间交易中企业性质通常不发生变化。因此,企业性质变为私有[的事实],可以支持后私有化企业的生产不再被补贴,但这个理由并不适用于私

人间交易。①

如前所述,补贴利益的传递包括时间上的纵向传递与空间上的横向传递。前者是指国有企业在私有化之前所接受的补贴利益是否传递到后私有化企业,以及非国有企业(及企业部门)股权(或所有权)转让时的类似情形。而后者主要是指“上游补贴”问题。美国大型民用飞机案的案情是:2005 年 6 月,Boeing 公司将自己的 Wichita 生产部门出售给 Spirit 公司,该 Wichita 部门主要为 Boeing 公司生产飞机零配件。Spirit 公司在购买 Wichita 部门时,承诺今后继续将其产品专供 Boeing 公司。② 可见,本案不仅涉及属于第一种纵向传递即非国有企业部门所有权转让时的补贴利益传递情形,还涉及第二种横向传递即上游补贴利益传递情形。专家组上述分析仅谈到,欧共体某些产品的反补贴措施案确立的“如果私有化是在非关联交易中以公平市场价格完成,那么来自先前政府补贴的利益,被推定为不再继续存在于后私有化企业”的规则,虽可适用于私有化情形,但不能适用于本案的非国有企业部门所有权转让情形。专家组关于这一点的理由不能令人信服,这放在下面第一点来谈。笔者认为欧共体某些产品的反补贴措施案中上诉机构所确立的“如果私有化是在非关联交易中以公平市场价格完成,那么来自先前政府补贴的利益,被推定为不再继续存在于后私有化企业”的规则,可以适用于本案非国有企业部门所有权转让时的补贴利益传递情形。前引的专家组报告段落中的理由,笔者认为值得商榷。

另外,鉴于专家组的讨论是针对欧盟的观点展开,即欧盟提出在购买 Wichita 部门时,双方都能预见今后 Spirit 公司因向 Boeing 公司供货而得到各种补贴,因此,在签订 Wichita 部门收购协议与零配件长期供应协议时,补贴利益已经发生传递了。这不同于普通的上游补贴,后者主要体现为上游原料生产商通过调整原料售价来传递补贴利益。而本案中 Wichita

① Panel Report on US – Large Civil Aircraft (2nd complaint), WT/DS353/R, para. 7. 869.

② Panel Report on US – Large Civil Aircraft (2nd complaint), WT/DS353/R, para. 7. 857.

每次调整售价幅度很小,价格基本上已经确定在零配件长期供应协议里了。[①] 可见,这里的核心问题是上游补贴,Wichita 部门易主只是其中的一个背景。换言之,专家组应当着重讨论,为什么欧共体某些产品的反补贴措施案中上诉机构所确立的"如果私有化是在非关联交易中以公平市场价格完成,那么来自先前政府补贴的利益,被推定为不再继续存在于后私有化企业"的规则,不能适应于上游补贴利益传递情形。对此,笔者对专家组的观点持相反意见。

只有当受补贴的"原料生产商与受反补贴调查的进口成品生产商,并无关联"(unrelated)时,包括两者不是纵向联合企业(vertically integrated enterprises),也不属于一个所有者(common ownership),[②]两者之间的交易就是非关联交易(at arm' s length)。但仅依据这一事实,不足以判定补贴利益传递与否,调查机关还应审查交易价格是否系公平市场价格。[③] 上诉机构在美国针叶木材(四)案中提出的"当原料生产商与成品生产商进行非关联交易时,不能简单地推定(simply be presumed)原料补贴的利益由直接的接受者传递给了下游接受者",[④]也就是这个意思。而在美国针叶木材(三)案中,专家组也曾表达相同观点:

> 美国商务部在没有审查独立的针叶木材生产商是否按照非关联价格(paid arm's - length prices)购买原木的情况下,就判定被调查产品的生产商受益,是不符合 SCM 协定的。[⑤]

专家组的上述非关联价格(arm's - length prices),实际上指的就是公平市场价格。一旦调查机关认定上游原料生产商与下游成品生产商的交

---

① Panel Report on US - Large Civil Aircraft (2nd complaint), WT/DS353/R, para. 7. 859.

② 这两种关联情形是上诉机构在美国针叶木材(四)案中列举的。Appellate Body Report on US - Softwood Lumber Ⅳ, WT/DS257/AB/R, para. 124.

③ Petros C. Mavroidis, Patrick A. Messerlin and Jasper M. Wauters, *The Law and Economics of Contingent Protection in the WTO*, Cheltenham, UK; Northampton, Massachusetts, USA: Edward Elgar, 2008, p. 339.

④ Appellate Body Report on US - Softwood Lumber Ⅳ, WT/DS257/AB/R, para. 143.

⑤ Panel Report on US - Softwood Lumber Ⅲ, WT/DS236/R, para. 7. 74.

易优于公平市场价格,即可认定两者之间存在补贴利益的传递,进而根据实际传递的利益数额,对下游进口产品征收上游补贴的反补贴税。例如,“假设某钢铁公司因获得政府赠款而降低生产成本。在这之前,因为同行公司只标价每吨 80 美元,所以该公司以每吨 100 美元的价格是无法找到买主的。因获得赠款,该公司生产每吨钢铁只需要再投入 50 美元,于是为弥补过去利润损失,该公司略加利润,以低于市场价许多的每吨 55 美元出售。汽车公司以每吨 55 美元向该公司购得钢铁,虽然是非关联交易,却仍然通过钢铁公司从政府处获得利益,进而会被采取反补贴措施”。[①]

可见,上下游生产商在非关联交易中以公平市场价格(fair market price)完成受补贴原料的买卖,通常可以推定阻却补贴利益传递,即利益终止(expire/distinguish)。[②] 换言之,上述案件所确立的非关联交易的公平市场价格基准,可以适用上游补贴的利益传递动态判定。

【本章小结】

本章对 WTO 的补贴判定基准与 CPTPP 非商业援助判定基准,展开比较研究。CPTPP 第 17 章使用了与 SCM 协定基本相同的判定基准,即私人投资基准、商业利率基准、市场价格基准,来甄别与相关投资、融资、购销行为,是否构成对国有企业的非商业援助。其区别在于,在 SCM 协定中,上述判定基准独立于“财政资助”;而在 CPTPP 中,上述判定基准构成“非商业援助”定义的组成部分。对 CPTPP 非商业援助判定基准的理解,可以参考 WTO 专家组与上诉机构在相关反补贴案件中的法律解释。私人投资基准是衡量政府或者其他相关机构投资入股,是否构成补贴或者非商业援助的判定基准。在具体选择私人投资基准时,不

---

① Petros C. Mavroidis, Patrick A. Messerlin and Jasper M. Wauters, *The Law and Economics of Contingent Protection in the WTO*, Cheltenham, UK ; Northampton, Massachusetts, USA: Edward Elgar, 2008, p. 343.

② 美国对欧共体某些产品的反补贴措施案专家组用了 extinguish 这个词语,而学者 E. Luengo Hernández de Madrid 用了 expire/distinguish 来表示“利益终止”。See Panel Report on US – Countervailing Measures on Certain EC Products, WT/DS212/R, paras. 7. 72, 7. 76. E. Luengo Hernández de Madrid, *Regulation of Subsidies and State Aids in WTO and EC law: Conflicts in International Trade Law*, Alphen aan den Rijn: Kluwer Law International, 2007, p. 127 – 128.

宜设置股权比例的限制，也不可选择囿于沉没成本效应的内部投资者价格，更不应采用容易异化为贸易保护的结构价格。若无私人投资价格，可转而审查政府投资是否基于商业动机作出，但投资动机的举证责任由被调查方承担。符合关联性、中立性、逻辑性、专业性四项要求，由会计师事务所等专业机构出具的报告，是商业动机的首选证据；基于此类报告所作的政府投资，通常被视为符合“私人投资基准”。商业利率基准是衡量政府或者其他相关机构提供的贷款与贷款担保，是否构成补贴或者非商业援助的判定基准。作为基准利率的商业贷款，应为企业可以实际从市场获得的商业贷款，这里的“可以”表示企业的资信状况符合获得基准贷款的条件。贷款市场的边界应根据货币币种来确定；贷款人是否国有，无关乎所提供贷款的商业定性。在涉及贷款担保时，作为基准利率的商业贷款，应为无政府担保时、企业可以实际从市场获得的商业贷款，此项基准贷款可以有商业担保存在，但补贴利益应为扣除企业支付商业担保与政府担保的成本差额后的、企业在有无政府担保的不同情形下，所支付贷款利息差额。市场价格基准是判定政府或者其他相关机构的购销行为是否构成补贴与非商业援助的判定基准。微观层面而言，基准价格的定价主体，必须以追求经济利益最大化为其行为目的，基准价格不应存在任何有悖于“经济人假设”的事实，政府价格与关联交易中的私人价格都不宜作为基准价格，但国有企业价格原则上应纳入基准价格的备选范围；从宏观角度来看，基准市场的竞争秩序，既不能被政府干预扭曲，也不能受私人垄断或私人限制竞争行为的抑制。若个案中不能找到符合上述两方面标准的市场价格基准，调查机关可以依据“经济人假设”，通过分析政府购销定价的商业合理性，来判定其行为是否存在补贴利益。此外，当补贴或非商业援助的受益人，不是政府或者其他相关机构的资助行为的直接接受者时，如国有企业私有化、上游产业补贴是否惠及下游企业或产品等问题，可以采取非关联交易的公平价格基准，作为查明补贴利益是否传递、受调查的生产商是否间接获得补贴利益的动态判定基准。

第五章 规制领域的比较研究

第一节 CPTPP 对非商业援助的规制领域

CPTPP 关于补贴的规则,包括第 6 章"贸易救济"与第 17 章"国有企业和指定垄断"。CPTPP 第 6 章第 6.8 条第 2 款规定:"在《关贸总协定 1994》第 6 条、《反倾销协定》和《补贴与反补贴措施协定》项下的程序与所采取之措施方面,本协定不向缔约方授予任何权利,或施加任何义务。"因此,其第 6 章并未对 WTO 反补贴制度作任何修改,但第 17 章专门约束"非商业援助",即国有企业获得的补贴。CPTPP 第 17.1 条"定义"、第 17.6 条"非商业援助"、第 17.7 条"不利影响"和第 17.8 条"损害"构成 CPTPP 有关非商业援助的新规则。其中,第 17.6 条是核心条款,其前三款分别约束政府提供的补贴、国有单位提供的补贴与政府的跨境补贴,第 4 款是服务贸易领域的部分豁免。第 17.7 条与第 17.8 条分别是对第 17.6 条中的"不利影响"和"损害"的解释性条款。

CPTPP 的非商业援助规则,主要规制国有企业在国际货物贸易领域、国内货物销售领域和国际服务贸易领域所获得的补贴。

一、国际货物贸易领域

CPTPP 对该领域内补贴的规制包括两个方面:一是禁止缔约国国有企

业凭借补贴，扰乱进口国（包括缔约国与非缔约国）的市场价格[1]（第 17.7 条第 1 款第 c 项）；二是禁止缔约国国有企业凭借补贴，取代与阻碍缔约国之间的国际贸易、缔约国向非缔约国的出口贸易以及进口国外资企业的国内销售[2]。后者体现 CPTPP 对竞争关系的调整，可参见表 2。为行文简洁，笔者用 A 国表示“作为 CPTPP 缔约国的国有企业母国”；用 B 国代表“除 A 国以外的其他 CPTPP 缔约国”，并用数字以示区分；用 D 代表“非 CPTPP 缔约国”；箭头表示货物销售方向。

表 2　CPTPP 对国际货物贸易竞争关系的调整

调整的竞争关系	规制对象	保护对象*	不受保护的对象	条文依据
A 国国有企业的内销 v.s. 来自 B 国企业的进口	国有企业生产和销售货物的行为（第 17.6 条）	A←B		第 17.7 条第 1 款第 a 项
来自 A 国国有企业的进口 v.s. B 国外资企业的内销		B←B（外资企业）	B 国其他私有企业内销	第 17.7 条第 1 款第 b 项第 i 段
来自 A 国国有企业的进口 v.s. 来自 B2 国企业的进口**		B1←B2	B1←A（私有企业）	第 17.7 条第 1 款第 b 项第 i 段
来自 A 国国有企业的进口 v.s. 来自 B 国企业的进口		D←B	B←D D←A（私有企业）	第 17.7 条第 1 款第 b 项第 ii 段

注：*　受保护的范围是缔约国国内所有私有企业，除非另有括号注明。

**　B2 指除 A 与 B1 以外的 CPTPP 缔约国。

上述外资企业指“从某一缔约方角度而言……自 CPTPP 协定生效之

[1] 为行文简洁，将 CPTPP 中“大幅削减价格或从事其他行为，导致市场价格大幅抑制、压低或销售量减损的后果”简称为“扰乱市场价格”。

[2] 此处 CPTPP 规制国有企业的外贸行为，故仍属于对国际贸易秩序的调整。

日起,其他缔约方投资者在其境内已经存在的或此后建立、收购、扩大的投资”,[①]即母国和东道国都是 CPTPP 缔约国的外资企业;从国籍角度看,它属于东道国的企业法人。除专门保护外资企业的条款(如第 17.7 条第 1 款第 b 项第 i 段)之外,CPTPP 保护缔约方私有企业的其他条款,亦可直接适用于外资企业。

此外,国有企业与其本国私有企业(包括外资企业与内资企业)出口时的竞争关系,不受 CPTPP 调整。[②] 至于国有企业与本国外资企业之间关于国内货物销售的竞争关系,由 CPTPP 第 17.7 条第 1 款第 a 项调整,将在下文详述。[③]

二、国内货物销售领域

CPTPP 在该领域的补贴规制,根本目的在于保护私人海外投资,约束国有企业的对外投资,具体区分国有企业本国和其他缔约国,分别加以规制:一是禁止国有企业凭借补贴,扰乱本国市场价格(第 17.7 条第 1 款第 c 项),或取代、阻碍本国外资企业的国内销售(第 17.7 条第 1 款第 a 项);[④]二是禁止跨境设立的国有企业,凭借资本输出国的政府补贴,[⑤]对作为资本输入国的其他缔约国国内产业造成损害(第 17.6 条第 3 款)。

---

① 即 CPTPP 第 1 章“初始条款和一般定义”第 1.3 条对“涵盖投资”(covered investment)的定义。

② 笔者认为,第 17.7 条第 1 款第 b 项第 i 段保护的“any other party”,不包括国有企业本国。2015 年 11 月 5 日首次公布的文本用的是“another party”,而非“any other party”。从上下文判断,“another party”指国有企业本国以外的缔约国。2016 年 1 月 26 日第二次公布的文本,将“another party”改为“any other party”,词义更为明确。此外,参考第 17.6 条第 1 款第 c 项“any other party”亦可得出相同结论。若将第 17.6 条第 1 款第 c 项“any other party”理解为包含国有企业本国,则该款第 b 项就没有存在意义了。而第 17.6 条第 1 款第 c 项“any other party”,在首次公布的文本中原本是“a third party”,第二次公布的文本才改为“any other party”。

③ 国有企业与本国内资私有企业之间关于国内货物销售的竞争关系,不受 CPTPP 调整。

④ 扰乱市场价格与取代阻碍其他企业销售,两者共同构成第 17.7 条定义的“不利影响”。

⑤ 这里的补贴提供者明文仅限于政府,不含国有单位(state enterprises)和国有企业(state-owned enterprises)。

三、国际服务贸易领域

为了行文简洁，此处仍参照表2有关字母的指代。

根据CPTPP第17章，A国国有企业以跨境交付（第17.6条第1款第b项和第17.6条第2款第b项）、商业存在以及通过在B2国投资设立企业的跨境交付（第17.6条第1款第c项和第17.6条第2款第c项）方式，向B1国市场提供服务时，不得凭借补贴①，扰乱B1国市场价格（第17.7条第1款第e项），或取代或阻碍B国（含B1国与B2国）企业提供同类服务（第17.7条第1款第d项）。

简言之，CPTPP此处调整的是缔约国国有企业及其在其他缔约国投资设立的企国有子企，与缔约国其他企业之间的竞争关系，但不规制国有企业向非缔约国提供服务贸易时的补贴，也不调整单纯国内的竞争关系（第17.6条第4款）。

第二节 CPTPP对WTO补贴规制领域的扩展

SCM协定和《农业协定》作为WTO货物贸易多边协定的组成部分，所制定的补贴规则，仅适用于货物贸易领域，不包含CPTPP规制的国内的货物贸易市场、服务贸易市场以及伴随国际投资的跨境补贴。

一、WTO补贴规制领域

WTO法律制度，是指作为《马拉喀什建立世界贸易组织协定》4个附件的各涵盖协议。WTO反补贴制度包括SCM协定与《农业协定》。其中，SCM协定构成整个WTO反补贴制度的主体与基础，适用于工业品补贴，而《农业协定》则专门适用于农产品的补贴问题，它们都属于WTO反补贴制度的组成部分。上诉机构在美国外国销售公司案中曾指出，两个条约中

① 笔者认为，第17.6条第1款第c项和第17.6条第2款第c项对商业存在的补贴规制，包含对跨境补贴的规制。

相同术语应作相同的解释。[①] 此外,各成员方《入世议定书》中涉及补贴的条款,也构成 WTO 反补贴制度的组成部分。例如,《中国入世议定书》第 10 条"补贴"、第 12 条"农业"与第 15 条"确定补贴与倾销时的价格可比性"涉及补贴规制。

SCM 协定与《农业协定》都属于附件 1 的货物贸易协定。在巴西飞机案中,专家组曾指出:"应当明确 SCM 协定系 WTO 协定附件 1A 中的货物贸易多边协定,故 SCM 协定只约束货物贸易领域的补贴行为。"[②]而在服务贸易领域,GATS 第 15 条虽涉及补贴问题,但只是一种倡导性的条款,并未建立服务贸易领域的反补贴多边纪律。

二、CPTPP 扩展的规制领域

CPTPP 关于补贴的规则,包括第 6 章"贸易救济"与第 17 章"国有企业和指定垄断"。CPTPP 第 6 章第 6.8 条第 2 款规定:"在《关贸总协定 1994》第 6 条、《反倾销协定》和《补贴与反补贴措施协定》项下的程序与所采取之措施方面,本协定不向缔约方授予任何权利,或施加任何义务。"因此,其第 6 章并未对 WTO 反补贴制度做任何修改,但第 17 章专门约束"非商业援助",即国有企业获得的补贴。CPTPP 第 17.1 条"定义"、第 17.6 条"非商业援助"、第 17.7 条"不利影响"和第 17.8 条"损害"构成 CPTPP 有关非商业援助的新规则。其中,第 17.6 条是核心条款,其前三款分别约束政府提供的补贴、国有单位提供的补贴与政府的跨境补贴,第 4 款是服务贸易领域的部分豁免。第 17.7 条与第 17.8 条分别是对第 17.6 条中的"不利影响"和"损害"的解释性条款。CPTPP 第 17 章的核心内容,是针对国有企业参与全球竞争与海外投资的"三个禁止":一是禁止国有企业凭借补贴,影响成员方之间的国际贸易、成员方向非成员方的出口贸易;二是禁止国有企业凭借补贴,取代或阻碍外资企业在国内销售货物;三是禁止国有企业在海外投资时,凭借资本输出国的补贴,损害资本输入国的国内产

---

① Appellate Body Report on US - FSC, WT/DS108/AB/R, para. 141.

② Panel Report on Brazil - Aircraft (Article 21.5 - Canada Ⅱ), WT/DS46/RW2, para. 4.4.

业。补贴规制是实现“三个禁止”的主要抓手。

CPTPP 第 17 章在 SCM 协定的补贴规制领域基础上,增加了若干规制新领域:

第一,在货物贸易领域,CPTPP 第 17 章规制国内市场和直接影响国内的进口市场,尤其是国企跨境投资的东道国国内市场。这扩展了 SCM 协定仅适用的国际贸易市场。换言之,除了规制国际贸易领域的补贴之外,CPTPP 还越过边境,调整国有企业与其本国境内的外资企业之间因补贴而扭曲的国内竞争关系。

第二,在服务贸易领域,WTO 尚未建立反补贴多边纪律。CPTPP 第 17.6 条第 1 款和第 2 款对以跨境交付和商业存在形式进行的国际服务贸易进行补贴规制,第 17.7 条则相应规定了上述补贴造成不利影响的判定标准,基本涵盖整个服贸领域,弥补了服务贸易领域的规制空白。

第三,SCM 协定规制的补贴,仅限于在一成员方境内提供与传递,而 CPTPP 第 17.6 条第 1 款第 c 项、第 2 款第 b 项和第 3 款还规制缔约方对其在另一缔约方境内设立的国有企业的跨境补贴。

值得一提的是,CPTPP 变规制“受补贴的产品”为规制“受补贴的企业”,强化了补贴规制力度。根据 SCM 协定,WTO 成员方调查机关可以根据同类产品市场份额的变化情况,来判定“受补贴产品”造成的不利影响是否达到可征税的程度,进而决定是否对“受补贴产品”征收反补贴特别关税。换言之,WTO 着眼于“受补贴产品”导致的不利影响,SCM 协定的补贴规制也主要落实为对“受补贴产品”采取反补贴措施。但 CPTPP 中的不利影响,指的是“受补贴企业”导致的不利影响,即国有企业凭借所获得的补贴,生产、销售或提供服务时对竞争秩序造成的消极后果。这意味着基于国有企业甲产品获得的补贴,可以对其占有较大市场份额的乙产品采取措施。由于大型企业普遍多元化经营,此举无异于为滥用规制措施大开方便之门。

【本章小结】

本章对WTO反补贴制度与CPTPP第17章“国有企业和指定垄断”的规制领域,展开比较研究。WTO反补贴制度即SCM协定和《农业协定》,是《马拉喀什建立世界贸易组织协定》附件1A是货物贸易多边协定的组成部分,故仅适用于货物贸易领域。CPTPP增加新的规制领域:在货物贸易领域,CPTPP规制国内市场和直接影响国内的进口市场,尤其是国企跨境投资的东道国国内市场,扩展了SCM协定仅适用的国际贸易市场;在服务贸易领域,CPTPP第17章通过适用于跨境交付和商业存在,基本涵盖整个服贸领域,弥补了WTO对服务贸易补贴规制的空白;WTO定义并规制的补贴仅限于一国境内完成的财政资助,而CPTPP非商业援助还规制伴随国际投资的跨境补贴。

后跋 非商业援助制度的消极影响与中国谈判策略

一、CPTPP 非商业援助的制度缺陷与潜在影响

(一)CPTPP 非商业援助的制度缺陷

WTO 部分成员之间的区域贸易协定,应是在 WTO 基础上的定向性改进,故 CPTPP 与 WTO 的相符性是其合法性基础。CPTPP 亦反复强调其符合 WTO 协定,例如,其序言第 3 段明确 CPTPP“基于各缔约方在《马拉喀什建立世界贸易组织协定》项下权利和义务”而达成,第 1 章第 1.1 条规定“本协定各缔约方,在与 GATT 1994 第 24 条和 GATS 第 5 条相一致基础上,特此按照本协定之规定,建立自由贸易区”。CPTPP 第 6 章“贸易救济”第 6.8 条第 2 款规定:“在《关贸总协定 1994》第 6 条、《反倾销协定》和《补贴与反补贴措施协定》项下的程序与所采取之措施方面,本协定不向缔约方授予任何权利,或施加任何义务。”CPTPP 第 6 章实际没有对 WTO 反补贴制度作任何改进。将第 17 章设计呈现为第 16 章“竞争政策”的特别法,并选择在第 17 章而非第 6 章中为国有企业定制一套有悖于 WTO 所有制中立且带有明显歧视性的反补贴纪律,无疑掩饰了第 17 章与 SCM 协定之抵牾。第 16 章作为多边竞争政策的实验性先例。制度内容尚待细化,且缺乏现行多边经贸规则的支撑;而反补贴制度则相对成熟与完备,且常常替代竞争政策去应对外国企业凭借政府补贴所从事的限制竞争行为,故倚重后者来规制国有企业更具实效。

CPTPP 对国有企业和非国有企业的区别对待，是继 GATT 时代和 WTO 时代区分出口补贴和国内补贴、区分初级产品和非初级产品之后的新双轨制。质言之，CPTPP 第 17 章的非商业援助规则，构建了以补贴规制为核心、对国有企业进行诸多限制的实验性先例，它以“竞争中立”为名，却带有明显的“制度非中立”特征和国际政治手段色彩。这样的制度设计，法律层面的问题也是显而易见的。CPTPP 第 17 章抛弃了 WTO 反补贴制度所秉持的“所有制中立”与“在约束补贴、约束反补贴措施这两个方面进行精致平衡”的条约宗旨，①通过规制补贴来追逐竞争中立政策目标，却忽视滥用规制手段对竞争关系的扭曲效果；对国有企业实施歧视性规制，却忽视对市场竞争关系的全面调整；着眼于保障私有企业的竞争利益，却忽视市场竞争程度的整体提升。因此，非商业援助制度本身就存在目的与手段失衡的根本性缺陷。

（二）非商业援助制度对国有企业的潜在影响

非商业援助制度在下述三个方面给予国有企业不公正不合理的待遇。

1. 法律适用的双重标准

在 CPTPP 框架下，国有企业需要同时接受两套补贴纪律约束：一是根据 CPTPP 第 6 章“贸易救济”，国有企业与私有企业共同受 SCM 协定约束；二是第 17 章“国有企业和指定垄断”创设了专门针对国有企业补贴问题的非商业援助制度，并将反补贴规则的适用范围，从传统反补贴制度的国际货物贸易领域，拓宽至国际服务贸易领域、与国际投资有关的国内货物销售领域。在新拓展的领域内，私有企业的补贴却不受任何约束。事实上，私有企业获得政府补贴，从来不是罕见现象。任何政府都会干预市场，而“由于强制性规范的自愿遵守程度较低、监管难度较大，故补贴通常会成

① Appellate Body Report on US – Countervailing Duty Investigation on DRAMS, WT/DS296/AB/R, para. 115.

为政府首选的干预手段”。[①] 即便是市场经济较为发达的欧美国家,也存在大量的补贴政策,甚至是制度化的补贴政策,如美国《1974 年贸易法》有关补偿企业因贸易自由化而遭受利益损失的规定。[②]

在国有企业与私有企业都受到补贴规制的国际货物贸易领域,对于私有企业,除出口补贴和进口替代补贴受到禁止之外,SCM 协定只要求用反补贴税抵销补贴利益即可。但对于国有企业的补贴,CPTPP 第 17 章却以“禁止”作为唯一的规制手段。同时,CPTPP 不再着眼于“受补贴产品”对其他成员方产生的不利影响,取而代之的是受补贴的国有企业在生产、销售或提供服务时对其他成员方产生的不利影响。这个不利影响,不再是根据同类产品市场份额的变化情况来作判断,而是“包括了市场相对份额的重大变化。这样的‘相对变化’要求,在一定意义上,是将其他成员企业的不景气归到了接受援助的国有企业身上”。[③]

因此,CPTPP 在国际货物贸易领域仅针对国有企业,强化补贴规制;而在国际服务贸易和特定国内货物销售领域,仅针对国有企业,实施补贴规制。这种法律适用上的歧视性做法,将对国有企业参与全球竞争产生非常消极影响。

2. 商业活动的全面限制

关于国有企业的商业属性,是中美等国在多边经贸规则的立法和司法层面反复博弈的问题。反补贴语境下国有企业的商业属性之争,主要体现为国有企业能否构成对其他国有企业和私有企业提供补贴的适格主体。理论上,补贴是公共资源对私人成本的承担,私人“补贴”不构成补贴。WTO 明确补贴只源于政府和公共机构;如果要认定国有企业向其他企业提供了补贴,首先必须证明该国有企业构成政府或者公共机构,或者它基

---

① Dietrich Von Stebut, *Subsidies as an Instrument of Economic Policy*, in Terence Daintith (ed.), Law as An Instrument of Economic Policy: Comparative and Critical Approaches, Berlin and New York: Walter de Gruyter, 1987, p. 145.

② 即《美国法典》第 19 编第 12 章第 2 分章第 3 部分“贸易调整援助制度”。关于欧美国家的补贴制度与政策,还可参见黄东黎、何力:《反补贴法与国际贸易:以 WTO 主要成员方为例》,社会科学文献出版社 2013 年版,第 112、192 页。

③ 韩立余:《TPP 国有企业规则及其影响》,载《国家行政学院学报》2016 年第 1 期。

于政府或公共机构的委托或指示行事。美国商务部曾以“国有企业受政府控制”为由,将国有企业概括定性为公共机构,同时依托外部基准[①]的选择弹性,认定国有企业不遵循市场价格,最终通过上述两个方面,将国有企业与其他企业的商业交易,认定为国有企业向其交易对象提供了补贴。后WTO上诉机构否定了美国的“政府控制论”,将公共机构解释为“被赋予了某种政府责任,或行使某种政府权力的实体”,并明确国有企业并不必然构成公共机构。[②] 通过将国有企业概括视为补贴提供者,进而将其商业行为完全纳入补贴规制范畴,CPTPP 第 17 章体现了美国这项未能在 WTO 框架内实现的诉求。

CPTPP 将国有企业定义为符合一定条件的、主要从事商业活动的企业,但同时规定,如果国有企业的行为不构成商业活动,成员方可根据第 17.3 条将国有企业视为政府机构加以约束。可见,尽管 CPTPP 纸面上抽象肯定国有企业的商业属性,但个案中国有企业最终被定性为商业机构还是政府机构,关键在于其行为是否符合 CPTPP 对商业活动的定义。[③] 这一规定,通过模糊 WTO 补贴定义中两个构成要件之间的独立边界,CPTPP 扫除了 WTO 框架下将国有企业交易行为定性为政府补贴的最大障碍。

具体而言,SCM 的补贴定义存在两个独立的构成要件,一是政府行为构成财政资助,二是政府行为存在补贴利益。国有企业是否构成政府或者公共机构问题,是国有企业行为是否构成财政资助的其中一个方面,是第一项构成要件项下的分析。而依据市场基准分析政府行为是否构成商业活动、是否存在补贴利益,这是对第二项构成要件的分析。在巴西飞机出

---

① 外部基准是指以国外市场价格为标准,判定投融资、出售土地等政府行为,是否存在补贴利益。

② Appellate Body Report on US – Anti – Dumping and Countervailing Duties, WT/DS379/AB/R, paras. 296,322.

③ 根据 CPTPP 第 17.1 条,商业活动是指以营利为目的制造货物或提供服务,并将之按自主决定的价格与数量进行出售的行为。但营利目的是种主观状态,如何证明、举证责任是否倒置、事后实际发生亏损是否影响营利目的的认定、营利是否必须是唯一目的、营利是否等于利益最大化等问题上,存在较大解释空间。通过对商业活动作严格解释,很容易在个案中得出国有企业行为不构成商业活动的结论。

口融资项目案、韩国商用船舶案、欧共体对韩国进口动态随机存取存储器反补贴措施案、日本对韩国 DRAM 反补贴税案四个案件中，WTO 专家组和上诉机构曾多次强调，两个构成要件的分析，应彼此独立，不允许通过考查某个机构是否按照商业标准行事，来判断该机构是否政府或者公共机构。[①] 显然，CPTPP 的规定，完全抛弃了 WTO 的上述做法。根据 CPTPP 第 17 章，单单凭借市场基准，既可判定国有企业交易行为是否构成商业活动、是否应视为政府加以约束，又可判定某个具体交易行为是否存在补贴利益、是否构成补贴。于是，只要选"对"了外部基准，国有企业就构成政府，国有企业与私有企业之间的交易就构成政府补贴。上述条款潜在的消极作用不容忽视，不仅会抑制国有企业拓展与民营企业的商业交往空间，而且会殃及民营企业，后者通过与国有企业正常商业交易而积累获得的竞争优势，将遭到反补贴措施的抵消。

除了前述第 17.3 条将国有企业视为政府之外，CPTPP 还绕过了 WTO 框架下国有企业是否构成公共机构的争议，直接规定成员方政府（第 17.6 条第 1 款）、国有单位（第 17.6 条第 2 款）、国有企业（第 17.6 条第 2 款）、"受委托或指示"的私人机构（第 17.6 条第 1 款脚注 18）不得向国有企业提供补贴。前述国有单位的原文是 state enterprises，字面翻译是"国家企业"或者"国营企业"。根据 CPTPP 第 1 章第 1.3 条的定义，enterprises 指根据法律组建或组织的任何实体，无论是否以营利为目的，也无论是由私人或政府所有或控制，包括任何公司、信托、合伙企业、个人独资企业、合资企业、协会或类似组织；而 state enterprises 指成员方拥有的或通过所有者权益控制的实体。[②] 可见，state enterprises 实际上是指成员方所有的或通过所有者权益控制的、依法建立的营利性机构与非营利性机构。它既不同

---

① Panel Report on Brazil – Aircraft, WT/DS46/R, para. 7. 68. Appellate Body Report on Brazil – Aircraft, WT/DS46/AB/R, para. 157. Panel Report on Korea – Commercial Vessels, WT/DS273/R, paras. 7. 37 – 7. 49. Panel Report on EC – Countervailing Measures on DRAM Chips, WT/DS299/R, paras. 7. 182 – 7. 186. Appellate Body Report on Japan – DRAMs, WT/DS336/AB/R, paras. 221, 226.

② CPTPP 对 State Enterprises 的定义，与《北美自由贸易协定》中对 State Enterprises 的定义相同。

于我们国内传统意义上的国营企业,也与 GATT 1994 第 17 条中的“国营贸易企业”有较大区别。[①] 而 CPTPP 第 17.1 条定义的国有企业(State - owned Enterprises),是指“国家拥有 50% 以上股本,或基于所有者权益控制了 50% 以上投票权,或拥有多数董事任免权的营利性机构”,大致对应我国的国有独资企业与国有控股企业,外延小于我们通常理解的国有企业。因此,state enterprises 不仅涵盖了 CPTPP 定义的国有企业,也包括不符合国有企业定义、在一定程度上归国家所有或者受到国家控制的国有参股企业。此外,State Enterprises 还包括国有的非营利性机构,这大致对应我国的事业法人。笔者认为,将之译为“国有单位”,较“国家企业”或者“国营企业”更为妥帖。简言之,CPTPP 通过创制外延更宽、边界更明晰的新术语“国有单位”(state enterprises)来替代 WTO 的“公共机构”,将其定义的国有企业(相同于我国的国有独资企业与国有控股企业)以及不符 CPTPP 国有企业定义的国有参股企业,全部纳入受约束的补贴提供者范围。据此,即便不适用第 17.3 条,不将国有企业视为政府,第 17.6 条也规定国有企业构成对其他国有企业的补贴提供者。于是,国有企业之间的正常商业交易,可以被认定为补贴而受到禁止。

综上,CPTPP 对国有企业商业属性模棱两可、似是而非的规定,将国有企业商业活动全部纳入补贴规制范畴,不仅限制了国有企业之间的正常商业行为,也约束了国有企业与民营企业的商业交往空间,尤其会殃及与国有企业从事商业交易的民营冠军企业(championed companies)。

3. 投资设立的隐形壁垒

根据 CPTPP 第 17.1 条与第 17.6 条,政府和国有企业在本国境内设立

---

① GATT 1994 第 17 条规定:“每一成员方承诺,如其设立或维持一国营贸易企业,无论其位于何处,或在形式上或事实上给予任何企业专有权或特权,此类企业在其涉及进口或出口的购买和销售方面,应以符合本协定对影响私人贸易商进出口的政府措施所规定的非歧视待遇的一般原则行事。”依乌拉圭回合达成的《关于解释 GATT 1994 第 17 条的谅解》,这里的“国营贸易企业”,是一个与“私人贸易商”(private trader)相对的概念,其主要包括两类:一是由成员方设立或维持的、被授予专有权、特殊权利或特权的国家企业(state enterprise);二是获得了政府授予的“形式上或事实上的专有权或特权”(formally or in effect exclusive or special privileges)的私人企业,即 TPP 意义上的政府指定垄断的私人企业,以及被政府授予其他特权的私人企业。

国有子企的投资行为,如果不符合私人投资者的通常投资实践,应予禁止。何为私人投资者的通常投资实践,CPTPP 付诸阙如。根据欧美以往的实践,关于国有投资是否有悖于私人投资实践,举证责任通常在于国有投资者,且此种证明存在较大难度。显然,这是为国有企业量身定制的“先天”限制,加之判定标准不清晰、举证责任倒置,上述限制将会对 CPTPP 成员方在自己境内设立国有企业的行为,产生根本性与全局性的消极影响。

同时,对于国有资本跨境投资,CPTPP 第 17.6 条第 3 款规定,政府和国有企业跨境投资设立的国有子企,禁止其凭借其母国政府的补贴,对东道国国内产业造成损害。根据 WTO 与 CPTPP 的相关定义,投资是构成补贴与非商业援助的形式之一。因此,政府在海外投资设立国有子企,如果不能证明符合私人投资实践,就构成对该国有子企的非商业援助,因而受到 CPTPP 的禁止。而由于 CPTPP 第 17.3 条规定国有企业从事非商业活动时应视为政府机构,因此,该条款表面上只限制政府的海外投资,实则将国有企业的海外投资也悄悄纳入了规制范围。

除投资之外,海外国企与母国国企(包括但不限于海外国企的母公司)之间的其他跨国交易,都可能因为判定基准的不合理选择,而构成补贴,并受到 CPTPP 的禁止。因此,上述条款对成员方海外设立的国有企业构成潜在威胁,也可能产生切断海外国企与母国国企之间商业往来的消极后果。这无疑构成国有企业海外投资的隐形壁垒。

二、中国谈判策略及因应

2020 年 11 月 20 日,习近平主席在 APEC 领导人非正式会议上,表示中国将积极考虑加入 CPTPP。之后的中央经济工作会议将之列为 2021 年重点任务之一。2021 年 9 月 16 日,中国正式提交加入 CPTPP 的书面申请。如何在加入谈判中有的放矢地进行博弈,如何使力消解 CPTPP 对中国国有企业的潜在消极影响,笔者提出自己的一孔之见。

(一)通过规则澄清与条约保留,保障国有企业的正常商业地位

国有企业的商业属性,是中美等国反复博弈的问题。国有企业作为推

动“一带一路”建设从“大写意”转向“工笔画”过程的重要市场主体，亟须作为国际公共产品的多边规则提供法治保障。CPTPP 纸面上对国有企业从事商业活动的抽象肯定，为第 17.5 条规定国有企业不得享有主权豁免提供了依据，但对中国国有企业而言并无实际裨益，仍然存在被视为政府机构而受约束的巨大风险。关键是要防止利用 CPTPP 商业活动定义的解释弹性，将国有企业商业活动定性为政府行为加以约束（如将国有企业商业交易视为政府补贴），或者将国有企业基于政府委托行事，定性为商业活动而实施司法管辖。因此，中国在加入谈判时，首先应提出澄清第 17.1 条关于“商业活动”的判定标准，要求将国有企业不构成商业主体而视为政府机构的情形，限制于若干边界清晰的例外情形之内；同时，可直接对 CPTPP 第 17.3 条关于将国有企业视为政府机构加以约束的规定作出保留。

其次，利用 CPTPP 第 17.6 条第 2 款关于国有企业之间不能互相给予补贴的规定，反推 CPTPP 承认国有企业之间是彼此独立的关系，据此主张国有企业之间的交易构成非关联交易（at arm's - length transactions）。同时，中国在加入谈判时，应充分利用保留与例外规则，减少受规制的国有企业范围。

最后，由于 CPTPP 第 17.1 条对“商业考量”的定义，构成国际条约法意义上解释“商业活动”的上下文，故可提出判定存在商业考量，作为判定商业活动构成与否的补充标准，以此扩大国有企业商业活动的外延边界。实际上，商业考量不仅是解释商业活动的上下文，也是成员方保证其国有企业必须遵守的一项义务。CPTPP 第 17.4 条规定，各成员方应保证其国有企业在商业活动中依照商业考量行事；作为唯一例外，当国有企业在国内履行政府指令而提供公共服务时，无须将本国、其他成员方、非成员方投资者在国内相同行业所投资企业的待遇，给予属“涵盖投资”范畴的企业（但此时成员方仍应保证其他成员方企业的国民待遇和最惠国待遇）。①

---

① 根据 CPTPP 第 1 章“初始条款和一般定义”第 1.3 条的定义，涵盖投资（covered investment）是指从某一成员方角度而言，其他成员方投资者自协定生效之日起在其境内已经存在的，或此后建立、收购、扩大的投资。

2020 年 12 月 30 日完成谈判的《中欧全面投资协定》第二章“投资自由化”第 3 条之二也要求国有企业遵循商业考量，并将之定义为“相关行业中以营利为目标、受市场约束的企业，在商业决策时通常考虑的因素”。这不同于 CPTPP 将私有企业作为商业考量参照标准的做法。虽然 SCM 协定第 14 条对市场基准进行示例性阐述时，基本明确以私有企业来代表商业行为，但显然《中欧全面投资协定》的表述更为中性，也更符合我国利益，值得中国在加入 CPTPP 谈判时积极争取。

（二）丰富私人投资实践的内涵，突破 CPTPP 对国企投资设立的潜在限制

存在政府或者国有企业的投资入股，这是任何一家国有企业既无法回避又不能否认的事实。CPTPP 对国有企业境内设立与海外投资的限制，其核心是国有投资行为是否符合私人投资者的通常投资实践。由于其主体即私人投资者是不特定的，加之投资决策在很大程度上取决于对未来的主观判断，因此，私人投资实践非常抽象与主观，且涉及经济学角度的考量甚于法律层面的逻辑推理。投资行为的复杂性决定了私人投资实践应具备相当程度的灵活性，但这种灵活性又容易被滥用，对国有企业构成潜在危害。

因此，中国在加入谈判时，应从以下几个方面提出澄清 CPTPP“私人投资者的通常投资实践”：第一，欧盟在有关国家援助法的实践中，“为了评估政府的财政措施或者投资是否授予特定企业以利益，进而构成国家援助，实践中逐渐形成了‘私人投资者’原则”[①]：如果能证明“与提供财政资助的公共部门同等规模的私人投资者”[②]，“根据市场规则，愿意作出与政府相同的入股决策，那么，政府入股就不能视为国家援助”[③]。中国可以此为参考，主张以国有投资者在海内外投资设立子公司系基于商业动机，即主观

---

① P. Nicolaides, M. Kekelekis & M. Kleis, *State Aid Policy in the European Community: Principles and Practice*, Alphen aan den Rijn: Kluwer Law International, 2008, p. 23.

② Case C – 278 – 280/92, Spain v. Commission ECR Ⅰ – 4103, p. 21.

③ Case C – 303/88, Italy v. Commission ECR Ⅰ – 1433, paras. 20 – 24.

上存在投资回报的合理期望,来判定其投资符合 CPTPP“私人投资者的通常投资实践”。第二,基于“期望值是所有可能性概率乘以其收益价值的总和”的经济学定义,①“投资回报的合理期望”并不等于期望利润的实际获得,而是指政府与国有企业在投资入股时,依据当下的信息,包括相关财务数据、市场调研、宏观经济形势预测以及项目可行性评估,有理由产生对投资利润的合理期望。② 第三,如果政府和国有企业的投资决策,是依据由会计师事务所、投资公司、商业咨询公司等机构的专业报告,且该报告符合关联性、中立性、逻辑性、专业性四项要求,则应认定国有投资者主观上存在“投资回报的合理预期”。③

此外,中国还应坚持已经成立的国有企业免受 CPTPP 第 17.1 条与第 17.6 条私人投资实践标准的约束。同时,在国内大力推行国有企业分级持股改革,“通过不断的层级过滤、隔离,将政府资金、政府投资公司转化为市场投资、市场主体”。④

(三)引领竞争政策多边规则的构建与完善,限制外部基准的适用范围

在“二战”后以美国为主导形成的国际经济秩序中,提供国际公共产品是美国引领全球治理、发挥国际影响力的重要途径。由于经济危机深层影响显现、贸易保护主义加重、全球治理体系变革和新冠肺炎疫情影响等多种力量和因素的共同作用,国际社会面临公共产品供给不足的困境。⑤ 面对百年未有之大变局,中国应积极参与未来全球治理体系的变革,努力引

---

① [美]罗伯特·考特、托马斯·尤伦:《法和经济学》,史晋川、董雪兵等译,格致出版社、上海三联书店、上海人民出版社 2010 年版,第 40 页。

② K. Adamantopoulos & M. J. Pereyra – Friedrichsen, EU Anti – subsidy Law & Practice, Bembridge: Palladian Law Publishing Ltd., 2001, p. 105.

③ 蒋奋:《论判定补贴利益的私人投资基准:法解释学与法经济学的视角》,载《浙江大学学报(人文社会科学版)》2016 年第 5 期。

④ 韩立余:《国际法视野下的中国国有企业改革》,载《中国法学》2019 年第 6 期。

⑤ 石静霞:《“一带一路”倡议与国际法——基于国际公共产品供给视角的分析》,载《中国社会科学》2021 年第 1 期。

领全球治理体系向着有利于提升新兴市场和发展中国家代表性和话语权的方向发展，由此构建起更加合理、公正、公平的全球治理体系。这是历史赋予中国的机遇，也是中国的大国责任。①

当前，竞争政策的多边规则尚未建立。CPTPP 作为竞争政策的实验性先例，由于美国在主导约文起草时的国际政治考量，而存在法律制度层面的前述缺陷。中国在加入谈判时，可主张对第 16 章“竞争政策”和第 17 章“国有企业与指定垄断”进行全面完善，依托以非歧视的国际法基本原则，构建基于所有制中立的、公平合理的竞争政策多边规范，同时将跨国私有企业所受的政府补贴，及其实施的各种垄断和限制竞争行为，都纳入规制范畴，从而为国有企业博弈出与跨国私有企业对等公平的制度环境。

同时，此举还有助于解决困扰中国已久的反补贴的外部基准问题。当前，外部基准已广泛应用于美国对华发动的反补贴调查案件。“在部分调查中，外部基准相当于补贴幅度的 100% 甚至还要多。从理论上说，如果不是适用外部基准，在大多数对华反补贴调查中的反补贴税率将低得多，在部分案件中补贴幅度甚至可为零。”②CPTPP 把“援助”与“基于政府对国有企业的所有与控制”作为“非商业援助”定义的构成要件，未沿用 SCM 协定的“财政资助”与“利益”双要件，意在淡化和回避多哈回合中有关补贴利益判定之争议，并沿用外部基准。外部基准既构成其他 WTO 成员方在对华反补贴调查时扩大补贴认定范围、滥用反补贴措施的便捷路径，又是 CPTPP 将国有企业规定为补贴提供者、用规制补贴的名义抑制国有企业商业交易的制度支点。如果没有外部基准，即便国有企业构成补贴提供者，其交易行为也不会轻易认定有悖于商业考量。因此，无论是 WTO 还是 CPTPP 框架下，外部基准都是中国破解反补贴困局的关键。

外部基准并非源于 SCM 协定的直接规定，而是源于上诉机构在美国针叶木材（四）案中“司法能动主义倾向显著的协议目的解释形成的扩大

① 孔庆江：《习近平法治思想中的全球治理观》，载《政法论坛》2021 年第 1 期。

② 陈卫东：《从中美双反措施案看外部基准的适用》，载《法学》2012 年第 2 期。

性解释”[①]——“如果国内同类货物主要由政府提供,且政府的行为扭曲了市场价格,那么,调查机关可以根据第 d 项采用其他的比较基准”[②]。上述解释亦为欧美权威学者所诟病,认为上诉机构此处越权扮演了立法者角色,[③]有悖于 DSU 第 3 条第 2 款解释“不得增加与减少协定权利义务”之规定。笔者认为,外部基准存在抵消比较优势的根本性缺陷。补贴利益的本质,是特定企业获得的不公平、非源于市场竞争的竞争优势;要衡量这种竞争优势,上诉机构主张在自由交易中寻找基准价格,但不必考虑基准市场成熟与否、竞争充分与否。[④] 如果不涉及外部基准,上诉机构的论断基本正确,因为市场竞争程度属于竞争政策的关注焦点,而非反补贴制度着眼于对国内产业的救济;反补贴制度可以“天生”对政府干预十分敏感,而对竞争程度影响价格形成的事实熟视无睹。但是,一旦使用外部基准,外部基准市场与出口国国内市场的竞争程度差异,就必须予以考虑。从经济学角度而言,市场大体可分为完全竞争、垄断竞争、寡头垄断、完全垄断四种形态,上述市场的竞争程度依次递减;同时,竞争程度越强,整个市场越接近均衡状态,市场价格通常越低。[⑤] 政府和公共机构在国内提供货物或服务的价格低于国外市场价格的原因,既可能是政府价格包含补贴,也可能是国内外市场的竞争程度差异。若依上诉机构所言,最终选择了未成熟、主体少的外部市场作为基准,那么,衡量得出的补贴幅度里面,就包含了外部基准市场与出口国市场因竞争程度差异导致的价格差异,而这个价格差异体现的恰恰是比较优势,是不应该被反补贴措施所抵消的。[⑥] 若不考虑竞争程度差异,即便外部基准市场中私人企业拥有较强市场实力,进而过度

---

① 甘瑛:《WTO〈补贴与反补贴措施协定〉第 14 条的适用前提之辩》,载《政治与法律》2013 年第 11 期。

② Appellate Body Report on US – Softwood Lumber Ⅳ, WT/DS257/AB/R, para. 96.

③ Petros C. Mavroidis, Patrick A. Messerlin, Jasper M. Wauters, *The Law and Economics of Contingent Protection in the WTO*, Edward Elgar, 2008, p. 347.

④ Appellate Body Report on Japan – DRAMs(Korea), WT/DS336/AB/R, para. 172.

⑤ [美]罗伯特·考特、托马斯·尤伦:《法和经济学》,史晋川、董雪兵等译,格致出版社、上海三联书店、上海人民出版社 2010 年版,第 30 ~ 31 页。

⑥ Appellate Body Report on US – Softwood Lumber Ⅳ, WT/DS257/AB/R, para. 109.

影响价格，其后果与政府干预无异，仍不妨碍其价格用作基准，则显然是荒谬的。

还有两点需要澄清：第一，政府干预与市场竞争程度既有联系更有区别，政府干预可以构成行政垄断或者行政性限制竞争行为，但其并非影响市场竞争程度的唯一因素，甚至不是最重要的因素。即便政府干预扭曲了市场，也不必然表示该市场的竞争程度很低。第二，"SCM 协定第 1 条的利益必须是经济上可以定量的"①，市场竞争程度这个宏观层面的因素，很难通过微观层面进行定量调整，故无法确保基准市场与出口国市场的可比性。

市场基准的作用，是揭示补贴对贸易竞争的扭曲程度。② 当前，使用外部基准计算得出的补贴幅度，不仅包含了补贴对贸易竞争的扭曲程度，还包含了两个市场的竞争程度差异，而据此征收的反补贴税也同时抵消了公平合理的竞争优势。因此，外部基准只可用于国内外市场竞争程度相仿之情形。虽然贸易政策与竞争政策紧密相关已是 WTO 成员方的共识，③但外部基准的上述范围限制，却从未在 WTO 争端案件中提出与讨论。其原因还是国际贸易法与竞争规则之间的制度藩篱。对竞争程度差异的考察，属竞争政策范畴，但竞争政策迄今未纳入 WTO 体系。中国在加入谈判时，若能推动 CPTPP 竞争规则全面改善，便可以基于上述竞争政策角度的理论分析，澄清外部基准使用范围的上述限制，从而抑制外部基准的滥用。

【本章小结】

CPTPP 第 17 章"国有企业和指定垄断"所创制的非商业援助规则，从国有企业的商业属性、投资设立等诸多方面，对国有企业参与全球竞争与海外投资施加

---

① Gustavo Luengo, *Regulation of Subsidies and State Aids in WTO and EC Law: Conflicts in International Trade Law*, Kluwer Law International, 2007, p. 123.

② Petros C. Mavroidis, Patrick A. Messerlin, Jasper M. Wauters, *The Law and Economics of Contingent Protection in the WTO*, Edward Elgar, 2008, p. 344.

③ Peter Van den Bossche, *The Law and Policy of the World Trade Organization: Text, Cases and Materials*, New York: Cambridge University Press, 2005, p. 512.

了诸多限制，同时会影响与国有企业从事商业交易的包括冠军企业在内的民营企业。CPTPP 对国有企业的补贴规制，是中国加入 CPTPP 的主要障碍。中国在加入谈判时，应有的放矢地进行博弈，使力消解其潜在消极影响，并以此为契机，推动并引领包括竞争政策在内的多边规则，向着有利于提升新兴市场和发展中国家代表性和话语权的方向发展，由此构建起更加合理、公正、公平的全球治理体系。

参考文献

一、中文著作

1. 赵维田:《世贸组织(WTO)的法律制度》,吉林人民出版社2000年版。

2. 朱榄叶编著:《世界贸易组织国际贸易纠纷案例评析》,法律出版社2008年版。

3. 韩立余:《WTO案例及评析(2000)》,中国人民大学出版社2001年版。

4. 韩立余:《WTO案例及评析(2001)》,中国人民大学出版社2004年版。

5. 朱榄叶编著:《世界贸易组织国际贸易纠纷案例评析(1995—2002)》,法律出版社2004年版。

6. 梁开银:《WTO协议背景下中国海外投资法律问题研究》,湖北人民出版社2004年版。

7. [德]彼德斯曼:《国际经济法的宪法功能与宪法问题》,何志鹏、孙璐、王彦志译,高等教育出版社2004年版。

8. 杨国华:《中国与WTO争端解决机制专题研究》,中国对外经济贸易出版社2005年版。

9. 黄志雄:《WTO体制内的发展问题与国际发展法研究》,武汉大学出版社2005年版。

10. 赵维田编著:《中国入世议定书条款解读》,湖南科学技术出版社

2006 年版。

11. 赵维田、刘敬东编著:《WTO:解释条约的习惯规则》,湖南科学技术出版社 2006 年版。

12. 王传丽编著:《补贴与反补贴措施协定条文释义》,湖南科学技术出版社 2006 年版。

13. 左海聪主编:《1994 年关贸总协定逐条释义》,湖南科学技术出版社 2006 年版。

14. 徐泉:《国家经济主权论》,人民出版社 2006 年版。

15. 贺小勇:《国际贸易争端解决与中国对策研究——以 WTO 为视角》,法律出版社 2006 年版。

16. 龚柏华:《"入世"后中美经贸法律纠纷案例评析》,复旦大学出版社 2008 年版。

17. 欧福永等:《国际补贴与反补贴立法与实践比较研究》,中国方正出版社 2008 年版。

18. 贺小勇:《WTO 新议题研究——中国外经贸战略转型的法律思考》,北京大学出版社 2008 年版。

19. 韩立余:《既往不咎——WTO 争端解决机制研究》,北京大学出版社 2009 年版。

20. 甘瑛:《WTO 补贴与反补贴法律与实践研究》,法律出版社 2009 年版。

21. 世界贸易组织法律事务部编:《WTO 争端解决案件概要》,朱榄叶译,法律出版社 2009 年版。

22. 单一:《WTO 框架下补贴与反补贴法律制度与实务》,法律出版社 2009 年版。

23. 张乃根主编:《WTO 争端解决的"中国年(2009)"》,上海人民出版社 2010 年版。

24. 黄东黎:《世界贸易组织补贴规则的条约解释》,法律出版社 2010 年版。

25. 朱榄叶编著:《世界贸易组织国际贸易纠纷案例评析(2007—2009)》,法律出版社2010年版。

26. 赵骏:《变革中的国际经济法:中国的角色、态度和路径选择》,浙江大学出版社2013年版。

27. 黄东黎、何力:《反补贴法与国际贸易:以WTO主要成员方为例》,社会科学文献出版社2013年版。

28. 何志鹏:《国际经济法治:全球变革与中国立场》,高等教育出版社2015年版。

29. 杨国华:《WTO中国案例评析》,知识产权出版社2015年版。

30. 孙琬钟、孔庆江主编:《WTO法与中国论坛年刊(2015)》,知识产权出版社2015年版。

31. 林中梁主编:《WTO法与中国论坛年刊(2016)》,知识产权出版社2016年版。

32. 孔庆江:《国际经济法律规范的可移植性与国家经济安全的相关性研究——以WTO法为例》,武汉大学出版社2016年版。

33. 何志鹏:《国际法治论》,北京大学出版社2016年版。

34. 中国社会科学院世界经济与政治研究所国际贸易研究室:《〈跨太平洋伙伴关系协定〉文本解读》,中国社会科学出版社2016年版。

35. 赵宏瑞编著:《WTO法与中国论坛年刊(2017)》,知识产权出版社2017年版。

36. 龚柏华主编:《新近中美经贸法律纠纷案例评析》,上海人民出版社2017年版。

37. 张磊主编:《2016年WTO年度报告:全球价值链背景下的国有企业与中小企业》,法律出版社2017年版。

38. 何志鹏:《国家利益维护:国际法的力量》,法律出版社2018年版。

39. 韩立余主编:《〈跨太平洋伙伴关系协定〉全译本导读》,北京大学出版社2018年版。

40. 张丽英:《国际经济法》,中国政法大学出版社2018年版。

41. 李涛:《中国崛起背景下国际经济法理论的发展》,人民日报出版社 2019 年版。

42. 曾华群:《国际经济法导论》,法律出版社 2020 年版。

43. 王晓云:《国际经济法与中国实践》,天津人民出版社 2020 年版。

44. 王传丽主编:《国际经济法》,国家开放大学出版社 2021 年版。

45. 孙珺:《全球治理视角下的国际经济法》,北京大学出版社 2021 年版。

二、英文著作

1. Gary Clyde Hufbauer, Joanna Shelton Erb, *Subsidies in International Trade*, Cambridge: MIT Press, 1984.

2. J. F. Beseler, A. N. Williams, *Anti - dumping and Anti - subsidy Law: the European Communities*, London: Sweet & Maxwell, Paris: ICC, 1986.

3. Jacques H. J. Bourgeois, *Subsidies and international trade: a European Lawyers' Perspective*, Deventer, Boston: Kluwer Law and Taxation Publishers, 1991.

4. Ernst - Ulrich Petersmann, Meinhard Hilf (ed.), *The New GATT Round of Multilateral Trade Negotiations: Legal and Economic Problems*, Deventer and Boston: Kluwer Law and Taxation Publishers, 1991.

5. Terence P. Stewart (ed.), *The GATT Uruguay Round - A Negotiating History* (1986 - 1992), Volume I Commentary, Deventer: Kluwer Law and Taxation Publishers, 1993.

6. Jagdish Bhagwati, Robert E. Hudec (ed.), *Fair Trade and Harmonization: Prerequisites for Free Trade?* Volume 1 Economic Analysis, V. 2 Legal Analysis, Cambridge: MIT Press, 1996.

7. Gitelle Seer, Maria I. Smolka - Day (ed.), *Introduction to International Business Law: Legal Transactions in a Global Economy*, New York:

Oceana Publications, 1996.

8. Clive Stanbrook, Philip Bentley, *Dumping and Subsidies: the Law and Procedures Governing the Imposition of Anti – dumping and Countervailing Duties in the European Community*, Kluwer Law International, 1996.

9. Robert O' Brien, *Subsidy Regulation and State Transformation in North America*, the GATT and the EU, Macmillan Press Ltd. ,1997.

10. Jagdeep S. Bhandari, Alan O. Sykes(ed.), *Economic Dimensions in International Law: Comparative and Empirical Perspectives*, New York: Cambridge University Press, 1997.

11. Terence P. Stewart, Amy S. Dwyer, *WTO Antidumping and Subsidy Agreements: A Practitioner's Guide to Sunset Reviews in Australia, Canada, the European Union, and the United States*, Kluwer Law International, 1998.

12. Pierre Didier, *WTO Trade Instruments in EU Law*, London: Cameron May, 1999.

13. Konstantinos Adamantopoulos, María J Pereyra – Friedrichsen, *EU Anti – subsidy Law & Practice*, Bembridge: Palladian Law Publishing Ltd., 2001.

14. Marc Benitah, *The Law of Subsidies under the GATT/WTO System*, Hague ,Boston: Kluwer Law International, 2001.

15. Raj Bhala, *International Trade Law: Theory and Practice*, New York: Lexis Pub. , 2001.

16. Kyle Bagwell, Robert W. Staiger, *The Economics of the World Trading System*, Massachusetts: MIT Press, 2002.

17. Daniel L. M. Kennedy, James D. Southwick(ed.), *The Political Economy of International Trade Law: Essays in Honour of Robert E. Hudec*, New York: Cambridge University Press,2002.

18. John H. Jackson, Williams J. Davey, Alan O. Sykes, *Legal Problems of International Economic Relations: Cases, Materials and Text on the*

National and International Regulation of Transnational Economic Relations, St. Paul, Minn.: West Group, 2002.

19. Ernst – Ulrich Petersmann and Mark A. Pollack(ed.), *Transatlantic Economic Disputes: the EU, the US, and the WTO*, New York: Oxford University Press, 2003.

20. Conor Quigley, Anthony M. Collins, *EC State Aid Law and Policy*, Portland: Hart Publishing, 2003.

21. Keith N. Hylton, *Antitrust Law: Economic Theory and Common Law Evolution*, New York: Cambridge University Press, 2003.

22. Philip Marsden, *A Competition Policy for the WTO*, London: Cameron May, 2003.

23. Roland Weinrauch, *Competition Law in the WTO: the Rationale for a Framework Agreement*, Vienna: NWV Neuer Wissenschaftlicher Verlag; Berlin: BWV Berliner Wissenschafts – Verlag; Antwerpen: Intersentia, 2004.

24. Massimo Motta, *Competition Policy: Theory and Practice*, New York: Cambridge University Press, 2004.

25. Andrea Biondi, Piet Eeckhout, James Flynn (ed.), *The Law of State Aid in the European Union*, New York: Oxford University Press, 2004.

26. David Palmeter, Petros C. Mavroidis, *Dispute Settlement in the World Trade Organization: Practice and Procedure*, New York: Cambridge University Press, 2004.

27. Federico Ortino, *Basic Legal Instruments for the Liberalisation of Trade: a Comparative Analysis of EC and WTO Law*, Oxford and Portland Oregon: Hart Publishing, 2004.

28. Jan Hoogmartens, *EC Trade Law Following China's Accession to the WTO*, Hague: Kluwer Law International, 2004.

29. Federico Ortino, Ernst – Ulrich Petersmann (ed.), *The WTO Dispute Settlement System 1995 – 2003*, Hague: Kluwer Law International, 2004.

30. Van Bael & Bellis, *Anti – dumping and Other Trade Protection Laws of the EC*, Hague: Kluwer Law International, 2004.

31. Marco C. E. J. Bronckers, Gary N. Horlick (ed.), *WTO Jurisprudence and Policy: Practitioners' Perspectives*, London: Cameron May, 2004.

32. Rufus Yerxa, Bruce Wilson(ed.), *Key Issues in WTO Dispute Settlement: the First Ten Years*, New York: Cambridge University Press, 2005.

33. Guiguo Wang, *The Law of the WTO: China and the Future of Free Trade*, Hong Kong: Sweet & Maxwell Asia, 2005.

34. Yang Guohua, Bryan Mercurio, Li Yongjie, *WTO Dispute Settlement Understanding: A Detailed Interpretation*, Hague: Kluwer Law International, 2005.

35、Deborah Z. Cass, *The Constitutionalization of the World Trade Organization: Legitimacy, Democracy, and Community in the International Trading System*, New York: Oxford University Press, 2005.

36. Raj Bhala, *Modern GATT Law: A Treatise on the General Agreement on Tariffs and Trade*, London: Sweet & Maxwell, 2005.

37. Michael J. Trebilcock and Robert Howse, *The Regulation of International Trade*, New York : Routledge, 2005.

38. Oliver Black, *Conceptual Foundations of Antitrust*, New York: Cambridge University Press, 2005.

39. Roger J. Van den Bergh and Peter D. Camesasca, *European Competition Law and Economics: A Comparative Perspective*, London: Sweet & Maxwell, 2006.

40. Rorden Wilkinson, *The WTO: Crisis and the Governance of Global Trade*, London : Routledge, Taylor & Francis, 2006.

41. Mitsuo Matsushita, Thomas J. Schoenbaum and Petros C. Mavroidis, *The World Trade Organization: Law, Practice, and Policy*, New York: Oxford University Press, 2006.

42. M Rafiqul Islam, *International Trade Law of the WTO*, South Melbourne: Oxford University Press, 2006.

43. Dencho Geogiev, Kim Van der Borght (ed.), *Reform and Development of the WTO Dispute Settlement System*, London: Cameron May, 2006.

44. Giorgio Sacerdoti, Alan Yanovich, Jan Bohanes (ed.), *The WTO at Ten: The Contribution of The Dispute Settlement System*, New York: Cambridge University Press, 2006.

45, Asif H. Qureshi, *Interpreting WTO Agreements Problems and Perspectives*, New York: Cambridge University Press, 2006.

46. Rüdiger Wolfrum, Peter – Tobais Stoll, Karen Kaiser (ed.), *WTO – Institutions and Dispute Settlement*, Leiden: Martinus Nijhoff, 2006.

47. Michael Saánchez Rydelski (ed.), *The EC State Aid Regime: Distortive Effects of State Aid on Competition and Trade*, London: Cameron May, 2006.

48. Marion Panizzon, *Good Faith in the Jurisprudence of the WTO*, Oxford and Portland Oregon: Hart Publishing, 2006.

49. Gustavo Luengo, *Regulation of Subsidies and State Aids in WTO and EC Law: Conflicts in International Trade Law*, Alphen aan den Rijn: Kluwer Law International, 2007.

50. Andrew T. Guzman and Alan O. Sykes (ed.), *Research Handbook in International Economic Law*, *Cheltenham*, Northampton: Ed. ward Elgar, 2007.

51. Henrik Horn and Petros C. Mavroidis (ed.), *The American Law Institute Reporters′ Studies on WTO Case Law: Legal and Economic Analysis*, New York: Cambridge University Press, 2007.

52. Henrik Horn and Petros C. Mavroidis (ed.), *The WTO Case Law of 2004 – 5: Legal and Economic Analysis*, New York: Cambridge University Press, 2008.

53. Henrik Horn and Petros C. Mavroidis(ed.), *The WTO Case Law of 2006 - 7: Legal and Economic Analysis*, New York: Cambridge University Press, 2009.

54. Henrik Horn and Petros C. Mavroidis(ed.), *The WTO Case Law of 2008: Legal and Economic Analysis*, New York: Cambridge University Press, 2010.

55. Henrik Horn and Petros C. Mavroidis(ed.), *The WTO Case Law of 2009: Legal and Economic Analysis*, New York: Cambridge University Press, 2011.

56. Henrik Horn and Petros C. Mavroidis(ed.), *The WTO Case Law of 2010: Legal and Economic Analysis*, New York: Cambridge University Press, 2012.

57. Chad P. Bown and Petros C. Mavroidis(ed.), *The WTO Case Law of 2011: Legal and Economic Analysis*, New York: Cambridge University Press, 2013.

58. Petros C. Mavroidis, *Trade in Goods: the GATT and the Other Agreements Regulating Trade in Goods*, New York: Oxford University Press, 2007.

59. Robert Howse, *The WTO System: Law, Politics & Legitimacy*, London: Cameron May Ltd., 2007.

60. Stephen Weatherill and Ulf Bernitz(ed.), *The Regulation of Unfair Commercial Practices under EC Directive 2005/29: New Rules and New Techniques*, Oxford: Hart, 2007.

61. Paolo Buccirossi, *Handbook of Antitrust Economics*, Cambridge: MIT Press, 2008.

62. Peter Van den Bossche, *The Law and Policy of the World Trade Organization: Text, Cases and Materials*, New York: Cambridge University Press, 2008.

63. Douglas A. Irwin, Petros C. Mavroidis, Alan O. Sykes, *The Genesis of the GATT*, New York: Cambridge University Press, 2008.

64. Alan B. Tippton, Charles M. Roylton(ed.), *Trade Remedies*, New York: Nova Science Publishers, 2008.

65. Rüdiger Wolfrum, Peter - Tobias Stoll, Michael Koebele (ed.), *WTO - Trade Remedies*, Leiden: Martinus Nijhoff, 2008.

66. Andreas F. Lowenfeld, *International Economic Law*, New York: Oxford University Press, 2008.

67. Petros C. Mavroidis, Patrick A. Messerlin, Jasper M. Wauters, *The Law and Economics of Contingent Protection in the WTO*, Cheltenham, Northampton: Edward Elgar, 2008.

68. Phedon Nicolaides, Mihalis Kekelekis, Maria Kleis, *State Aid Policy in the European Community: Principles and Practice*, Alphen aan den Rijn: Kluwer Law International, 2008.

69. Merit E. Janow, Victoria Donaldson, Alan Yanovich (ed.), *The WTO: Governance, Dispute Settlement, and Developing Countries*, New York: Juris Publishing, 2008.

70. Luca Rubini, *The Definition of Subsidy and State Aid: WTO and EC Law in Comparative Perspective*, New York: Oxford University Press, 2009.

71. Kelyn Bacon(ed.), *European Community Law of State Aid*, New York: Oxford University Press, 2009.

72. Josephine Steiner and Lorna Woods, *EU Law*, New York: Oxford University Press, 2009.

73. Wolfgang Müller, Nicholas Khan, Tibor Scharf, *EC and WTO Anti - dumping Law: A Handbook*. New York: Oxford University Press, 2009.

74. Bernard M. Hoekman, Michel M. Kostecki, *The Political Economy of the World Trading System: the WTO and Beyond*, New York: Oxford University Press, 2009.

75. Esther Lam, *China and the WTO: A Long March Towards the Rule of Law*, AH Alphen aan den Rijn: Kluwer Law International, 2009.

76. Michelle T. Grando, *Evidence, Proof, and Fact - finding in WTO Dispute Settlement*, New York: Oxford University Press, 2009.

77. Chantal Thomas, Joel P. Trachtman(ed.), *Developing Countries in the WTO Legal System*, New York: Oxford University Press,2009.

78. Erich Vranes, *Trade and the Environment: Fundamental Issues in International Law, WTO law, and Legal Theory*, New York :Oxford University Press, 2009.

79. Akira Kotera, Ichiro Araki, Tsuyoshi Kawase(ed.), *The Future of The Multilateral Trading System : East Asian Perspectives*, London: Cameron May, 2009.

80. Simon A. B. Schropp, *Trade Policy Flexibility and Enforcement in the WTO:A Law and Economics Analysis*, New York: Cambridge University Press, 2009.

81. Sarah Joseph, David Kinley, Jeff Waincymer (ed.), *The World Trade Organization and Human Rights : Interdisciplinary Perspectives*, Cheltenham, Northampton: Edward Elgar, 2009.

82. Amin Alavi, *Legalization of Development in the WTO: Between Law and Politics*, Alphen aan den Rijn: Kluwer Law International,2009.

83. Sherzod Shadikhodjaev, *Retaliation in the WTO Dispute Settlement System*, Alphen aan den Rijn: Kluwer Law International, 2009.

84. Isabelle Van Damme. *Treaty Interpretation by the WTO Appellate Body*, New York: Oxford University Press, 2009.

85. Daniel Bethlehem, Donald McRae, Rodney Neufeld, Isabelle Van Damme, *The Oxford Handbook of International Trade Law*, New York: Oxford University Press, 2009.

86. Doris Hildebrand, *The Role of Economic Analysis in the EC Competi-*

tion Rules, Alphen aan den Rijn: Kluwer Law International, Third Edition, 2009.

87. Mark Furse, *Antitrust Law in China, Korea and Vietnam*, New York: Oxford University Press, 2009.

88. Abel M. Mateus, Teresa Moreira (ed.), *Competition Law and Economics: Advances in Competition Policy Enforcement in the EU and North America*, Cheltenham, Northampton: Edward Elgar, 2010.

89. Einer Elhauge and Damien Geradin, *Global Competition Law and Economics*, Oxford: Hart, 2010.

90. Kyle W. Bagwell, George A. Bermann, Petros C. Mavroidis (ed.), *Law and Economics of Contingent Protection in International Trade*, New York: Cambridge University Press, 2010.

91. Debra P. Steger (ed.), *Redesigning the World Trade Organization for the Twenty-first Century*, Ottawa: Wilfrid Laurier University Press, 2010.

92. Eberhard Bohne, *The World Trade Organization: Institutional Development and Reform*, Basingstoke: Palgrave Macmillan, 2010.

93. Krista Nadakavukaren Schefer, *Social Regulation in the WTO: Trade Policy and International Legal Development*, Cheltenham, Northampton: Edward Elgar, 2010.

94. Gregory W. Bowman, Nick Covelli, David A. Gantz, Ihn Ho Uhm, *Trade Remedies in North America*, Alphen aan den Rijn: Kluwer Law International, 2010.

95. Kent Jones, *The Doha Blues: Institutional Crisis and Reform in the WTO*, New York: Oxford University Press, 2010.

96. Robert Pitofsky, Harvey J. Goldschmid, Diane P. Wood, *Trade Regulation: Cases and Materials*, New York: Foundation Press, 2010.

97. Chad P. Bown, Joost Pauwelyn (ed.), *The Law, Economics and Politics of Retaliation in WTO Dispute Settlement*, New York: Cambridge

University Press,2010.

98. Francis Snyder, *The EU, the WTO and China: Legal Pluralism and International Trade Regulation*, Oxford and Portland: Hart Publishing, 2010.

99. Michael J. Trebilcock, *Understanding Trade Law*, Cheltenham, Northampton: Edward Elgar,2011.

100. Marc Bacchetta, Michele Ruta (ed.), *The WTO, Subsidies and Countervailing Measures*, Cheltenham, Northampton: Edward Elgar, 2011.

101. Thomas Cottier and Panagiotis Delimatsis (ed.), *The Prospects of International Trade Regulation: from Fragmentation to Coherence*, New York: Cambridge University Press, 2011.

102. Yong - Shik Lee, Gary N. Horlick, Won - Mog Choi, Tomer Broude (ed.), *Law and Development Perspective on International Trade Law*, New York : Cambridge University Press, 2011.

103. Sue Arrowsmith, Robert D. Anderson (ed.), *The WTO Regime on Government Procurement: Challenge and Reform*, New York: Cambridge University Press, 2011.

104. David Orden, David Blandford, Tim Josling (ed.), *WTO Disciplines on Agricultural Support: Seeking a Fair Basis for Trade*, New York: Cambridge University Press, 2011.

105. Tomer Broude, Marc L. Busch, Amelia Porges (ed.), *The Politics of International Economic Law*, New York: Cambridge University Press, 2011.

106. Alexander Orakhelashvili (ed.), *Research Handbook on the Theory and History of International Law*, Cheltenham, Northampton: Edward Elgar, 2011.

107. Jan Klabbers, Åsa Wallendahl (ed.), *Research Handbook on the Law of International Organizations*, Cheltenham, Northampton: Edward Elgar, 2011.

108. Christian Joerges and Ernst – Ulrich Petersmann(ed.) , *Constitutionalism*, *Multilevel Trade Governance and International Economic Law*, Oxford and Portland Oregon: Hart Publishing, 2011.

109. Alison Jones and Brenda Sufrin, *EU Competition Law*: *Text*, *Cases*, *and Materials*, New York: Oxford University Press, 2011.

110. Kevin Coates, *Competition Law and Regulation of Technology Markets*, New York: Oxford University Press, 2011.

111. Niamh Nic Shuibhne, Laurence W. Gormley(ed.), *From Single Market to Economic Union*: *Essays in Memory of John A. Usher*, Oxford: Oxford University Press, 2012.

112. Richard Whish, David Bailey, *Competition Law*, New York: Oxford University Press, 2012.

113. Einer Elhauge, *Research Handbook on the Economics of Antitrust Law*, Cheltenham, Northampton: Edward Elgar, 2012.

114. Ariel Ezrachi(ed.), *Research Handbook on International Competition Law*, Cheltenham, Northampton: Edward Elgar, 2012.

115. Ioannis Lianos, Okeoghene Odudu (ed.), *Regulating Trade in Services in the EU and the WTO*: *Trust*, *Distrust and Economic Integration*, New York: Cambridge University Press,2012.

116. Sanford E. Gaines, Birgitte Egelund Olsen, Karsten Engsig Sørensen(ed.), *Liberalising Trade in the EU and the WTO*: *A Legal Comparison*, New York: Cambridge University Press, 2012.

117. Isabella D. Bunn,*The Right to Development and International Economic Law*: *Legal and Moral Dimensions*, Oxford: Hart Publishing,2012.

118. Ross Becroft,*The Standard of Review in WTO Dispute Settlement*: *Critique and Development*, Cheltenham, Northampton: Edward Elgar, 2012.

119. Joseph A. McMahon, Melaku Geboye Desta (ed.), *Research Handbook on the WTO Agriculture Agreement*: *New and Emerging Issues in*

International Agricultural Trade Law, Cheltenham, Northampton: Edward Elgar, 2012.

120. Tracey Epps(ed.), *Research Handbook on the WTO and Technical Barriers to Trade*, Cheltenham: Edward Elgar, 2013.

121. Mervyn Martin, *WTO dispute settlement understanding and development*, Leiden: Martinus Nijhoff Publishers, 2013.

122. Shintaro Hamanaka, *Asian Free Trade Agreements and WTO Compatibility*, New Jersey: World Scientific, 2014.

123. Dominic Coppens, *WTO Disciplines on Subsidies and Countervailing Measures*, New York: Cambridge University Press, 2014.

124. Chad P. Bown, Kara M. Reynolds, *Trade Agreements and Enforcement*, Ann Arbor, MI: ProQuest, 2015.

125. Matthew Kennedy, *WTO Dispute Settlement and the Trips Agreement*, New York: Cambridge University Press, 2016.

126. Michelle Limenta, *WTO Retaliation*, Oxford and Portland Oregon: Hart Publishing, 2017.

127. Alexei Kireyev(ed.), *Trade Multilateralism in the Twenty - first Century*, New York: Cambridge University Press, 2017.

三、WTO 反补贴案件报告

1. WTO. Panel Report on *Brazil - Aircraft*(WT/DS46/R), http://www.wto.org/english/tratop_e/dispu_e/cases_e/ds46_e.htm.

2. WTO. Appellate Body Report on *Brazil - Aircraft*(WT/DS46/AB/R), http://www.wto.org/english/tratop_e/dispu_e/cases_e/ds46_e.htm.

3. WTO. Panel Report on *Brazil - Aircraft*(*Article* 21.5 - *Canada*)(WT/DS46/RW), http://www.wto.org/english/tratop_e/dispu_e/cases_e/ds46_e.htm.

4. WTO. Appellate Body Report on *Brazil - Aircraft*(*Article* 21.5 - *Can-*

ada)(WT/DS46/AB/RW), http://www.wto.org/english/tratop_e/dispu_e/cases_e/ds46_e.htm.

5. WTO. Panel Report on *Brazil – Aircraft* (*Article* 21.5 – *CanadaII*) (WT/DS46/RW/2), http://www.wto.org/english/tratop_e/dispu_e/cases_e/ds46_e.htm.

6. WTO. Panel Report on *Canada – Aircraft* (WT/DS70/R), http://www.wto.org/english/tratop_e/dispu_e/cases_e/ds70_e.htm.

7. WTO. Appellate Body Report on*Canada – Aircraft*(WT/DS70/AB/R), http://www.wto.org/english/tratop_e/dispu_e/cases_e/ds70_e.htm.

8. WTO. Panel Report on *Canada – Aircraft* (*Article* 21.5 – *Brazil*) (WT/DS70/RW), http://www.wto.org/english/tratop_e/dispu_e/cases_e/ds70_e.htm.

9. WTO. Appellate Body Report on *Canada – Aircraft* (*Article* 21.5 – *Brazil*) (WT/DS70/AB/RW), http://www.wto.org/english/tratop_e/dispu_e/cases_e/ds70_e.htm.

10. WTO. Panel Report on *US – FSC*(WT/DS108/R), http://www.wto.org/english/tratop_e/dispu_e/cases_e/ds108_e.htm.

11. WTO. Panel Report on *US – FSC*(*Article* 21.5 – *EC*)(WT/DS108/RW), http://www.wto.org/english/tratop_e/dispu_e/cases_e/ds108_e.htm.

12. WTO. Panel Report on *US – FSC* (*Article* 21.5 – *EC* Ⅱ) (WT/DS108/RW/2), http://www.wto.org/english/tratop_e/dispu_e/cases_e/ds108_e.htm.

13. WTO. Appellate Body Report on *US – FSC*(WT/DS108/AB/R), http://www.wto.org/english/tratop_e/dispu_e/cases_e/ds108_e.htm.

14. WTO. Appellate Body Report on *US – FSC* (*Article* 21.5 – *EC*) (WT/DS108/AB/RW), http://www.wto.org/english/tratop_e/dispu_e/cases_e/ds108_e.htm.

15. WTO. Appellate Body Report on *US – FSC(Article* 21. 5 – *EC* Ⅱ) (WT/DS108/AB/RW/2), http://www. wto. org/english/tratop_e/dispu_e/cases_e/ds108_e. htm.

16. WTO. Panel Report on *US – Lead and Bismuth* Ⅱ (WT/DS138/R), http://www. wto. org/english/tratop_e/dispu_e/cases_e/ds138_e. htm.

17. WTO. Appellate Body Report on *US – Lead and Bismuth* Ⅱ (WT/DS138/AB/R), http://www. wto. org/english/tratop_e/dispu_e/cases_e/ds138_e. htm.

18. WTO. Panel Report on *US – Export Restraints* (WT/DS194/R), http://www. wto. org/english/tratop_e/dispu_e/cases_e/ds194_e. htm.

19. WTO. Panel Report on *US – Countervailing Measures on Certain EC Products*(WT/DS212/R), http://www. wto. org/english/tratop_e/dispu_e/cases_e/ds212_e. htm.

20. WTO. Appellate Body Report on *US – Countervailing Measures on Certain EC Products* (WT/DS212/AB/R), http://www. wto. org/english/tratop_e/dispu_e/cases_e/ds212_e. htm.

21. WTO. Panel Report on *Canada – Aircraft Credits and Guarantees*, *WT/DS222/R*(WT/DS222/R), http://www. wto. org/english/tratop_e/dispu_e/cases_e/ds222_e. htm.

22. WTO. Panel Report on *Canada – Aircraft Credits and Guarantees*, *WT/DS222/R*(Article 22. 6 – Canada) (WT/DS222/RW), http://www. wto. org/english/tratop_e/dispu_e/cases_e/ds222_e. htm.

23. WTO. Panel Report on *US – Softwood Lumber* Ⅲ (WT/DS236/R), http://www. wto. org/english/tratop_e/dispu_e/cases_e/ds236_e. htm.

24. WTO. Panel Report on *US – Softwood Lumber* Ⅳ (WT/DS257/R) http://www. wto. org/english/tratop_e/dispu_e/cases_e/ds257_e. htm.

25. WTO. Appellate Body Report on *US – Softwood Lumber* Ⅳ (WT/DS257/AB/R) http://www. wto. org/english/tratop_e/dispu_e/cases_e/

ds257_e. htm.

26. WTO. Panel Report on *US – Upland Cotton* (WT/DS267/R), http://www. wto. org/english/tratop_e/dispu_e/cases_e/ds267_e. htm.

27. WTO. Appellate Body Report on *US – Upland Cotton*(WT/DS267/AB/R), http://www. wto. org/english/tratop_e/dispu_e/cases_e/ds267_e. htm.

28. WTO. Panel Report on *Korea – Commercial Vessels*(WT/DS273/R), http://www. wto. org/english/tratop_e/dispu_e/cases_e/ds273_e. htm.

29. WTO. Panel Report on *US – Countervailing Duty Investigation on DRAMs* (WT/DS296/R), http://www. wto. org/english/tratop_e/dispu_e/cases_e/ds296_e. htm.

30. WTO. Appellate Body Report on *US – Countervailing Duty Investigation on DRAMs*(WT/DS296/AB/R), http://www. wto. org/english/tratop_e/dispu_e/cases_e/ds296_e. htm.

31. WTO. Panel Report on *EC – Countervailing Measures on DRAM Chips* (WT/DS299/R), http://www. wto. org/english/tratop_e/dispu_e/cases_e/ds299_e. htm.

32. WTO. Appellate Body Report on *EC – Countervailing Measures on DRAM Chips*(WT/DS299/AB/R), http://www. wto. org/english/tratop_e/dispu_e/cases_e/ds296_e. htm.

33. WTO. Panel Report on *Japan – DRAMs*(*Korea*)(WT/DS336/R), http://www. wto. org/english/tratop_e/dispu_e/cases_e/ds336_e. htm.

34. WTO. Appellate Body Report on *Japan – DRAMs* (*Korea*)(WT/DS336/AB/R), http://www. wto. org/english/tratop_e/dispu_e/cases_e/ds336_e. htm.

35. WTO. Panel Report on *China – Auto Parts*(WT/DS339/R), http://www. wto. org/english/tratop_e/dispu_e/cases_e/ds339_e. htm.

36. WTO. Appellate Body Report on *China – Auto Parts*(WT/DS339/

AB/R), http://www.wto.org/english/tratop_e/dispu_e/cases_e/ds339_e.htm.

37. WTO. Panel Report on *Mexico – Olive Oil*(WT/DS341/R), http://www.wto.org/english/tratop_e/dispu_e/cases_e/ds341_e.htm.

38. WTO. Panel Report on *US – Customs Bond Directive*(WT/DS345/R), http://www.wto.org/english/tratop_e/dispu_e/cases_e/ds345_e.htm.

39. WTO. Appellate Body Report on *US – Customs Bond Directive*(WT/DS345/AB/R), http://www.wto.org/english/tratop_e/dispu_e/cases_e/ds345_e.htm.

40. WTO. Panel Report on *US – Large Civil Aircraft*(*2nd complaint*)(WT/DS353/R), http://www.wto.org/english/tratop_e/dispu_e/cases_e/ds353_e.htm.

41. WTO. Appellate Body Report on*US – Large Civil Aircraft*(*2nd complaint*)(WT/DS353/AB/R), http://www.wto.org/english/tratop_e/dispu_e/cases_e/ds353_e.htm.

42. WTO. Panel Report on *US – Large Civil Aircraft* (*2nd complaint*)(*Article* 21.5 – *EU*)(WT/DS353/RW), http://www.wto.org/english/tratop_e/dispu_e/cases_e/ds353_e.htm.

43. WTO. Panel Report on *US – Anti – Dumping and Countervailing Duties* (WT/DS379/R), http://www.wto.org/english/tratop_e/dispu_e/cases_e/ds379_e.htm.

44. WTO. Appellate Body Report on *US – Anti – Dumping and Countervailing Duties* (WT/DS379/AB/R), http://www.wto.org/english/tratop_e/dispu_e/cases_e/ds379_e.htm.

45. WTO. Panel Report on *Canada – Renewable Energy*(WT/DS412/R), http://www.wto.org/english/tratop_e/dispu_e/cases_e/ds412_e.htm.

46. WTO. Appellate Body Report on*Canada – Renewable Energy*(WT/DS412/AB/R), http://www.wto.org/english/tratop_e/dispu_e/cases_e/

ds412_e. htm.

47. WTO. Panel Report on *China – GOES*(WT/DS414/R), http://www. wto. org/english/tratop_e/dispu_e/cases_e/ds414_e. htm.

48. WTO. Appellate Body Report on *China – GOES*(WT/DS414/AB/R), http://www. wto. org/english/tratop_e/dispu_e/cases_e/ds414_e. htm.

49. WTO. Panel Report on *China – GOES*(*Article* 21. 5 – *US*)(WT/DS414/RW), http://www. wto. org/english/tratop_e/dispu_e/cases_e/ds414_e. htm.

50. WTO. Panel Report on *Canada – Feed – In Tariff Program*(WT/DS426/R), http://www. wto. org/english/tratop_e/dispu_e/cases_e/ds426_e. htm.

51. WTO. Appellate Body Report on *Canada—Feed – In Tariff Program*(WT/DS426/AB/R), http://www. wto. org/english/tratop_e/dispu_e/cases_e/ds426_e. htm.

52. WTO. Panel Report on *US – Carbon Steel* (*India*)(WT/DS436/R), http://www. wto. org/english/tratop_e/dispu_e/cases_e/ds436_e. htm.

53. WTO. Appellate Body Report on *US – Carbon Steel* (*India*)(WT/DS436/AB/R), http://www. wto. org/english/tratop_e/dispu_e/cases_e/ds436_e. htm.

54. WTO. Panel Report on *US – Countervailing Measures* (*China*)(WT/DS437/R), http://www. wto. org/english/tratop_e/dispu_e/cases_e/ds437_e. htm.

55. WTO. Appellate Body Report on *US – Countervailing Measures* (*China*)(WT/DS437/AB/R), http://www. wto. org/english/tratop_e/dispu_e/cases_e/ds437_e. htm.

56. WTO. Panel Report on *US – Countervailing Measures* (*China*)(*Article* 21. 5 – *China*)(WT/DS437/RW), http://www. wto. org/english/tratop_e/dispu_e/cases_e/ds437_e. htm.

57. WTO. Panel Report on *China – Autos (US)* (WT/DS440/R), http://www.wto.org/english/tratop_e/dispu_e/cases_e/ds440_e.htm.

58. WTO. Panel Report on *US – Countervailing and Anti – Dumping Measures (China)* (WT/DS449/R), http://www.wto.org/english/tratop_e/dispu_e/cases_e/ds449_e.htm.

59. WTO. Appellate Body Report on *US – Countervailing and Anti – Dumping Measures (China)* (WT/DS449/AB/R), http://www.wto.org/english/tratop_e/dispu_e/cases_e/ds449_e.htm.

60. WTO. Panel Report on *India – Solar Cells* (WT/DS456/R), http://www.wto.org/english/tratop_e/dispu_e/cases_e/ds456_e.htm.

61. WTO. Appellate Body Report on *India – Solar Cells* (WT/DS456/AB/R), http://www.wto.org/english/tratop_e/dispu_e/cases_e/ds456_e.htm.

62. WTO. Panel Report on *US – Washing Machines* (WT/DS464/R), http://www.wto.org/english/tratop_e/dispu_e/cases_e/ds464_e.htm.

63. WTO. Appellate Body Report on *US – Washing Machines* (WT/DS464/AB/R), http://www.wto.org/english/tratop_e/dispu_e/cases_e/ds464_e.htm.

64. WTO. Panel Report on *Brazil – Taxation* (WT/DS472/R), http://www.wto.org/english/tratop_e/dispu_e/cases_e/ds472_e.htm.

65. WTO. Panel Report on *EU – Energy Package* (WT/DS476/R), http://www.wto.org/english/tratop_e/dispu_e/cases_e/ds476_e.htm.

66. WTO. Panel Report on *EU – PET (Pakistan)* (WT/DS486/R), http://www.wto.org/english/tratop_e/dispu_e/cases_e/ds486_e.htm.

67. WTO. Appellate Body Report on *EU – PET (Pakistan)* (WT/DS486/AB/R), http://www.wto.org/english/tratop_e/dispu_e/cases_e/ds486_e.htm.

68. WTO. Panel Report on *US – Tax Incentives* (WT/DS487/R),

http://www.wto.org/english/tratop_e/dispu_e/cases_e/ds487_e.htm.

69. WTO. Appellate Body Report on *US – Tax Incentives*(WT/DS487/AB/R), http://www.wto.org/english/tratop_e/dispu_e/cases_e/ds487_e.htm.

70. WTO. Panel Report on *US – Coated Paper* (*Indonesia*) (WT/DS491/R), http://www.wto.org/english/tratop_e/dispu_e/cases_e/ds491_e.htm.

71. WTO. Panel Report on *Brazil – Taxation* (*Japan*) (WT/DS497/R), http://www.wto.org/english/tratop_e/dispu_e/cases_e/ds497_e.htm.

72. WTO. Panel Report on *US – Supercalendered Paper*(WT/DS505/R), http://www.wto.org/english/tratop_e/dispu_e/cases_e/ds505_e.htm.

序

蒋奋博士是宁波大学法学院的年轻教授。他师从 WTO 争端解决机构法官朱榄叶教授，2016 年、2021 年先后主持国家社科基金青年项目、国际社科基金重点项目，已取得丰富的学术成果。本书就是他首个国家社科基金项目的研究成果。

政府补贴是法律、政治、经济交织的复杂问题。补贴政策在一定程度上可以纠正“市场失灵”，但过度使用则会导致“政府失灵”。补贴问题反映了政府与市场的关系。在国际贸易领域，补贴在可能扭曲自由贸易，而反补贴措施也容易异化为贸易保护主义工具。因此，补贴问题成为贸易自由化进程中最具争议、最为棘手的问题之一。蒋奋教授对政府补贴的法律问题有非常深入的研究，关于反补贴利益判定基准的研究成果，在国内处于比较领先的位置。他曾受邀在商务部举行《利益判定基准、国有企业非商业援助与反补贴协定的改革》专题讲座，还受地方政府委托开展公平竞争审查第三方评估工作（补贴政策属于审查评估范围）。他从国内法治与国际法治互动视角，对补贴问题所作之研究，已经获得国内学界与业界的广泛认可。

本书属于宁波大学法学文库系列丛书。宁波大学法学院成立于 2000 年，其前身是 1986 年北京大学法律系援建下创办的宁波大学法律系，2011 年获法学一级学科硕士点。2019 年，法学专业入选首批国家一流本科专业建设点。宁波大学法学院师资雄厚,专业建设与人才培养成效显著。文库汇聚宁波大学法学专业教师高品质学术成果,敬请学界同仁批评指正。

宁波大学法学院院长、教授、博导　梁开银

2022 年 5 月

前　言

Jackson 教授曾说过，国际贸易法的研究对象“犹如坐在一列正在奔驰的火车上向窗外眺望时试图描述一片风景——未及细述，它就已倏忽流逝变幻”①。2016 年年初，美国主导的《跨太平洋伙伴关系协定》(Trans-Pacific Partnership Agreement, TPP) 如火如荼。2016 年 9 月，笔者主持的研究项目“TPP 对国有企业的补贴规制与对策研究”，有幸获得国家社科基金立项。但随后，TPP 的缔约情况发生重大变化。2016 年 11 月，特朗普当选美国总统，明确表示上任后美国将退出 TPP，奥巴马政府也表示不再继续推动国会批准 TPP。2017 年 1 月，时任总统特朗普正式签署美国退出 TPP 的行政命令。2017 年 11 月，在越南岘港的亚太经济合作组织(Asia - Pacific Economic Cooperation, APEC) 会议上，除美国之外的十一国联合发布声明，宣布将协定改名为《全面与进步跨太平洋伙伴关系协定》(Comprehensive and Progressive Agreement for Trans - Pacific Partnership, CPTPP)。没有美国的参与，CPTPP 不再给中国造成多边规则重构的压力。

鉴于反补贴措施一直是他国打压中国企业竞争力的主要抓手，反补贴多边规则的发展趋势与中国出口利益密切相关。在全国哲学社会科

---

① John. H. Jackson, *Legal Problems of International Economic Relations*, West Publishing Co. 1986, p. xv.

学规划办公室批复同意的前提下，笔者将研究内容调整为 WTO《补贴与反补贴措施协定》（*Agreement on Subsidies and Countervailing Measures*，以下简称 SCM 协定或《反补贴协定》）与 CPTPP 非商业援助制度的比较研究，主要涉及条约宗旨、适用对象、约束范围、判定基准、规制领域五个方面。这构成本书的主体部分，具体包括：第一章讨论 CPTPP 第 17 章以“竞争中立”代替 WTO 对待补贴的“所有制中立”，以强化补贴规制替代 SCM 协定“在约束补贴与反补贴两方面之间设置精致平衡”的宗旨。第二章分析作为《反补贴协定》适用对象的财政资助的立法初衷和具体含义，以及非商业援助的定义，及两者区别。第三章对《反补贴协定》与 CPTPP 第 17 章所约束的补贴提供者的范围进行比较研究，结合 WTO 争端解决机构在反补贴案件中作出的条约解释，讨论政府、政府委托的私人机构、公共机构、国有企业与国有单位这些主体的内涵和外延，以及这些机构被纳入补贴提供者约束范围时的考量。第四章就补贴与非商业援助的判定基准展开研究，讨论判定政府投资的私人投资基准、判定政府融资的商业利率基准、判定政府购销的市场价格基准，以及补贴传递时的动态判定基准。由于 CPTPP 缔约国都是 WTO 成员方，故《反补贴协定》的相关规定，以及 WTO 争端解决机构的条约解释，有助于廓清 CPTPP 判定基准的相关术语内涵。第五章分析 CPTPP 较《反补贴协定》新增的规制领域。在展开五部分的比较研究之前，笔者梳理补贴政策的学理争论即传统贸易理论、新贸易理论、战略贸易理论及其对补贴的评价，探讨补贴利益的本质，并考察补贴规制的制度属性和反补贴多边纪律的历史沿革，将上述内容置于导论部分，作为比较研究的基础。

2020 年 11 月 20 日，习近平主席在 APEC 领导人非正式会议上表示，中国将积极考虑加入 CPTPP。之后的中央经济工作会议将之列为 2021 年重点任务之一。2021 年 9 月 16 日，中国正式提交加入 CPTPP 的书面申请。CPTPP 第 17 章“国有企业和指定垄断”所创制的非商业援助规则，从国有企业的商业属性、投资设立等诸多方面，对国有企业参与全球竞争与海外投资施加了诸多限制，同时会影响与国有企业从事商业交易的、包括冠军企业在内的民营企业。CPTPP 对国有企业的补贴规制，是中国加入 CPTPP 的主要障碍之一。因此，在原课题成果基础上，笔者基于前述比较研究，对中国加入 CPTPP 谈判策略提出一孔之见，作为后跋置于书尾。

在本书写作过程中，笔者得到了诸多学界前辈和同仁的指导与帮助，在此谨表诚挚谢意。囿于作者水平，书中所存不足尚祈读者斧正。

蒋　奋

2022 年 4 月